高职高专财会专业工学结合课程改革系列教材

预算会计

BUDGET ACCOUNTING

主　编○苁佳萍
副主编○陈莲香　王娟　于国军
主　审○刘东辉

上海财经大学出版社

图书在版编目(CIP)数据

预算会计/苏佳萍主编.—3版.—上海:上海财经大学出版社,2016.2
高职高专财会专业工学结合课程系列教材
ISBN 978-7-5642-2325-0/F·2325

Ⅰ.①预… Ⅱ.①苏… Ⅲ.①预算会计-高等职业教育-教材
Ⅳ.①F810.6

中国版本图书馆 CIP 数据核字(2016)第 016185 号

□ 责任编辑 张美芳
□ 封面设计 杨雪婷
□ 电　　话 021-65904700
□ 电子邮箱 apin001@163.com

YUSUAN KUAIJI
预 算 会 计

(第三版)

苏佳萍 主 编
陈莲香 王 娟 于国军 副主编
刘东辉 主 审

上海财经大学出版社出版发行
(上海市武东路 321 号乙 邮编 200434)
网　址:http://www.sufep.com
电子邮箱:webmaster @ sufep.com
全国新华书店经销
同济大学印刷厂印刷装订
2016 年 2 月第 3 版 2016 年 2 月第 1 次印刷

787mm×1092mm 1/16 19 印张 486 千字
印数:25 201—30 200 定价:35.00 元

前　言

近几年，随着我国会计制度改革的不断深入，预算会计也进行了一系列重大改革，政府预算管理制度的改革也随之进一步深化，具体表现在财政国库集中支付制度改革、工资统发制度改革、政府采购制度改革、部门预算编制制度改革等方面。行政单位和事业单位会计制度改革、《预算法》的修订等一系列财政制度的改革进一步完善了预算会计的核算内容，政府收支分类改革的推出使预算会计的核算体系进一步完备。因此，本书对改革变化后的预算会计内容进行了系统阐述，以期达到语言流畅、结构合理、内容完整的目的。

本书分为二十三章，按照“总一分一总”的原则，即先总体概括论述预算会计的基础知识和基本理论，然后采用新的核算方法分述事业单位会计、行政单位会计和财政总预算会计。本书针对行政事业单位会计核算改革的实际需要，力求与预算会计的实践相结合，突出特色，引领行政事业单位的财务核算工作走向规范化。

本书有以下几个特点：

1. 紧密结合2013年1月1日开始实施的《事业单位会计制度》、2014年1月1日开始实施的《行政单位会计制度》、2015年1月1日开始实施的《预算法》，全面体现预算会计核算内容的变化。

2. 引入预算管理的基础理论，预算会计是政府预算管理的工具，了解和掌握预算管理的基础理论是深入理解和掌握预算会计的前提。

3. 结合实际业务，注重实际操作，各章后配有复习思考题和练习题，有利于进一步掌握预算会计的基本理论。

本书由苏佳萍任主编，陈莲香、王娟和于国军任副主编。最后由苏佳萍总纂定稿。

由于作者的水平所限，编写时间仓促，本书难免存在错误和疏漏，恳请读者指正。

编　者

2016年1月

前言

目 录

第一章　预算会计概述

会计是以货币为主要计量单位，运用一整套观察、计量、登记、传送的专门方法，对企事业、机关团体单位的经济活动进行连续、系统、全面、综合的反映与监督，促进提高经济效益的一项经济管理活动。会计一般分为企业会计和非营利组织会计。我国非营利性组织会计一般包括预算会计和民间非营利组织会计，由于我国民间非营利性组织较薄弱，相应地，这一会计在我国不如预算会计受重视，所以本书对这一会计内容将不做论述。

第一节　预算会计的概念

预算是一个国家在一定时间内，为了实现其职能，筹集所需资金以及利用这些资金的财政收支计划，是国家筹集、分配和管理财政资金的重要工具；它往往要经过一定的法律程序，具有一定的法律地位，也是国家实现财政政策的重要手段。无论是什么性质的国家，都要有预算。

概括来说，我国的预算会计是各级政府、使用预算拨款的各级行政和各类事业单位以货币为主要计量单位，运用复式记账法等一系列专门方法，对国家预算资金活动过程及其结果进行连续、系统、全面、综合的反映和控制，以提高资金使用效益、促进国家职能的圆满实现。

具体来说，我国的预算会计包括以下四个方面的含义：

(1)预算会计的主体是各级政府、各级行政单位和各类事业单位。预算会计因此可以分为财政总预算会计、行政单位会计和事业单位会计。

(2)预算会计的核算对象主要是国家预算资金的运动过程和结果。但从我国的实际情况来看，财政资金被人为分为预算内资金和预算外资金，会让人误解，认为预算会计核算的是预算内资金。其实不然，预算会计具有完整性，应该包括预算内、外的资金，所以即便我国对预算内、外资金分别管理，实行不同的管理方法和管理制度，预算会计的核算还是包括全部的预算内、外资金。当然，预算会计的核算对象不仅仅包括收入、支出和结余，还包括相应的资产和负债。

(3)预算会计是以会计学原理为基础的一门专业会计，是会计学的重要组成部分。因此，预算会计与其他专业会计一样，都是以货币为主要计量单位，对会计主体的经济业务进行连续、系统、完整地核算、反映和监督的会计；与其他会计一样，预算会计也需要有会计核算的基本前提，遵循会计核算的一般原则等。

(4)预算会计与企业会计共同构成我国的两大会计体系。国外依照会计主体的经营目的，一般将会计划分为两大类：一类是营利组织会计，另一类是非营利组织会计。前者相当于我国的企业会计，后者包括政府会计和政府补助单位以及社会上的私立事业单位会计，与我国的预算会计大体类似。在我国，已经习惯地将企业会计与预算会计并称为两大会计体系。

第二节　预算会计的职能和特点

一、预算会计的职能

预算会计的职能由预算会计的对象、性质和特点以及预算管理的要求决定。预算会计的基本职能主要有以下几个方面：

（一）反映预算收支执行情况，为管理国家预算提供可靠信息资料

预算会计是国家预算执行的会计。在国家预算收支过程中，要运用一系列特有的科学方法，对各项预算收支进行计算、记录，及时、正确、完整地反映预算收支的执行情况，以便有关部门利用所提供的信息资料管好国家预算。

（二）监督预算收支活动，合理使用预算资金，提高预算资金使用效益

预算会计对预算资金活动的全过程实行会计监督和指导，使预算资金按照核定预算、计划的内容使用，随时检查是否遵守国家有关法令、法规，掌握预算资金的使用情况和事业完成进度，了解预算资金收支动态，严格预算支出范围，以保证预算资金合理、节约、有效使用，充分发挥预算资金的作用。

（三）分析预算执行情况，促进国家预算的圆满实现

预算会计应及时、完整、准确地编制各种会计报表（旬、月、季、年）。运用报表所提供的综合数据、综合预算、计划进行分析，及时了解预算收支任务的完成情况，协助国库按时收纳、划分和报告各项预算收入，检查各项预算资金的使用情况，总结经验，发现问题，提出措施，以保证国家预算的圆满实现。

（四）妥善调度财政库存，保证预算资金的及时供应

各级财政部门在预算执行过程中，根据库存资金状况，有计划地调拨并及时做好资金供应，是有效使用预算资金的重要手段。由于地区间经济发展不平衡和预算收支的季节性，形成地区间预算库存不平衡，需要上级财政部门统一调度库款，以补余缺。因此，必须掌握预算收支规律，分轻重缓急，有条不紊、妥善灵活地做好财政库存的调拨，保证资金及时供应，促进各地区、各部门、各单位工作的正常进行。

二、预算会计的特点

我国预算会计是独立于我国企业会计的另一重要的会计分支，相对于企业会计而言，有其鲜明的特点，主要反映为如下几点：

（一）会计核算基础主要是以收付实现制为主

我国的预算会计体系中，财政总预算会计、行政单位会计一般都是以收付实现制为会计核算基础。事业单位会计中非经营业务部分是以收付实现制为会计核算基础，经营业务部分则是以权责发生制为会计核算基础。而企业会计一般都是以权责发生制为会计核算基础的。当然，随着我国预算管理制度的变化和发展，我国预算会计也发生着重大的变化，有些地方预算支出中的项目支出已经开始实行权责发生制，如上海市级预算会计、中央各部门预算会计等。

(二)会计要素、会计等式与企业会计不同

我国预算会计的会计要素分为五类，即资产、负债、净资产、收入和支出。而企业会计的会计要素则是资产、负债、所有者权益、收入、费用和利润。会计要素的不同主要是由以下几个原因引起的：一是预算会计与企业会计核算基础不同，前者以收付实现制为主，后者以权责发生制为主；二是会计主体的性质不同，预算会计的会计主体没有具体的所有者，但企业会计的会计主体有具体的所有者，即便是国有企业也有国资委作为所有者的代表；三是预算会计与企业会计核算的业务性质不同，预算会计核算的业务主要是非营利性的，而企业会计核算的业务则是营利性的。

会计要素的不同引起了会计等式的不同，预算会计的会计等式是：

资产＝负债＋净资产

企业会计的会计等式为：

资产＝负债＋所有者权益

(三)核算收支和余超，一般不进行成本核算

预算会计是核算、反映和监督预算资金运动及其结果的会计。预算资金的筹集、分配、划拨和使用基本是无偿的，所以一般不进行成本核算，而是从预算收支平衡的结果来考核国家预算收支执行情况及其结果，从而挖掘增加收入、节约支出的潜力，提高预算资金的使用效率。

(四)预算会计具有宏观管理职能

预算会计是一种宏观管理信息系统和管理活动。预算会计核算的重要内容之一是我国政府财政总预算收入和总预算支出，而政府财政总预算收入和总预算支出主要着眼于国民经济和社会发展，因此预算会计是一种政府宏观管理的经济信息。鉴于此，预算会计在核算政府财政总预算收入和财政总预算支出的过程中，扮演着重要角色。

上述预算会计的特点，是就现阶段多数行政事业单位和财政机关而言的。目前，部分有收入来源的科研、卫生、文化单位已经开始核算成本费用、计算收益，随着经济改革的深化，将会对事业、行政单位会计特点产生影响。另外，需强调的是：预算会计一般虽不进行成本核算，但应有成本观念，讲求预算资金的使用效果，加强预算资金控制，合理、节约、有效地使用预算资金，不断提高预算资金使用效益。讲求经济效益，是预算会计发挥其职能作用的重要内容。

第三节　预算会计的组成体系

预算会计是为更好地实现预算管理目标服务的。国家预算按照收支管理范围，分为总预算和单位预算。与此对应，预算会计也可分为总预算会计和单位预算会计，又可分为行政单位会计和事业单位会计。

一、我国国家预算组成体系

我国实行一级政府建立一级预算的原则。我国政府由中央、省、市(地区级)、县、乡五级政府组成，国家预算相应也由中央、省、市(地区级)、县、乡五级预算组成。不具备设立预算条件的乡，经省级政府确定，可以暂不设立乡预算。

二、我国预算会计组成体系

为了组织各级总预算的执行，除财政部门外，还需要其他有关部门的参与。比如预算资金的收入、拨出是由中国人民银行代理的国库经办的，各项税收是由税务机关征缴的，重点建设项目的拨款由政策性银行办理。事实上，国库会计、税收会计及政策性银行的拨款会计等都对总预算的执行情况进行反映和监督，属于广义的预算会计范畴，并同总预算会计、行政单位会计和事业单位会计形成一个有机的预算会计体系。但从传统意义上讲，一般都只将财政总预算会计、行政单位会计和事业单位会计作为预算会计的组成体系。所以具体来讲，我国的预算会计包括以下三个部分：

（一）财政总预算会计

财政总预算会计是指各级政府财政部门核算和监督政府预算执行和各项财政性资金收支活动状况及结果的专业会计，其主要职责是进行会计核算，反映预算执行，实行会计监督，参与预算管理，合理调度资金。对应于我国的预算体系构成，根据“一级政权、一级预算”的原则，我国财政总预算会计的管理体系分为五级，在各级财政部门设立总预算会计。

（二）行政单位会计

行政单位会计是指我国各级行政机关和实行行政职能管理的其他机关（包括各级权力机关、审判机关和检察机关）、党派及人民团体核算和监督本单位财务收支活动情况及结果的专业会计，是预算会计的一个组成部分。行政单位会计组织系统根据国家机构建制和经费领报关系，分为主管会计单位、二级会计单位和基层会计单位三级。

（三）事业单位会计

事业单位会计是指各类事业单位核算和监督本单位财务收支活动情况及结果的专业会计。与行政单位会计一样，事业单位会计组织系统根据国家机构建制和经费领报关系，分为主管会计单位、二级会计单位和基层会计单位三级。由于事业单位行业类别繁多，各行业间业务运营和财务收支活动差别很大，事业单位会计又进一步分为科学事业单位会计、高等学校会计、医院会计、文化事业单位会计等。

需要解释的是，预算单位按照经费领拨关系可分为主管会计单位、二级会计单位和基层会计单位。主管会计单位是指向财政部门直接领报经费并发生预算管理关系的单位，负责分口预算资金的全面管理，并按业务负责汇总全系统的报表；二级会计单位是指向主管会计单位或上级会计单位领报经费并发生预算管理关系、下面有所属会计单位的单位，负责对所属下级会计单位的会计指导、资金管理、汇总会计报表等工作；基层会计单位是指向上级会计单位领报经费并发生预算管理关系、下面没有所属会计单位的单位，它们直接向同级财政领报经费，并发生预算管理关系。基层会计单位只核算本单位的资金。

1. 什么是预算会计？
2. 我国预算会计的组成体系有哪些内容？
3. 我国预算会计的职能和特点是什么？

第二章　预算会计的基本核算方法

预算会计核算方法是完成预算会计任务的基本手段，包括设置会计科目、确定记账方法、填制并审核会计凭证、登记会计账簿和编制会计报表等。它们之间既相互联系、相互补充、相互制约，又各自独立发挥不同的作用，从而构成一个完整的会计核算体系。

第一节　会计要素与会计科目

一、预算会计的基本要素

会计的基本要素是将会计对象分解成若干基本的要素，它是会计内容的具体化，是对会计对象的进一步分类。它有利于设置会计科目，对有关核算内容进行确认、计量和报告，也有利于准确设计会计报表的种类、格式和列示方式。预算会计的基本要素包括：

（一）资产

资产是指单位掌管或使用的能以货币计量的经济资源，包括各种财产、债权和其他权利。

资产一般具有以下三个特点：

（1）资产是由单位过去的交易或事项形成的。资产必须是现实的资产，而不是预期、计划的资产。也就是说，资产的存在基础必须以实际发生的经济交易事项为依据。因为预期的资产并没有反映会计主体真实的财务状况。

（2）资产必须为单位所占用或使用。单位拥有所有权或使用权的经济资源才能作为单位的资产进行核算。

（3）资产能够为单位带来经济利益或服务潜力。经济利益是指直接或间接流入会计主体的现金或现金等价物。服务潜力是指虽没有获得现金或现金等价物，但是能够为某一对象提供服务，履行相关的职能。如果资产不能达到这一要求，也就不符合资产的确认条件，因此应该将其从账面上注销。

（二）负债

负债是指单位承担的能以货币计量、需以资产偿付的债务。

负债一般具有以下三个特点：

（1）负债是由单位过去的交易或事项形成的。同资产的第一个特点一样，负债必须是现实的负债，而不是预期、计划的负债。也就是说，负债必须以实际发生的经济交易事项为依据，预期的负债并不能反映会计主体真实的财务状况。

(2)负债是单位承担的现实义务。现实义务表明这种负债已经发生，而且在现在或将来都对预算会计单位形成一种制约，预算会计单位必须于现在或将来予以清偿。

(3)负债的清偿会导致单位经济利益的流出和服务活动的履行，经济利益的流出和服务活动的履行会使单位资产减少。

(三)净资产

净资产是指资产减去负债的差额。资产减去负债后的差额，在企业会计中称为所有者权益，是指企业投资人对企业净资产的所有权。在预算会计中将其称为净资产，是由于这部分经济资源的所有权属于国家。为体现单位的自主性和独立性，并尊重法律事实，将其称为净资产。

净资产的特征是由单位所掌管和支配，能在一定程度上代表单位的经济实力。

(四)收入

收入是国家或单位取得的非偿还性资金。其具有如下特征：

(1)收入的增加会导致净资产增加，进而导致资产的增加或负债的减少或两者兼而有之，并且最终会导致政府、行政事业单位经济利益的增加或服务潜力的增强。

(2)收入的确认建立在收付实现制原则和权责发生制原则的基础之上。在收付实现制原则下，单位收到资金，就必须确认为收入，而不管该笔资金所依托的经济事项是否发生于当期；在权责发生制下，只要经济事项发生于当期，并符合一定条件，就必须确认该事项所产生的收入，而不管收入所带来的资金当期是否收到。

(五)支出

支出是一级政府或单位为实现其职能或开展业务活动，按照批准的预算对财政资金的再分配或所发生的各项资金耗费。与收入特点相对应，支出的主要特点是：

(1)支出的增加将导致净资产减少，进而导致资产减少或负债增加或两者兼而有之，并且最终导致经济利益的减少或服务潜力的减弱。

(2)支出的确认建立在收付实现制原则和权责发生制原则的基础之上。在收付实现制原则下，只要支付了资金，就必须确认支出，而不管该笔资金所依托的经济事项是否发生于当期；在权责发生制下，只要经济事项发生于当期并符合一定条件，就必须确认该事项所产生的支出，而不管事项所需支出的资金是否在当期支付。

二、我国预算会计的会计等式

预算会计等式，是指预算会计各要素之间客观存在的必然相等的关系，其会计平衡等式为：

资产＝负债＋净资产

收入－支出＝净资产变动额

任何一个预算会计主体在其活动中，随着收支业务的发生，都会引起资产、负债、净资产、收入、支出的不断变化，但都不会破坏会计等式，它是永远平衡的。

三、会计科目

会计科目是对会计要素的具体内容所作的进一步分类。设置预算会计科目，有利于将政府财政总预算及行政事业单位中大量经济内容相同的业务归为一类，组织会计核算，取得相应的会计信息。由于我国的预算会计要素有资产、负债、净资产、收入和支出5项，因此我国的预算会计科目也分为资产、负债、净资产、收入和支出5类。

我国的预算会计科目可分为总账科目和明细科目。

总账科目在会计要素下直接开设，反映相应会计要素中有关内容的总括信息。例如，在财政总预算会计的资产要素下开设“国库存款”“其他财政存款”等总账科目；在行政单位会计的收入会计要素下开设“财政拨款收入”和“其他收入”总账科目，在支出会计要素下开设“经费支出”和“拨出经费”总账科目；在事业单位会计的收入会计要素下开设“财政补助收入”“事业收入”“上级补助收入”“附属单位上缴收入”“经营收入”和“其他收入”总账科目，在支出会计要素下开设“事业支出”“上缴上级支出”“附属单位补助支出”“经营支出”和“其他支出”总账科目。

明细科目在总账科目下开设，反映总账科目的明细信息。例如，在财政总预算会计的“国库存款”总账科目下开设“一般预算存款”“基金预算存款”等明细科目，在事业单位会计的“事业支出”总账科目下开设“基本支出”“项目支出”“财政补助支出”“非财政专项资金支出”“其他资金支出”等明细科目。

预算会计科目配有编号。对于国家统一规定的预算会计科目及其编号，各级财政总预算和行政事业单位会计不得擅自更改或打乱重编。

第二节　记账方法

记账方法是指运用一定的记账符号、记账规则来编制会计分录和登记账簿的方法。

一、记账方法概述

记账方法是根据单位所发生的经济业务（或会计事项），采用特定的记账符号并运用一定的记账原理（程序和方法），在账簿中进行登记的方法。按照登记经济业务方式的不同，记账方法可分为单式记账法和复式记账法。复式记账法又因其构成要素的不同而分为借贷记账法、增减记账法和收付记账法。借贷记账法是目前世界上通用的记账方法。收付记账法和借贷记账法都是由单式记账法逐步发展、演变为复式记账法的。

（一）单式记账法

单式记账法是对所发生的经济业务只在一个账户进行登记的方法。它是一种不完整的简易记账方法。这种记账方法一般只记录资金收付和债权债务结算业务，有时也登记实物。需要什么资料登记什么资料，账户与账户之间没有必然的内在联系，也没有相互对应平衡的概念。单式记账法只能反映经济业务的一个侧面，账户之间不存在相互勾稽关系，因此不能全面、系统地反映经济业务的来龙去脉，也不便于检查账簿记录的正确性。

（二）复式记账法

复式记账法是从单式记账法发展演变而来的。这种记账方法是对所发生的经济业务以相等的金额在两个或两个以上账户中进行登记的方法。在复式记账法下，由于对每项经济业务都以相等的金额在相互对应的账户中作双重记录，因此账户之间存在相互勾稽关系，可以了解每项经济业务的来龙去脉，还可以用试算平衡的方法检验账簿记录的正确性。复式记账是一种科学的记账方法，被世界各国广泛采用。复式记账方法有多种，如借贷记账法、增减记账法和收付记账法。其中，收付记账法又分为现金收付记账法和资金收付记账法等。我国预算会计曾经长期采用收付记账法，从 1998 年起，预算会计全部改为借贷记账法。

二、借贷记账法

借贷记账法是以“借”“贷”为记账符号，对每一项经济业务都采用方向相反、金额相等的方式，在有关的两个或两个以上账户中全面地、相互联系地记录的一种复式记账法。

（一）记账符号

借贷记账法是以“借”“贷”为记账符号，反映的内容概括起来就是“增加”和“减少”，具体意义必须看账户的性质。在会计实务中，“借”“贷”用于会计分录当中，在“借”“贷”两个字后面就是相关的会计科目名称。值得注意的是，“借”和“贷”是会计中的专用术语，代表的只是一种记账符号，并没有原来文字所表示的意思。

（二）账户结构与记账规则

账户是会计中反映某个会计科目的期初余额、本期发生额、期末余额信息的一种格式，对于初学者，它有利于正确编制会计分录。会计中，账户一般采用“丁”字形格式，分为左右两栏，左边是借方，右边是贷方。

在借贷记账法中，“借”表示资产和支出类账户的增加，以及负债、净资产和收入类账户的减少或转销；“贷”表示资产和支出类账户的减少或转销，以及负债、净资产和收入类账户的增加。在确定了借贷方向和会计科目后，就在两个或多个会计科目后面登记相同的经济业务金额。

下面以某事业单位部分经济业务为例，说明如何根据记账规则在预算会计中应用借贷记账法。

【例 2—1】 收到预算内零余额账户用款额度到账通知单 1 000 000 元。

这项业务是资产与收入发生对应关系，表现为资产增加，收入增加。资产增加记借方，收入增加记贷方。

借：零余额账户用款额度　　1 000 000

　　贷：财政补助收入　　1 000 000

【例 2—2】 某事业单位政府采购汽车一辆，价格275 000元，由单位资金直接支付。

这项经济业务引起支出类账户“事业支出”增加275 000元，收入类账户“事业收入”增加275 000元，资产类账户“固定资产”增加275 000元和净资产类账户“非流动资产基金”增加275 000元，其会计分录为：

借：事业支出　　275 000

　　贷：财政补助收入（零余额账户用款额度，银行存款）　　275 000

借：固定资产　　275 000

　　贷：非流动资产基金　　275 000

【例 2—3】 某事业单位职工张某借现金 2 000 元做差旅费。这项经济业务引起资产类账户“其他应收款”增加 2 000 元，资产类账户“现金”减少 2 000 元，其会计分录为：

借：其他应收款——张某　　2 000

　　贷：库存现金　　2 000

（三）试算平衡

由于借贷记账法是将相同的金额在两个或两个以上的会计科目中加以登记，以形成会计分录，因此借贷记账法一个最基本的特点是：借贷两方金额相等。用一句话概括就是：“有借必有贷，借贷必相等。”

由于每笔分录中的借、贷方金额相等，因此在将会计分录登入相关账户后，全部账户的本期借方发生额合计数与本期贷方发生额合计数必然相等；以此类推，全部账户的期末借方余额合计数与期末贷方余额合计数也相等，我们可以把以上内容概括成三个等式来表明试算平衡关系：

1. 会计分录试算平衡公式

借方账户金额＝贷方账户金额

2. 发生额试算平衡公式

全部账户本期借方发生额合计数＝全部账户本期贷方发生额合计数

3. 余额试算平衡公式

全部账户期末借方余额合计数＝全部账户期末贷方余额合计数

运用以上方法试算之后，如果达到平衡，说明账簿记录基本正确，但也不排除其他情况导致记录错误。

第三节　会计凭证

设置会计科目，明确记账方法，是为了正确地将经济业务进行分类，并采取科学的方法进行记账，但是记账必须有根有据。因此，任何一项经济业务都应当取得或填制会计凭证，只有根据合法的会计凭证，才能记账。

会计凭证是记录经济业务、明确经济责任的书面证明，是登记账簿的依据。会计凭证按其填制程序和用途，可分为原始凭证和记账凭证两种。

一、原始凭证

原始凭证又称单据，是在经济业务发生或完成时所取得或填制的、载明经济业务的具体内容和完成情况的书面证明，它是进行会计核算的原始资料和重要依据。原始凭证同记账凭证相比，有较强的法律效力，是经济业务发生的第一手资料，是一种很重要的凭证。

(一)原始凭证的主要内容和要素

原始凭证的基本要素包括：

1. 原始凭证的名称、填制日期和编号
2. 填制原始凭证单位的名称或填制人姓名
3. 受证单位名称
4. 经济业务的具体内容
5. 经办人员的签名或盖章
6. 其他内容

(二)原始凭证的种类

原始凭证是多种多样的，有的是由外单位填制的，称外来原始凭证；有的是由本单位填制的，称自制原始凭证。财政总预算会计和行政事业单位、民间非营利组织会计的主要业务不同，前者主要不直接办理预算收支，原始凭证大部分是其他单位报送上来的报表，后者主要是直接办理预算收支，原始凭证大部分是反映经济业务活动的凭证。

1. 各级财政总预算会计的原始凭证

(1)国库报来的各种收入日报表及其附件(如各种缴款书、收入退还书、更正通知书等)

(2)各种拨款和转账收款凭证(如预算拨款凭证、各种银行汇款凭证等)

(3)主管部门报来的各种支出报表和基本建设支出月报

(4)其他由经济业务产生的相关凭证

2. 各类行政事业单位会计的原始凭证

(1)收款凭证

(2)借款凭证

(3)预算拨款凭证

(4)固定资产调拨单或出、入库单

(5)库存材料或材料出、入库单

(6)往来结算凭证

(7)各种税票

(8)其他相关的会计记账凭证

(三)原始凭证的种类

下面以行政单位为例来说明其会计原始凭证的相关内容。行政单位在日常会计处理上，经常使用的主要原始凭证有以下几种：

1. 支出报销凭证

各种支出报销凭证是行政单位核算"实际支出"的依据。从外单位取得的原始单据必须具备对方收款单位名称、收款人签名或签章、填制凭证的日期以及合计金额，合计金额要用汉字大写并盖有填制单位的公章。自制的单据要由经办人写明支出的理由和用途，并有报销人和单位负责人或其授权人的签章。购买实物的单据必须有验收人签章。支付款项的单据必须有收款单位和收款人的收款证明。

一些经常发生的支出报销，如差旅费等，应填制由财政部门统一格式的"报销单"报销，其原始单据作为附件，附在"报销单"后面。一次支出的单据较多时，可编制"支出报销凭证汇总单"进行账务处理，将原始单据附在后面；如果附件较多，也可以单独装订保管，并在"汇总单"上注明。

2. 收款凭证

行政单位收到各项收入，必须开给对方收款收据。收据的字迹要清楚，金额数字不得涂改，并加盖单位财会专用公章和经办人印章，才能有效。收款收据要连号使用，填写时一式三联。第一联作为存根，不得撕下，第二联作为入账依据，第三联给交款单位或交款人作为收据。当因填写错误而作废时，要全份保存注销，并加盖"作废"标记。各单位对各种收款收据，要指定专人负责收发登记和保管。其格式如表2—1所示。

表 2—1　　　　　　　　　　　　　　　　**收款收据**

收款日期　　　　　　　　　　　　年　　月　　日　　　　　　　　编号

今收到		
交来		
人民币(大写)		
收款单位 (公章)	收款人 (签章)	经手人 (签章)

3. 往来结算凭证

往来结算凭证,包括暂存款、暂付款、应收款、应付款等往来款项凭证,是行政单位各项资金往来结算的书面证明。

支付暂付款时,应由借款人填写一式三联借款单,填写姓名、用途、借款金额等,并由单位负责人或授权人审批签章。借款单第三联必须粘在记账凭证上作为付款依据。收回借款时,借款单第一联退还借款人,第二联作为会计填写记账凭证结算借款的依据。借款单据不准作为支出报销的依据。其格式如表 2—2 所示。

表 2—2　　　　　　　　　　　　　　　　**借款单**

年　　月　　日　　　　　　　　编号

借款单位			
借款金额(大写)			
借款事由		报销事由	核销金额__________ 交回金额__________ 补付金额__________ 出纳　　　　　　年　　月　　日

会计主管　　　　　　复核　　　　　　制单　　　　　　记账

4. 银行结算凭证

银行结算凭证包括向银行送存现金的凭证、现金支票、转账支票、信汇、付款委托书、汇票及银行结算凭证,由银行统一印刷,各单位向银行购买。但存取款、拨款单据一律不准作为支出报销的依据。

5. 拨款凭证

上级单位对所属会计单位拨付经费,采用划拨资金办法,应填写银行印制的“付款委托书”或“信汇委托书”,通知银行转账。

6. 其他凭证

其他能够证明经济业务发生的单据、表册、经济合同、文件等都可以作为原始凭证。

各种原始凭证,除文件外,都不得以复制文件代替,外文或少数民族文字的原始凭证应当翻译成中文。

会计人员对不真实、不合法的原始凭证,不予受理,对记载不准确、不完整的原始凭证予以退回,要求更正补充。

二、记账凭证

记账凭证是根据审核无误的原始凭证、按照账务核算要求分类整理后编制的会计凭证,它是确定会计分录、登记账簿报表的依据。

(一)记账凭证的主要内容和要素

预算会计的记账凭证主要由以下要素组成:

(1)记账凭证的名称和日期

(2)经济业务的主要内容

(3)会计科目的名称

(4)会计分录的方向和金额

(5)凭证的类别和编号

(6)所附原始凭证或其他资料的张数

(7)凭证所应具备的签字与盖章

(二)记账凭证的种类

由于财政总预算会计和行政事业单位会计的经济业务的不同,它们的记账凭证也有所差别。

(1)财政总预算会计的记账凭证,其格式如表2—3、表2—4所示。

表2—3 **记账凭证(格式一)**

总号______

年　月　日　　分号______

对方单位	摘　要	借　方		贷　方		金　额	记账符号
		科目编号	科目名称	科目编号	科目名称		

会计主管　　记账　　出纳　　复核　　制单

表2—4 **记账凭证(格式二)**

总号______

年　月　日　　分号______

摘　要	总账科目	明细科目	借方金额	贷方金额	记账符号

会计主管　　记账　　出纳　　复核　　制单

(2)行政事业单位会计的记账凭证按所涉及对象及运动方向的不同,通常分为收款凭证、付款凭证和转账凭证,其格式如表2—5、表2—6、表2—7所示。

表 2—5　　收款凭证

出纳编号

借方科目　　年　月　日　　制单编号

对方单位	摘　要	贷方科目		金　额	记账符号	
		总账科目	明细科目			
		合计金额				

会计主管　　记账　　复核　　制单　　出纳

表 2—6　　付款凭证

出纳编号

贷方科目　　年　月　日　　制单编号

对方单位	摘　要	借方科目		金　额	记账符号	
		总账科目	明细科目			
		合计金额				

会计主管　　记账　　复核　　制单　　出纳

表 2—7　　转账凭证

出纳编号

年　月　日　　制单编号

对方单位	摘　要	借方科目		贷方科目		金　额	记账符号	
		总账科目	明细科目	总账科目	明细科目			
		合计金额						

会计主管　　记账　　复核　　制单　　出纳

(三)记账凭证的编制方法

1. 记账凭证一般根据每项经济业务的原始凭证填制。当天发生的同类会计事项可以适当归并后编制,不同会计事项的原始凭证不得合并编制一张记账凭证,也不得把几天的会计事项加在一起编制一张记账凭证。

2. 记账凭证必须附有原始凭证。一张原始凭证涉及几张记账凭证的,可以把原始凭证附在主要的一张记账凭证后面,在其他记账凭证上注明附有原始凭证的记账凭证的编号。结账和更正错误的记账凭证以及总预算会计预拨经费转列支出,可以不附有原始凭证,但必须经主管人员签字。

3. 记账凭证必须根据审核无误的原始凭证编制，其各项内容必须填列齐全，各种签名和盖章不可或缺。

4. 总账科目下的明细科目，如需要列入记账凭证，可将明细科目的名称和金额同时列在“明细科目名称”栏内。明细科目的金额不能填列在记账凭证的“金额”栏内。

5. 填制记账凭证的文字必须清晰、工整，不得潦草。记账凭证由指定人员复核。

6. 记账凭证按照制单的顺序，每月编一个连续号。月终连同每张记账凭证后附的原始凭证装订成册，并加盖有关人员印章及公章，妥善保管。

第四节　会计账簿

会计账簿是由具有一定格式、互相联系的账页组成，用来序时、分类地记录和反映各项经济业务的会计簿记。

一、会计账簿的种类

预算会计的会计账簿的种类主要有总账和明细账两种。

(一)总账

总账是指按总分类账户开设账页的会计账簿。总账是反映资产、负债、净资产、收入和支出会计要素的总括情况，平衡账务，控制和核对各种明细账以及编制预算会计报表的主要依据。

总账的格式采用三栏式，具体如表 2－8 所示。

表 2－8　　总　账

会计科目　　　　第　页

年		凭证		摘　要	借方金额	贷方金额	借或贷	余　额
月	日	字	号					

(二)明细账

明细账是指按明细分类账户开设账页的会计账簿，是用以反映总账明细情况的账簿。

预算会计明细账的种类主要有收入明细账、支出明细账和往来款项明细账等。由于财政总预算、行政单位、事业单位中有关收入、支出和往来款项的业务内容存在一定的差异，因此，财政总预算、行政单位、事业单位设置的收入明细账、支出明细账和往来款项明细账的具体种类也不尽相同。

在财政总预算会计中，收入明细账主要包括一般预算收入明细账、基金预算收入明细账、专用基金收入明细账、上解收入明细账和财政周转金收入明细账，支出明细账主要包括一般预算支出明细账、基金预算支出明细账、专用基金支出明细账、补助支出明细账和财政周转金支出明细账，往来款项明细账主要包括暂付款明细账、暂存款明细账、与下级往来明细账、财政周转金明细账和借出财政周转金明细账。

在行政单位会计中，财政拨款明细账主要包括“基本支出拨款”和“项目支出拨款”两个明细科目，其中“基本支出拨款”明细科目下还应按“人员经费”和“日常公用经费”进行明细核算，“项目支出拨款”明细科目下还应按具体项目进行明细核算。有公共财政预算拨款和政府性基金预算拨款等两种或两种以上财政拨款的单位，还应按拨款种类进行明细核算。

经费支出明细账主要包括“财政拨款支出”和“其他资金支出”“基本支出”和“项目支出”等明细科目，这两对明细科目应该属于不同的两个级别，可以根据实际工作情况把其中一对设为一级明细科目，另一对设为二级明细科目。

往来款项分为应收账款、预付账款、其他应收款，应缴财政款、应缴税费、应付职工薪酬、应付账款、应付政府补贴款、其他应付款、长期应付款、受托代理负债等多个一级科目，基本上是按往来款项的种类或对方单位名称设置明细账进行核算。

会计明细账的格式可以采用三栏式，也可以采用多栏式。

三栏式明细账的基本格式如表 2－9 所示，多栏式明细账的格式如表 2－10 所示。

表 2－9　　三栏式明细账

明细科目　　　　　　　　　　　　　　　　第　页

年		凭证		摘　要	借方金额	贷方金额	借或贷	余　额
月	日	字	号					

表 2－10　　多栏式明细账

明细科目　　　　　　　　　　　　　　　　第　页

年		凭证		摘　要	借方金额	贷方金额	余额	借(贷)方余额分析		
月	日	字	号							

(三)日记账

日记账又称序时账，是指根据经济业务发生的时间先后顺序逐日逐笔进行连续登记的账簿。其主要用途是结算和控制各项货币资金，分为现金日记账和银行存款日记账。为了管理的需要，日记账不采用活页账，而多采用三栏式的订本账。其格式如表 2－11 所示。

表 2—11　　　　　　　　　　　（现金或银行存款）日记账　　　　　　　　　　　第　页

年		凭单号	摘　要	对方会计科目名称	借　方	贷　方	余　额
月	日						

二、会计账簿的使用要求

由于会计账簿是财政总预算、行政单位和事业单位经济业务的具体记录，因此对其使用也有严格要求。

1. 除财政总预算会计中按放款期限设置的财政周转金放款明细账可以跨年度使用之外，其他会计账簿的使用以每一会计年度为限。对于账簿的启用，应该填写“经管人员一览表”和“账户目录”，并将其附于账簿扉页。格式如表 2—12、表 2—13 所示。

表 2—12　　　　　　　　　　　经管账簿人员一览表

使用者姓名					印　鉴
账簿名称					
账簿编号					
账簿页数	本账簿共计　　页				
启用日期	年　月　日				
责任者		主管	会计	记账	审核
经管人姓名及交接日期					
备　考					

表 2—13 账户目录

页数	科目	页数	科目	页数	科目	页数	科目

2. 登记会计账簿必须及时准确、日清月结，文字和数字的书写必须清晰整洁。

3. 手工记账不得使用铅笔、圆珠笔，必须使用蓝、黑墨水笔，其中红色墨水只能用于登记收入负数、画线、改错、冲账。

4. 会计账簿必须按照编定的页数连续记载，不得隔页、跳行。如因工作疏忽发生跳行或隔页，应将空行、空页画线注销，并由记账人员签字盖章。

5. 会计账簿应根据经审核的会计凭证登记。记账时，将记账凭证的编号记入账簿内；记账后，在记账凭证上用“√”符号予以标明，表示已经将其入账。

6. 会计账簿如填写错误，不得随意更改，应当按照规定的方法采用画线更正法、红字冲正法或补充登记法进行更正。

7. 各种账簿记录应该按月结账，计算出本期发生额和期末余额。

三、会计账簿的错误更正方法

登记账簿难免会发生差错，发生错账的情况是多种多样的，有的是填制凭证和记账时发生的单纯笔误；有的是用错应借应贷的会计科目，或错记摘要、金额等；有的是过账错误；有的是合计时计算错误等。账簿记录的错误，一经发现，应立即分析发生错误的情况并按规定的方法进行更正。在手工记账的情况下，常用的错账更正方法有画线更正法、红字更正法和补充登记法三种。

(一)画线更正法

在结账以前，如果发现账簿记录中有数字或文字错误，而记账凭证没有错，可用画线更正法进行更正。更正时，先在错误的数字或文字上画一条红线，表示注销，但应保证原有字迹仍能辨认，然后在画线上方空白处填写正确的数字或文字，并在更正处加盖更正人员的印章，以明确责任。但应注意，对于错误数字，必须全部划掉，不能只划去整个数字中的个别错误数字。

(二)红字更正法

红字更正法是指在原错记的账户中用红字冲去原来的数字，再在应记的账户中补记相同的数字，并在更正处加盖记账人员的印章。具体做法是先用红字填制一张与原错误记账凭证内容完全相同的记账凭证，并根据这张凭证以红字入账，然后再用蓝字填制一张正确的记账凭证，并根据这张凭证以蓝字入账。

(三)补充登记法

补充登记法适用于记账后发现账簿的错误源于记账凭证上的错误，但凭证中的账户名称、方向未错，只是数字错误，而且是记账金额小于实际金额。更正时用蓝字填写一张账户名称、方向与原记账凭证相同的凭证，只是金额是记账金额与实际金额的差额，然后据此登记账簿。

实际上，补充登记法是人为地将一笔经济业务分成两笔，并编制记账凭证入账。

第五节　会计报表

会计报表是指政府根据相关会计凭证以及账簿，采用一定的方法、按照一定的格式编制的反映政府与非营利组织在某一时点的财务状况，在某一会计期间的收入、支出情况和财产变动情况等的书面报告。

一、会计报表的种类

会计报表常见的分类是根据反映经济内容的不同，划分为以下几种：

(一)资产负债表

资产负债表反映的是财政总预算、行政单位和事业单位在某一会计时点的财务状况，它是资产、负债和净资产情况的总括反映。这一会计时点一般是月末、季末和年末。

(二)收入支出表

收入支出表反映的是财政总预算、行政单位和事业单位在某一会计期间的收入与支出情况，以反映其业务活动的成果。这一会计期间一般是月份、季度和年末。

(三)预算执行情况表

预算执行情况表是财政总预算、行政单位和事业单位根据预算内容而编制的反映预算执行情况的书面报告。编制预算执行情况有利于财政总预算、行政单位和事业单位对比预算数与实际数及其差异，找出原因，提高资金使用效率；也有利于财政总预算、行政单位和事业单位的上级单位评价其管理层的经营管理能力，以及对财政总预算、行政单位和事业单位的绩效考核。

(四)财务状况变动表

财务状况变动表是反映财政总预算、行政单位和事业单位在某一期间的财务状况变动的书面报告，是对该期间内财政总预算、行政单位和事业单位财务状况变动的具体描述。这一会计期间一般是月份、季度和年度。

另外，根据编报的时间，财政总预算、行政单位和事业单位会计报表也可分为旬报、月报、季报和年报；按编制范围，又可分为本级报表和汇总报表。

二、会计报表的编制要求

(一)会计报表中的数字必须真实、完整

“真实”是指会计报表所反映的经济事项都是财政总预算、行政单位和事业单位客观发生的，据以反映的数字没有虚构成分；“完整”是指会计报表反映了行政总预算、行政单位和事业单位的所有经济业务情况，据以反应的数字没有遗漏任何经济事项。这一点是要求财政总预算、行政单位和事业单位会计报表没有高估或低估经济事项。

(二)会计报表中的数字运算必须准确

财政总预算、行政单位和事业单位会计报表中的数字除了要符合真实、完整的要求外，还必须正确地加以运算，保持会计报表各项目以及各会计报表之间的勾稽关系。

(三)报送及时

财政总预算、行政和事业单位在会计期间结束时及时编制会计报表,并如期报出会计报表。

由于财政总预算、行政单位和事业单位的具体经济业务内容存在一定差异,因此它们的会计报表在格式、编报项目等方面也有所不同。关于财政总预算、行政单位和事业单位会计报表的具体论述及编制方法将在以下章节中予以详细介绍。

1. 预算会计的要素有哪些?
2. 预算会计会计凭证的种类有哪些?
3. 预算会计账簿的种类有哪些?如何使用?
4. 预算会计报表有几种?各种报表如何填报?

第三章　事业单位会计概论

第一节　事业单位会计的概念、特点和任务

一、事业单位的概念

(一)事业单位的定义

1998 年国务院发布《事业单位登记管理暂行条例》,首次从法律上将事业单位定义为:"国家为了社会公益目的,由国家机关举办或者其他组织利用国有资产举办的,从事教育、科技、文化、卫生等活动的社会服务组织。"1999 年全国人大常委会通过的《中华人民共和国公益事业捐赠法》规定:"公益性非营利的事业单位是指依法成立的,从事公益事业的、不以营利为目的的教育机构、科学研究机构、医疗卫生机构、社会公共文化机构、社会公共体育机构和社会福利机构等。"可见,事业单位在法律上是指实体性的社会公益服务组织,具有区别于其他法人组织的服务性、公益性和实体性等特点。

事业单位的概念为我国所特有,产生于中华人民共和国建立之初。当前,预算制度改革正逐步调整。

(二)事业单位的范围

事业单位在组织形式上一般表现为一定的机构,接受某一个行政部门的领导或者资助,通常分为科研、文化、教育、卫生以及经济建设等几个类别。

1. 文教卫生事业单位

文化单位主要包括博物馆、文物保管研究单位、广播电视单位、文艺团体、文艺活动场所、体育训练机构及场所。教育事业单位包括各类高等学校、中小学校、职业学校、幼儿保育教育单位。卫生事业单位包括医院、防疫站、药品检验、妇幼保健、计划生育等单位。

2. 科学研究事业单位

这主要包括研究自然科学、社会科学等方面的科研单位。它所包括的范围极为广泛,从事经济建设的各个部委的科研院所都在其中。

3. 经济建设方面的事业单位

这主要包括为农业服务的种子推广站、技术推广站、气象服务单位以及地质、勘探、地震、水文、计量、环保等单位。

4. 社会福利事业单位

这主要包括福利院、孤儿院、社会救济机构等社会福利事业单位和各种社会团体。

5. 其他事业单位

这主要包括交通管理、劳教劳改、咨询服务等单位。

二、事业单位会计的概念

事业单位会计，是以事业单位实际发生的各项业务活动为对象，记录、反映与监督事业单位预算执行过程和结果的专业会计，是预算会计的重要组成部分。

这一含义可从以下四个方面来理解：

1. 事业单位会计的核算对象是事业单位实际发生的各项经济业务；

2. 事业单位会计的职能是会计在事业单位进行各项业务活动中所具有的对财产物资和经费收支活动进行管理的功能；

3. 事业单位会计作为预算会计的重要组成部分，能为财政部门、上级主管部门以及其他相关部门提供相关信息；

4. 事业单位会计的适用范围是随着社会的发展而变化的。

根据《事业单位会计准则》和《事业单位会计制度》的规定，《事业单位会计准则》和《事业单位会计制度》仅适用于各级各类事业单位，以下情况除外：(1)按规定执行《医院会计制度》等行业事业单位会计制度的事业单位；(2)纳入企业财务管理体系执行《企业会计准则》或《小企业会计准则》的事业单位；(3)参照公务员法管理的事业单位对本制度的适用，由财政部另行规定。而根据财政部规定，适用特殊行业会计制度的事业单位不执行《事业单位会计准则》和《事业单位会计制度》。已经纳入企业会计核算体系的事业单位，应按有关企业会计制度执行。事业单位对基本建设投资的会计核算在执行本制度的同时，还应当按照国家有关基本建设会计核算的规定单独建账、单独核算。

三、事业单位会计的特点

事业单位会计的核算特点主要表现在以下几个方面：

(一)业务活动不以营利为目的

事业单位是以向社会和特定对象提供某种服务为目的的组织。虽然事业单位也开展经济业务活动，但是不以营利为最终目标，更多偏重于社会效益。因此，事业单位会计以核算业务收支余超为主，可以不进行损益的计算，一般不核算成本或不核算完全成本。一般情况下，外界对事业单位的投入应当是无偿的，不要求回报。

(二)会计核算组织结构多层次

一个事业单位通常有下属的二级核算单位、三级核算单位，同时事业单位还受到国家总预算、地方各级预算的监督管理，从而形成多层次的会计核算组织结构。事业单位所涉及的领域很广，业务性质千差万别，投资主体不单纯是国家和地方各级政府，还有其他各种组织。因此，其管理要求和方法就有所不同，构成多元化的会计核算组织结构。

(三)资金来源多渠道

资金来源多渠道，决定了不能单纯以一个事业单位作为会计主体，有时要以特定来源、特定用途的基金作为会计主体。首先，事业单位本身作为一级会计主体，与之相关的所有资金活动都应在这个主体的核算体系中有所反映，包括有特定用途的专用基金。其次，事业单位收到的要求专款专用的基金应作为二级会计主体，进行单独核算，这是由基金的性质决定的。

(四)会计主体多层次

事业单位资金来源主要有:国家财政、地方各级财政的预算拨款,上级部门的补助,业务活动的事业收入和经营收入,附属单位的上缴收入,社团组织和个人的捐赠,各种借款等。不同的资金供给者对事业单位会计信息有不同的需求,如政府注重资金运用的社会效益,债权人关心事业单位的资金流动状况。为满足各方面的信息需求,要求事业单位会计信息比较完整细致。

(五)两种会计基础并行

所谓会计基础,是指对收入与支出确认与记录的标准。在会计核算中,有两种确认与记录标准:收付实现制与权责发生制。对于事业单位而言,一般采用收付实现制,但是经营性收支业务可采用权责发生制。

除此之外,行政单位通常不进行成本核算,事业单位则视情况进行内部成本核算。目前,科学事业单位、文化事业单位、广播电视事业单位、测绘事业单位、体育事业单位等在有条件的情况下应当进行内部成本核算,医院和农业事业单位必须进行成本核算,对教育事业单位则没有提出成本核算要求。

四、事业单位会计的任务

事业单位会计主要反映非物质生产领域的业务收支,不同于行政单位会计那样不发生业务收入,只组织财政收支,也不像企业会计主要反映生产经营成果。根据事业单位经济活动的特点,事业单位会计主要有以下四项任务:

(一)反映预算执行情况,参与制定经费预算

事业单位的预算执行情况,体现着本单位业务活动和经济活动的过程和结果,必须如实进行反映。各单位的会计部门要严格执行会计制度,认真做好记账、报账工作,做到数字真实、内容完整、计算准确、编报及时。与此同时,各单位的预算执行情况也是制定事业计划和财务预算的基础。会计部门应该根据本部门的各种预算执行数据参与制定本单位事业计算和财务预算,对未来事业的发展和收支的安排提出建议,从而提高经济效益。

(二)组织资金供应,合理使用资金

事业单位的资金来源主要是政府拨款和业务收入,此外还有附属单位上缴收入、捐赠收入、其他收入等。对于政府拨款,各单位会计部门应根据事业计划,提供可靠的资料,核实经费总额,编造单位预算,及时取得资金。对于业务收入,各单位应根据国家政策规定,在完成上级安排的事业计划的前提下,充分利用人力、物力,积极开辟财源,组织收入,努力提高事业经费的自给能力。

与此同时,要合理安排资金使用,有计划地进行预算分配。坚持“少花钱、多办事”的原则,提高资金使用效益。必须正确处理维持经费与发展经费之间的关系,即首先要保证现有事业的维持费用(如经常性的管理开支),然后根据事业发展需要和财力的可能,适当安排事业的发展经费。必须尽量压缩行政性支出,大力支持业务活动,以保证专业任务的实现。坚持贯彻勤俭节约方针,合理安排各种费用支出。

(三)保护公共财产,合理分配结余

事业单位经费支出后,一部分直接消耗了,另一部分则形成各种财产物资。事业单位会计必须真实、完整、准确、及时地反映各项财产物资的增减变动和结存情况,并监督财产物资的使用以保证其安全性、完整性。如果出现浪费、毁损、贪污公共财产的行为,单位必须及时揭露,并报请有关部门严肃处理。对于收支结余，主要用于事业发展和职工福利两个方面，要按照政策规定合理进行分配。基本原则是优先保证事业发展，同时规定了职工福利的最高比例，防止消费基金膨胀。

（四）实行会计监督，维护财经纪律

构建完善的事业单位会计制度，控制和调节事业单位的预算收支，目的是保证国家各项财经方针、政策、法规、制度的贯彻执行，维护财经纪律，并在此基础上，定期和不定期地分析检查各项预算收支是否合理、合法，有无违反财经纪律的情况。如果发生违反财经纪律的行为，必须及时揭露、坚决制止，以保障国家和社会的整体利益。

第二节　事业单位会计要素及科目

一、事业单位财务规则与会计制度

事业单位财务通则由财政部统一规定（财政部令第 68 号）。2013 年 1 月 1 日起开始实施《事业单位会计准则（试行）》。准则分为总则、一般原则、资产、负债、净资产、收入、支出、会计报表、附则九章，并分 49 项条款对有关问题进行规范，该准则适用于我国各级各类事业单位。

为更好地适应公共财政体制改革及事业单位改革，规范事业单位会计行为，提高事业单位会计信息质量，促进事业单位加强预算管理、财务管理、资产管理及绩效评价，财政部颁发了《事业单位会计制度》，并于 2014 年 1 月 1 日起在全国范围内实施。《事业单位会计制度》分五部分：总说明、会计科目名称及编号、会计科目使用说明、会计报表格式、财务报表编制说明。该制度为我国事业单位设计了 48 个会计科目以及各会计科目的核算内容和使用方法，明确了事业单位年终清理的主要事项和年终结账的操作步骤及要求，规定了事业单位会计报表的种类和编报要求。

二、事业单位会计要素

依据《事业单位会计制度》，事业单位的会计要素主要包括资产类、负债类、净资产类、收入类、支出类。

（一）资产类

资产是指事业单位占有或者控制的、能以货币计量的经济资源，主要分为流动资产、应收款项、存货、固定资产及折旧、无形资产及累计摊销等。

（二）负债类

负债是由事业单位过去的经济业务或会计事项形成的现时义务，履行该义务预期将导致经济利益流出。它是将来需要以资产或劳务偿付的经济责任，包括借入款项、应付及预收账款、其他应付款等。

（三）净资产类

净资产是指资产减去负债的差额，包括事业基金、非流动资产基金、专用基金、财政及非财政补助（结转、结余）、非财政补助结余分配。

(四)收入类

收入是指事业单位为开展业务活动,依法取得的非偿还性资金。事业单位的收入依据其来源渠道不同,分为财政补助收入、上级补助收入、事业收入、经营收入、附属单位上缴收入、其他收入。

(五)支出类

事业单位支出是指为开展业务活动和其他活动所发生的各项资金耗费和损失以及用于基本建设项目的开支,包括事业支出、经营支出、对附属单位补助支出、上缴上级支出及其他支出。

1. 什么是事业单位会计?其适用范围是什么?
2. 事业单位会计的特点是什么?
3. 事业单位会计的组织结构如何体现?

第四章　事业单位资产的核算

根据《事业单位会计准则(试行)》,资产是指“事业单位占有或者使用的能以货币计量的经济资源,包括各种财产、债券和其他权利。事业单位的资产分为流动资产、对外投资、固定资产、无形资产等”。

第一节　流动资产

流动资产是指预计在1年内(含1年)变现或者耗用的资产,具体包括现金、银行存款、零余额账户用款额度、应收及预付款项、存货等。

一、库存现金的核算

现金和银行存款等货币资金是流动性最强的资产。现金是存放在事业单位会计部门的现金,即库存现金。现金主要用于事业单位的日常零星开支,事业单位办理各项现金收付业务,应严格遵守国家的现金管理规定,严格执行现金的收支手续,如实反映现金的收支和结存情况,保证现金的安全,提高现金的使用效率。

(一)现金核算的内容

1. 钱账分管

为了防止各种错误、弊端的发生,现金的收付、结算、审核、登记等工作,不得由一人从事。一般来讲,各单位应单独设置现金出纳人员,不得兼管收入费用、债权债务的登记工作,不得兼任稽核和档案保管工作。会计和出纳分开,实行会计管账不管钱,出纳管钱不管账的内部控制制度。

2. 遵守现金的使用范围

国务院颁发《现金管理暂行条例》规定,各单位可以在下列范围内使用现金:

(1)职工工资、津贴;

(2)个人劳务报酬,包括稿费、讲课费以及其他专门工作报酬;

(3)根据国家规定须发给个人的科学技术、文化艺术、体育等各种奖金;

(4)各种劳保、福利费用以及国家规定的对个人的其他支出;

(5)向个人收购农副产品和其他物资的价款;

(6)出差人员必须随身携带差旅费;

(7)结算起点以下的零星支出;

(8)中国人民银行确定需要支付现金的其他支出；

(9)除上述范围的开支可以用现金支付外，其他开支必须通过银行转账支付。

3. 严守现金收付手续

事业单位办理任何现金收支，都必须以合法的原始凭证作依据。收付现金的各种原始单据，应根据各单位的具体情况指定专门人员进行审核，出纳员按月连续编号，作为现金日记账的顺序号。出纳员付出现金后，应当在原始单据上加盖“现金付讫”戳记，并在当天入账，不准以借据抵现金入账。收到现金后，属于各项收入的现金，都应当开给对方收款收据。属于暂付款结算后交回的多余现金，使用借款三联单的由会计人员退还原借据副联，出纳人员不给对方另开收据；不使用借款三联单的，由出纳人员另开给收据。

4. 遵守库存现金的限额

为了既保证各单位使用现金的需要，又防止积压现金和保障现金的安全，银行对各单位核定了库存现金限额。这个限额一般为不超过本单位 3～5 天的日常零星开支所需要的现金；边远地区和交通不便地区的单位，可以多于 5 天，但不得超过 15 天的日常零星开支。超过库存现金核准限额的，应及时送存银行。

5. 不得坐支现金

坐支是指用收入的现金直接办理现金支出。各单位收入的现金，应于当日或规定的时间内送存开户银行，需要支付现金时，从本单位的库存现金限额中支付，或者从银行提取，不得从本单位现金收入中直接支付。因特殊情况需坐支现金的，应当事先报经开户银行审查批准。

6. 如实反映现金库存情况

收付现金要及时记账，每天业务终了要结出余额做到日清月结，账款相符。不得以借据或白条抵库。出纳人员在将账面余额与实际库存核对时，如发现长款或短款，应及时查明原因，做出处理。

现金收入业务较多、单独设置收款部门的单位，收款部门的收款员应每天将所收现金，连同收款收据副联及“现金收入日报表”，送会计部门的出纳员核收，或者将收款收据副联、“现金收入日报表”和向银行送存现金的凭证，一并交会计部门的出纳员核收记账。现金收付业务较多的单位，现金出纳员应每日编制“库存现金日报表”，连同原始单据交会计员复核整理后填制记账凭证。

(二)现金核算使用的主要账户

为了总括反映事业单位现金的收支和结存情况，应设置“库存现金”账户。该账户属于资产类账户，其借方反映现金的增加，贷方反映现金的减少，月末借方余额反映库存现金余额。

为了加强库存现金的管理和核算，系统了解库存现金收付的动态，除了进行总分类核算外，还应进行明细分类核算。现金收支的明细分类核算是通过设置“现金日记账”进行的。现金日记账是按照现金收付业务发生或完成时间的先后，逐日顺次连续登记，用来记录现金的增减变动情况的序时账簿。现金日记账一般可以采用“收”“付”“余”三栏式日记账。它由出纳员根据审核后的原始凭证或现金收款凭证、付款凭证逐日逐笔按时登记；每日终了应计算本日现金收入、支出合计数和结存数，并且同库存现金实存数核对相符，做到日清月结，保证账款相符。月末，“现金日记账”的余额应与“现金总账”的余额相符。

有外币现金的单位，应分别按人民币现金、外币现金设置“现金日记账”进行明细核算。

1. 现金收入的账务处理

现金核算的账务处理包括现金收入和现金支出的账务处理。事业单位收入现金的主要途径是从银行提取现金、收入转账起点以下的余额销售款、职工交回的差旅费剩余款等。单位收入现金时，根据审核无误的记账凭证，借记“库存现金”科目，贷记有关科目。

【例4—1】 某事业单位9月份发生如下现金收入业务：

(1)从银行提取现金1 000元。

借：库存现金 1 000

贷：银行存款(零余额账户用款额度) 1 000

(2)销售产品收到货款1 600元，增值税款272元。

借：库存现金 1 872

贷：经营收入 1 600

应缴税费——应缴增值税(销项税额) 272

(3)张某交回差旅费剩余款200元（原借2 000元，报销1 800元）。

借：库存现金 200

事业支出——差旅费 1 800

贷：其他应收款——张某 2 000

2. 现金支出的账务处理

事业单位支出现金必须遵守国家现金管理制度的规定，在允许的范围内办理现金支出业务。事业单位支出现金时，根据审核无误的记账凭证，借记有关账户，贷记“库存现金”账户。

【例4—2】 某事业单位9月份发生如下现金支出业务：

(1)李某预借差旅费2 000元。

借：其他应收款——李某 2 000

贷：库存现金 2 000

(2)单位行政人员报销差旅费1 800元。

借：事业支出——差旅费 1 800

贷：库存现金 1 800

(3)单位行政部门购买办公用品329元。

借：事业支出——日常办公用品 329

贷：库存现金 329

3. 现金清查的账务处理

为了加强对现金出纳保管工作的监督，防止盗窃和营私舞弊，保护现金安全完整，必须建立并认真执行现金清查制度。库存现金的清查包括出纳人员每日的清查核对和清查小组定期或不定期的清查。现金清查的主要手段是实地盘点。清查小组盘点现金时，出纳人员应当在场，盘点后将实存数与账存数核对，并编制“库存现金盘点报告表”，列明实存、账存和溢缺金额。如有溢缺，应查明原因，并及时请领导审批。

发生现金溢缺时，应在未查明原因前和查明原因后分别记账，属于现金溢余的金额，借记“库存现金”账户，贷记“其他应付款——现金溢余”账户；属于现金短缺的金额，借记“其他应收款——现金短缺”账户，贷记“库存现金”账户。在查明原因后如有责任人赔偿收回现金时，借记“库存现金”账户，贷记“其他应收款——现金短缺”账户；如果属于正常误差而产生的短缺，经批准可列入“事业支出——其他费用”账户。对于溢余的现金，如属错收的，应退回，做相反的会计分录；如属无主款，应作应缴国库款，借记“其他应付款——现金溢余”账户，贷记“应缴国库款”账户。

二、银行存款的核算

(一)银行存款核算的内容

银行存款是指事业单位存入银行或其他金融机构账户的货币,我国事业单位银行存款包括人民币存款和外币存款两种。

事业单位的货币资金,除不超过库存现金限额的少量现金外,其余都必须存入银行。货币资金的收付,除国家规定可以用现金办理的结算外,其余都必须通过银行办理转账结算。银行转账结算就是由银行将结算款项从付款单位的存款账户划拨到收款单位的存款账户。因此,各单位应按规定在银行开立存款户。

1. 银行存款户的开立

按照中国人民银行总行发布的《支付结算办法》规定,事业单位应在银行开立账户,以办理存款、取款和转账等结算。各单位在办理银行存款开户时,应按银行规定填写"开户申请表",经上级主管部门或同级财政机关审查同意后,连同盖有单位公章和有权支配款项的个人名章的印鉴卡片一并送开户银行,经银行审查同意后方可开户。

事业单位在银行开户后,即可通过银行与其他单位办理结算。各开户单位应加强对银行存款户的管理,通过银行存款户办理资金收付时,必须切实遵守银行规定的下述管理原则:

(1)认真贯彻执行国家的政策、法令,严格遵守国家银行的各项结算制度和现金管理制度,接受银行监督。

(2)银行存款户仅供本单位使用,不准出租、出借、套用或转让给其他单位或个人使用。

(3)银行存款户必须有足够的资金保证支付,加强支票管理,不准签发空头支票和其他远期支付的凭证。

(4)各种收支款项的凭证,必须如实填明款项的来源或用途,不得巧立名目、弄虚作假、套取现金、套取物资,严禁利用账户搞非法活动。

(5)重视与银行的对账工作,认真及时地与银行寄送的对账单进行核对,保证账账相符、账款相符。如果银行存款日记账的余额与银行对账单的余额不符,要及时与银行核对清楚,查明原因。

2. 银行转账结算方式

中国人民银行总行发布的《支付结算办法》规定,现行结算方式有支票、银行汇票、银行本票、商业汇票、汇兑、委托收款、托收承付七种。事业单位发生的大量资金收付业务,可根据《支付结算办法》的规定,通过上述七种结算方式进行结算。

3. 结算纪律

事业单位必须遵守国家法律、法规和《支付结算办法》的各项规定,遵守结算纪律。不准出租、出借账户,不准签发空头支票的远期支票,不准套取银行信用。

(二)银行存款核算使用的会计科目

为了总括反映事业单位银行存款的收支和结存情况,事业单位应设置"银行存款"科目。该账户属于资产类账户,借方登记存款的增加数额,贷方登记存款的减少数额,期末余额在借方,表示"银行存款"的实有数额。"银行存款"总账与"库存现金"总账一样,应由不从事出纳工作的会计人员负责登记。它既可以根据银行存款账付款凭证逐笔登记,也可以定期填制汇总收款凭证于月末汇总登记。

事业单位每天都可能发生通过银行进行结算的业务。为了随时掌握银行存款的收支和结存情况，事业单位应按开户银行、其他金融机构、存款种类及货币种类分别设置“银行存款日记账”，进行序时核算。银行存款日记账一般可采用三栏式日记账，其格式内容与现金日记账基本相同。

银行存款日记账是由出纳员根据审核无误的原始凭证或收付款的记账凭证逐日逐笔按时登记的。对于将现金存入银行的业务，一般是编制现金付款凭证。因此，银行存款日记账中的此类收入是根据现金付款凭证登记的。每日终了应结出余额，月末结出本月收入、付出的合计数和月末结存数，并且和银行核对账目。

(三)银行存款核算的账务处理

1. 银行存款收入的账务处理

事业单位收入银行存款时，根据银行存款收款凭证及有关单据，借记“银行存款”科目，贷记“库存现金”“财政补助收入”“上级补助收入”“事业收入”等科目。

【例4—3】 某事业单位发生如下银行存款收入业务：

(1)收到上级拨入事业经费1 000 000元。

借：银行存款　　1 000 000

　　贷：财政补助收入　　1 000 000

(2)销售产品收到销货款50 000元，增值税8 500元。

借：银行存款　　58 500

　　贷：经营收入　　50 000

　　　　应缴税费——应缴增值税(销项税额)　　8 500

(3)收到某单位还款30 000元，支票一张存入银行。

借：银行存款　　30 000

　　贷：其他应收款　　30 000

2. 银行存款支出的账务处理

事业单位支出银行存款时，根据银行存款付款凭证及有关单据，借记“库存现金”“事业支出”等科目，贷记本科目。

【例4—4】 某事业单位发生银行存款支出业务如下：

(1)开出转账支票一张，拨付所属单位待核销的经费12 000元。

借：对附属单位补助支出　　12 000

　　贷：银行存款　　12 000

(2)开出转账支票一张，支付购材料所欠货款20 000元。

借：应付账款　　20 000

　　贷：银行存款　　20 000

(3)开出转账支票支付购买办公用品2 600元。

借：事业支出——日常办公用品　　2 600

　　贷：银行存款　　2 600

(四)银行存款日记账的核对

为了防止银行存款日记账发生差错，准确掌握银行存款实际金额，事业单位应按期与银行对账，至少每月核对一次。银行存款日记账的核对主要包括三个环节：一是银行存款日记账与银行存款收款凭证、付款凭证要互相核对，做到账证相符；二是银行存款日记账与银行存款总账要互相核对，做到账账相符；三是银行存款日记账与银行开出的银行存款对账单要互相核对，以便准确地掌握单位可动用的银行存款实有数。将银行存款日记账的记录同银行的对账单进行核对时，如发现双方余额不一致，其原因有二：一是记账有错误，如银行将甲存款户的存款或取款误记入乙存款户的账内；二是未达账项，指因凭证在传递过程中，造成单位与开户行的记账时间不一致，一方已经入账而另一方尚未登记入账的会计事项。

单位与银行之间发生的未达账项有下列四种情况：

1. 银行代本单位的收款已入账，而单位尚未收款入账；
2. 银行代本单位的付款已入账，而单位尚未付款入账；
3. 单位已收款入账，而银行尚未办理收款；
4. 单位已付款入账，而银行尚未办理本单位的付款。

以上任何一种情况的发生，都会使单位和银行双方的账面余额不等。因此，单位在接到银行转来的对账单时，应尽快与日记账记录核对。在实际工作中，核对时，若发现未达账项，应编制“银行存款余额调节表”进行调节。调节后，双方余额如果相等，一般说明记账没有错误；如果不相等，表明记账有错误，需要进一步查对，找出原因，更正错误记录。

银行存款余额调节表的编制方法主要是将银行对账单上的余额与单位银行存款账面余额都调整为正确数额，以相互核对。调整的计算公式如下：

单位银行存款账面余额＋银行已收单位未收事项－银行已付单位未付事项
＝银行对账单余额＋单位已收银行未收事项－单位已付银行未付事项

以下举例说明“银行存款余额调节表”的编制方法。

【例4—5】 某单位月底的银行存款账面余额为591 000元，银行对账单的余额为786 000元。经逐笔核对，发现有如下未达账项：

(1)单位委托银行代收外单位商品加工款317 600元，月底银行已收款入账，但单位尚未收到银行的收款通知，故未入账。

(2)银行已支付本单位购买固定资产款项120 000元，本单位未收到付款通知，故未记账。

(3)本单位月末收到某大学转账支票一张，金额19 600元，系多发出的书刊款，银行尚未入账。

(4)本单位月末开出转账支票一张，金额17 000元，支付购买图书款，银行未转账付款。

根据以上情况编制的“银行存款余额调节表”如表4—1所示。

表4—1　　银行存款余额调节表

2015年6月30日　　单位：元

项　目	金　额	项　目	金　额
1. 单位银行存款账面余额	591 000	1. 银行对账单余额	786 000
2. 加：单位未收，银行已收		2. 加：单位已收，银行未收	
(1)外单位商品加工款	317 600	(1)某大学退书款	19 600
3. 减：单位未付，银行已付		3. 减：单位已付，银行未付	
(1)购买固定资产	120 000	(1)购书款	19 000
调整后银行存款余额	788 600	调整后银行存款余额	788 600

从表4—1看出，该单位月底银行存款的真正结存数应为788 600元。

最后需要指出的是，编制银行存款余额调节表的目的，只是为了检查账簿记录的正确性，并不是要更改账簿记录，对于银行已经入账而本单位尚未入账的业务和本单位已经入账而银行尚未入账的业务，均不作账务处理，待以后业务凭证到达后，再作账务处理。对于长期悬置的未达账项，应及时查阅凭证、账簿及有关资料，查明原因，及时和银行联系并予以解决。

(五)外币存款的核算

有外币存款的事业单位，应在“银行存款”账户下分别按人民币和各种外币设置“银行存款日记账”进行明细核算。按照《事业单位会计制度》规定，事业单位外币存款业务，发生时按当日中国人民银行颁布的人民币外汇汇率，将外币金额折合为人民币记账，并登记外国货币金额和折合率。年终(外币存款业务量大的单位可按季或月结算)按照期末外币余额和中国人民银行颁布的人民币外汇汇率进行调整，调整后的外币账户人民币余额与原账面余额的差额作为汇兑损益，列入相关支出。

【例4—6】 某事业单位年初美元存款10 000美元，汇率为＄1=￥6.67，账面人民币余额为66 700元。年末，美元存款10 000美元，账面人民币余额为66 700元。12月31日中国人民银行颁布的美元汇率为＄1=￥6.68。按上述程序调整计算如下：

调整前的余额为66 700元(＄10 000汇率6.67)，调整后的余额为66 800元(＄10 000汇率6.68)，调整前后的差额为100元。据此作会计分录为：

借：银行存款　　100

　　贷：其他支出——汇兑损益　　100

三、零余额账户用款额度

本科目用来核算实行国库集中支付的事业单位根据财政部门批复的用款计划收到和支用的零余额用款额度。国库集中支付制度是我国财政制度“三大改革”(政府采购制度改革、国库单一账户制度改革、部门预算制度改革)中的一种，是指将所有的政策性财政资金全部集中到国库单一账户，并规定所有的财政支出必须由国库直接支付。在这种制度下，财政资金的使用由各部门根据细化的预算自主决定，由财政部门审核后准予支出，财政资金将由国库单一账户直接拨付给商品或劳务供应商，而不必经过支出单位进行转账结算。为便于各部门小额零散支出的需要，财政部门为预算单位设立当日清算的流动账户。在实际支付之前，所有的资金都集中在国库，财政部门可以统一调度。

“零余额账户用款额度”用于核算预算单位在财政下达授权支付额度内办理授权支付业务。

财政性资金的支付包括财政直接支付和财政授权支付两种方式。

(一)财政授权支付

财政授权支付是预算单位按照财政部门的授权，自行向代理银行签发支付指令，代理银行根据支付指令，在财政部门批准的预算单位的用款额度内，通过国库单一账户体系将资金支付到收款人账户。

(二)财政授权支付程序

财政授权支付程序适用于预算单位的零星支出和未纳入工资统发的工资支出，具体程序如下：

1. 由财政国库管理机构将财政授权支付资金拨付到支付执行机构在代理银行开设的授权支付总户；财政支付执行机构收到拨款后，向代理银行开具“财政授权支付通知单”。

2. 代理银行收到“财政授权支付通知单”后，在1个工作日内按照“财政授权支付通知单”

所确定的各基层预算单位资金使用额度向各基层预算单位分发“财政授权支付到账通知书”。

3. 代理银行根据“财政授权支付通知单”受理预算单位支付指令，并严格控制预算单位的支付金额，按期与财政授权支付总户进行资金清算。

4. 预算单位支用授权额度时，按规定程序打印转账支票送代理银行，代理银行审核后办理资金支付，“财政授权支付通知单”中确定的月度授权额度可以滚存使用。

5. 代理银行按日、旬、月向国库支付执行机构报送“财政支出日(旬、月)报表”。

(三)财政授权支付会计处理

对于财政授权支付，预算单位根据代理银行转来的“财政授权支付到账通知书”和财政授权支付账户开出的支票记账，并在资产类“零余额账户用款额度”科目进行核算，该科目借方表示事业单位收到财政支付中心拨付的预算资金，贷方表示事业单位使用预算资金情况，年末该账户余额为零。

【例 4—7】 某事业单位某月发生零余额账户业务如下：

(1)收到财政用款额度到账通知，金额 2 000 000 元，会计分录如下：

借：零余额账户用款额度　　2 000 000

　　贷：财政补助收入——财政授权支付　　2 000 000

(2)收到财政用款额度到账通知，金额 1 600 000 元，会计分录如下：

借：零余额账户用款额度　　1 600 000

　　贷：事业收入——财政授权支付　　1 600 000

(3)单位从零余额账户预算内指标转账支付办公用品款项 5 000 元，其会计分录如下：

借：事业支出—日常办公用品　　5 000

　　贷：零余额账户用款额度　　5 000

(4)预算单位从零余额账户预算外指标转账支付打印纸 20 箱入库，金额 4 500 元。

借：存货——打印纸　　4 500

　　贷：零余额账户用款额度　　4 500

(5)某日从零余额账户提取现金 50 000 元，支用 49 000 元时，其会计分录如下：

借：库存现金　　50 000

　　贷：零余额账户用款额度　　50 000

借：事业支出　　49 000

　　贷：库存现金　　49 000

(四)财政授权支付额度余额注销

年终，代理银行和预算单位在 12 月 31 日对账签证后，按照有关规定，将预算单位零余额账户财政授权支付额度注销。事业单位凭据“财政授权支付额度年终对账签证单”，将零余额账户财政授权支付额度余额注销后，其账务处理如下：

借：财政应返还额度——财政授权支付

　　事业收入——财政授权支付

　　贷：零余额账户用款额度

四、财政应返还额度

本科目核算实行国库集中支付的事业单位应收财政返还的资金额度，设置“财政直接支付”和“财政授权支付”两个科目进行明细核算。本科目期末借方余额，反映事业单位应收财政返还资金额度。

(一)财政直接支付

年度终了,事业单位根据本年度财政直接支付预算指标数与当年财政直接支付实际支出数的差额,借记"财政应返还额度"科目(财政直接支付),贷记"财政补助收入"科目。下年度恢复财政直接支付额度后,事业单位以财政直接支付方式发生实际支出时借记有关科目,贷记"财政应返还额度"科目(财政直接支付)。

【例 4—8】 某事业单位 2016 年度年初财政直接支付预算指标数为 1 350 000 元,其中一笔直接支付金额为 10 000 元,年度终了,事业单位完成财政直接支付预算数 1 200 000 元。

发生财政直接支付业务时:

借:事业支出等支出类科目　　10 000
　　贷:财政应返还额度　　10 000
借:财政应返还额度——财政直接支付　　150 000
　　贷:财政补助收入　　150 000

(二)财政授权支付

年度终了,一是事业单位根据代理银行提供的对账单注销额度,借记"财政应返还额度"科目(财政授权支付),贷记"零余额账户用款额度"科目;二是事业单位财政授权支付预算指标数大于零余额账户用款额度下达数,根据未下达的用款额度,借记"财政应返还额度"科目(财政授权支付),贷记"财政补助收入"科目。

下年初,一是事业单位根据代理银行提供的额度恢复到账通知书做恢复额度的相关账务处理,借记"零余额账户用款额度"科目,贷记"财政应返还额度"科目(财政授权支付);二是事业单位收到财政部门批复的上年末未下达零余额用款额度时,借记"零余额账户用款额度"科目,贷记"财政应返还额度"科目(财政授权支付)。

【例 4—9】 年度终了,某事业单位根据银行对账单注销财政授权支付额度 1 500 000 元,当年预算指标数 1 501 000 元,未用指标 1 000 元转入下年度。下年初预算单位同时收到财政部门批复上年末未下达零余额账户用款额度和银行 1 000 元恢复预算额度到账通知。

(1)注销额度时:

借:财政应返还额度——财政授权支付　　1 500 000
　　贷:零余额账户用款额度　　1 500 000

(2)收到财政部门批复时:

借:零余额账户用款额度　　1 000
　　贷:财政应返还额度——财政授权支付　　1 000

(3)收到银行恢复额度通知时:

借:零余额账户用款额度　　1 000
　　贷:财政应返还额度——财政授权支付　　1 000

五、应收票据的核算

(一)应收票据核算的内容

应收票据是指事业单位因开展经营活动销售产品、提供有偿服务等收到的商业汇票,包括银行承兑汇票和商业承兑汇票。

1. 应收票据的分类

商业汇票按其承兑人不同，分为商业承兑汇票和银行承兑汇票。商业承兑汇票是由付款人承兑的汇票，它可以由收款人签发，也可以由付款人签发，但必须由付款人承兑；银行承兑汇票是由收款人或承兑申请人签发，并由承兑申请人向银行申请，银行审查同意承兑的票据。

应收票据按是否计息，可分为带息票据和不带息票据。带息商业汇票是指到期时承兑人按票面金额加上应计利息支付票款的票据。对于带息应收票据，应于期末（指中期期末和年度终了）按应收票据的票面价值和确定的利率计提利息，计提的利息应增加应收票据的账面价值。带息票据可在票据到期时一次付息。不带息票据是指到期只按面额支付款项的票据。带息票据到期利息的计算公式如下：

应收票据利息＝应收票据面额×利率×时间

上式中，利率一般以年利率表示，时间则以日或月表示。因此，应把年利率调整为月利率或者日利率，一年以 360 天计算。

2. 应收票据的入账价值

不论票据是否带息，应收票据都应于收到或开出并承兑时，以其票面金额入账。

3. 应收票据的贴现

事业单位持有的应收票据，在到期前可以用背书的形式转让给银行。银行同意接受时，要扣除自贴现日至到期日的利息，将其余额即贴现净值支付给事业单位。这种利用票据向银行融资的做法，被称为应收票据贴现。银行所预扣的利息称为贴现息，计算贴现的利率称为贴现率。

计算贴现净值的步骤是：

(1)计算到期值：

票据到期值＝面值×(1＋利率×期限)

无息票据到期值就是其面值。

(2)计算贴现息：

贴现息＝票据到期值×银行贴现率×贴现期限

贴现期限＝票据有效天数－企业持有天数

(3)计算贴现净值：

贴现净值＝票据到期值－贴现息

(二)应收票据核算使用的主要账户

事业单位应设置“应收票据”账户，进行应收票据的核算。该账户是一个资产类账户，借方登记应收票据的金额，贷方登记到期收回的票面金额和已办贴现的应收票据的票面金额，期末余额在借方，反映期末持有的应收票据的票面金额。

事业单位还应设置“应收票据备查簿”，逐笔登记每笔应收票据的种类、号数、出票日期、交易合同号、付款人、承兑人、背书人的姓名或单位名称、到期日期、利率、贴现日期、贴现率和贴现净额、收款日期和收回金额等资料。应收票据到期结清票款后，应在备查簿内逐笔注销。

(三)应收票据核算的账务处理

1. 收到应收票据

事业单位收到应收票据，借记“应收票据”账户，贷记“经营收入”“应缴税费——应缴增值税”等账户。

【例 4－10】 某事业单位销售 A 产品一批给甲公司，货已发出，价款 200 000 元，增值税款为34 000元。按合同约定两个月后付款，甲公司交给该事业单位一张两个月到期的商业承兑汇票，面值为234 000元。

借：应收票据　　234 000

　　贷：经营收入　　200 000

　　　　应缴税费——应缴增值税(销项税额)　　34 000

2. 票据到期收回款项

按应收票据到期收回的票面金额，借记“银行存款”账户，贷记“应收票据”账户。

【例4—11】 例4—8中的票据在两个月后到期，收回款项234 000元，存入银行。

借：银行存款　　234 000

　　贷：应收票据　　234 000

3. 应收票据的贴现

事业单位持未到期的应收票据向银行贴现，应按实际收到的金额(即扣除贴现息后的净额)，借记“银行存款”等账户；按贴现息部分，借记“经营支出”账户；按应收票据的票面金额，贷记“应收票据”账户。

【例4—12】 事业单位销售A产品一批给乙公司，货已发出，货款50 000元，增值税款8 500元。按合同约定90天付款，乙公司交给该事业单位一张90天到期的商业承兑无息汇票，面值为58 500元。该事业单位60天后持此票据到银行贴现，贴现率为12%。

该事业单位收到票据时：

借：应收票据　　58 500

　　贷：经营收入　　50 000

　　　　应缴税费——应缴增值税(销项税额)　　8 500

该事业单位办理贴现时：

贴现息＝58 500×12%×(30÷360)＝562(元)

扣除贴现息后净额＝58 500－562＝57 938(元)

借：银行存款　　57 938

　　经营支出　　562

　　贷：应收票据　　58 500

4. 贴现票据到期

贴现的应收票据到期，如果付款人按期付款给贴现银行，则办理贴现的事业单位的责任完全解除。该事业单位在“应收票据备查簿”上注销该票据。

如果贴现的商业汇票到期，承兑人的银行账户不足支付，申请贴现的事业单位将会收到银行退回的应收票据和支款通知，银行已从贴现单位的账户中将票款划出。此时，贴现单位要按所付本息，借记“应收账款”账户，贷记“银行存款”账户。若申请贴现的单位的银行存款账户余额不足，银行作逾期贷款处理，贴现单位应借记“应收账款”账户，贷记“短期借款”账户。

【例4—13】 某事业单位已办贴现的应收票据到期(见例4—12)，乙公司未能按期付款，贴现银行将票据退回并从该事业单位的账户中将票据款划出。

借：应收账款——乙公司　　58 500

　　贷：银行存款　　58 500

如果该事业单位的账户余额不足，银行则作为逾期贷款通知单位，单位做会计处理：

借：应收账款——乙公司　　58 500

　　贷：短期借款——乙公司　　58 500

如果贴现票据是银行承兑的，一般不会出现到期不能付款的情况。票据到期时，承兑银行如数付款给贴现银行，不构成贴现单位的经济业务。

六、应收账款的核算

(一)应收账款核算的内容

1. 应收账款的范围

应收账款是指事业单位因开展经营活动、销售产品、提供有偿服务等应收取的款项，如医院应向病人收取的医药费等，不包括应向职工收取的各种垫付款项、备用金等。

2. 应收账款的计价

一般而言，事业单位赊销商品或提供劳务等，应按买卖成交时的实际金额入账。但在具体计算应收账款的入账金额时，应考虑折扣因素：

(1)商业折扣。所谓商业折扣，是指单位可以从价目单上规定的价格中扣减一定百分比数额的折扣方式，如10%、15%、20%等。扣减后的净额才是实际销售价格。例如，某科研单位某项科研产品的报价为1 000元，按10%的商业折扣出售，则应收账款的记账金额为900元。显然商业折扣不会引起特殊的会计问题，会计上只需按已扣除商业折扣的实际发票价格确认应收账款。

(2)现金折扣。所谓现金折扣，是指单位为了鼓励客户在一定时期内早日付款而给予的一种折扣优待。这种折扣的条件通常写成：2/10，1/20，N/30(即10天内付款折扣2%，10～20天内付款折扣1%，20～30天内全价付款)。

现金折扣对于销货方而言，称为销货折扣。例如，一笔10万元的赊销账款，规定的销货折扣条件为2/10，1/20，N/30。例如客户于10天内付款，扣2%的折扣后，应收账款的数额为98 000元；如果客户于30天内付款，就须计算全部金额，应收账款的数额为100 000元。可见，在现金折扣的情况下，应收账款入账金额的确认有两种处理方法。

◇第一种方法：总价法。

总价法是将未减现金折扣前的金额作为实际售价，记作应收账款的入账金额，这种方法把现金折扣理解为鼓励客户提早付款而获得经济收益。销售方给予客户的现金折扣，从融资角度出发，属于一种理财费用，于收到账款时记入经营支出。总价法可以较好地反映销售的总过程，但在客户大量享受现金折扣的情况下，会高估应收账款和销售收入。

◇第二种方法：净价法。

净价法是将扣减现金折扣后的金额作为实际售价，据以记作应收账款的入账金额。这种方法是把客户取得的折扣视为正常现象，认为一般客户都会提前付款，而将由于客户超过折扣期限而多收入的金额，视为提供信贷获得的收入，可冲减事业单位经营支出。净价可避免总价法的不足，但操作起来比较麻烦。在我国目前会计实务中，一般采用的是总价法。

(二)应收账款核算使用的主要账户

事业单位应设置“应收账款”账户，用来核算事业单位因销售产品、提供有偿服务等而应收取的款项。该账户的借方登记事业单位应收的款项，贷方登记已收回的款项，期末余额在借方，反映尚未收回的各种应收账款。本账户应按不同的债务人设置明细账，进行明细核算。

(三)应收账款核算的账务处理

1. 经营收入发生应收账款

事业单位销售产品、提供有偿服务等，应借记“应收账款”账户，贷记“经营收入”“应缴税费——应缴增值税”等账户。

【例 4—14】 某研究所 7 月份发生如下业务：

(1)7 月 5 日，向 A 公司提供劳务取得收入 20 000 元。规定的现金折扣条件是 2/10，1/20，N/30，7 月 5 日凭劳务结算凭证，应作如下会计分录：

借：应收账款——A 公司　　20 000

　　贷：经营收入　　20 000

(2)A 公司于 7 月 15 日付款，收到款项 19 600 元(10 000－10 000×2%)。

借：银行存款　　19 600

　　经营支出　　400

　　贷：应收账款——A 公司　　20 000

(3)向 B 公司销售科研产品一批，货已按合同发出，价款为 100 000 元，增值税款为 17 000 元，货款尚未收到。

借：应收账款　　117 000

　　贷：经营收入　　100 000

　　　　应缴税费——应缴增值税(销项税额)　　17 000

2. 代垫包装费和运杂费

单位为购货单位代垫的包装费和运杂费，借记“应收账款”账户，贷记“银行存款”等账户。

【例 4—15】 为 B 公司代垫运杂费 1 000 元，已用银行存款支付。

借：应收账款　　1 000

　　贷：银行存款　　1 000

3. 收到应收账款

事业单位收到应收账款时，按实际金额借记“银行存款”账户，贷记“应收账款”账户。

【例 4—16】 收到 B 公司用支票支付前欠货款及代垫运杂费 117 000 元，已存入银行。

借：银行存款　　117 000

　　贷：应收账款　　117 000

4. 无法收回的应收账款

逾期三年以上有确切证据证明无法收回的应收账款，按规定核销，核销的应收账款设备查簿登记。

转入待处置资产，按照待核销的金额，借记“待处置资产损溢”科目，贷记本科目。核销时，借记“其他支出”科目，贷记“待处置资产损溢”科目。已核销的应收账款又收回时，借记“银行存款”等科目，贷记“其他收入”科目。

【例 4—17】 某科研所两年到期未收回 A 公司 7 000 元货款，转入待处置资产核销，登记“待处置资产损溢”登记簿后，三年后又收回该笔收入。相关处理如下：

借：待处置资产损溢——A 公司　　7 000

　　贷：应收账款——A 公司　　7 000

借：其他支出

　　贷：待处置资产损溢——A 公司　　7 000

借：银行存款——A 公司　　7 000

　　贷：其他收入——A 公司　　7 000

七、预付账款的核算

(一)预付账款核算的内容

预付账款是事业单位按照购货、劳务合同预付给供应单位的款项。预付账款按实际发生的金额入账。

(二)预付账款核算使用的主要账户

为了反映和监督预付账款的支出和结算情况,事业单位应设置"预付账款"账户。该账户是一个资产类账户,借方反映事业单位预付或补付的货款,贷方反映已结转或退回多付的预付款项,期末余额一般在借方,反映本单位向供应单位已预付尚未结算的货款。该账户有时也会出现贷方余额,反映企业预付款超过货款的数额,其性质属于应收款项。

预付款项业务不多的单位,也可以将预付账直接记入"应收账款"账户的借方,不设本账户。

(三)预付账款核算的账务处理

1. 支付预付账款

事业单位按购货、劳务合同规定预付货款时,借记"预付账款"账户,贷记"零余额账户用款额度""财政补助收入"或"银行存款"账户。

【例 4-18】 某事业单位订购某种货物,货款 50 000 元,按合同规定需预付价款的 40% 即 20 000 元定金。

借:预付账款	20 000	
贷:零余额账户用款额度		20 000

2. 收到预订货物

单位收到预订的货物时,根据发票账单等列明的金额,借记"材料""应缴税费"等有关账户,贷记"预付账款"账户;补付货款时,借记"预付账款"账户,贷记"银行存款"账户。

【例 4-19】 例 4-18 中某事业单位所订货物到货,发票账单同时到达,价款为 50 000 元,增值税款为 8 500 元,补付货款为 38 500 元。

借:材料	50 000	
应缴税费——应缴增值税(进项税额)	8 500	
贷:预付账款		58 500
借:预付账款	38 500	
贷:零余额账户用款额度		38 500

如果预付账款大于发票单列明的金额,退回多付的货款时,借记"零余额账户用款额度""财政补助收入""银行存款"账户,贷记"预付账款"账户。

3. 无法收回的预付账款

逾期的预付账款,确实无法收回,按规定报批后核销,建立登记备查簿。核销程序、方法同应收账款。

八、其他应收款的核算

(一)其他应收款核算的内容

其他应收款是指除财政应返还额度、应收票据、应收账款、预付账款以外的其他应收、暂付款项,包括各种赔款、借出款、备用金、应向职工收取的各种垫付款项等。其他应收款应按实际发生额入账。

(二)其他应收款核算使用的主要账户

为了反映和监督其他应收款的发生和结存情况，事业单位应设置"其他应收款"账户。该账户是一个资产类账户，借方登记发生的各种其他应收款，贷方登记单位收到的款项和结转情况，期末余额通常在借方，反映尚未收回的其他应收款项。其他应收款应按照类别及债务单位（或个人）进行明细核算。

(三)其他应收款核算的账务处理

1. 发生其他应收款

事业单位发生各种其他应收款时，借记"其他应收款"账户，贷记有关账户。

【例4—20】 职工王某借差旅费1 000元。

借：其他应收款——王某　　1 000

　　贷：库存现金　　1 000

【例4—21】 单位内部某部门使用定额备用金2 000元。

借：其他应收款——××部门　　2 000

　　贷：库存现金　　2 000

2. 其他应收款的结算

其他应收款在结算时，借记有关账户，贷记"其他应收款"账户。

【例4—22】 某单位收到保险公司赔款5 000元。

借：银行存款　　5 000

　　贷：其他应收款　　5 000

【例4—23】 例4—20中王某出差回来报账，差旅费760元，交回现金240元。

借：库存现金　　240

　　事业支出——差旅费　　760

　　贷：其他应收款——王某　　1 000

其他应收款收不回，核销时同预付账款。

九、存货的核算

(一)存货核算的内容

存货是指事业单位在开展业务活动及其他活动中为耗用而储存的各种材料、燃料、包装物、低值易耗品及达不到固定资产标准的用具、装具、动植物等的实际成本。事业单位随买随用的零星办公用品可在购进时直接列支，不通过本科目核算。

存货应按照种类、规格、保管地点等进行明细核算。事业单位自行加工存货业务时，本科目下设"生产成本"明细科目，用于归集核算自行加工存货所发生的实际成本（包括耗用的直接材料费用、直接人工费和分配的间接费用）。

(二)存货的账务处理

1. 取得存货时，应按实际成本入账

购入存货的成本包括购买价款、相关税费、运输费、装卸费、保险费以及使存货达到目前状态所发生的其他支出。事业单位按照税法规定属于增值税一般纳税人的，其购进非自用（用于生产对外销售的产品）材料所支付的增值税不计入材料成本。

购入存货验收入库时，借记"存货"科目，贷记"银行存款""应付账款""财政补助收入""零余额账户用款额度”科目。

属于增值税一般纳税人的事业单位购入非自用材料，按确定的成本(不含增值税进项税额)借记“存货”科目，按增值税专用发票上注明的增值税额借记“应缴税费——应缴增值税(进项税额)”。

【例4—24】 某事业单位购入自用甲材料1 000千克，单价10元，增值税款为1 700元，价税合计11 700元。款已付讫，材料已验收入库。

借：存货——甲材料　　11 700
　　贷：银行存款(零余额账户用款额度)　　11 700

【例4—25】 某事业单位属于一般纳税人，购入丙材料200千克，单价100元，增值税款为3 400元，款项已通过银行付讫，材料已验收入库。

借：存货——丙材料　　20 000
　　应缴税费——应缴增值税(进项税额)　　3 400
　　贷：银行存款　　23 400

【例4—26】 某事业单位(一般纳税人)3月2日从外地购入生产用丙材料400千克，单价12元，增值税额为816元；购入丁材料500千克，单价9元，增值税额为765元。材料已验收入库，用银行存款支付含税价款计10 881元和运杂费900元，运杂费按两种材料重量比例分配。

运杂费分配率＝900/(400＋500)＝1(元/千克)

丙材料负担运杂费＝400×1＝400(元)

丁材料负担运杂费＝500×1＝500(元)

会计分录为：

借：存货——丙材料　　5 200
　　　　——丁材料　　5 000
　　应交税费——应交增值税(进项税额)　　1 581
　　贷：银行存款　　11 781

自行加工的存货，其成本包括耗用的直接材料费用、发生的直接人工费用和按照一定的方法分配的与存货加工有关的间接费用。借记“存货”(生产成本)，贷记“存货”科目(领用材料相关明细科目)“应付职工薪酬”“银行存款”等科目。

【例4—27】 某科研事业单位自制试验用操作台，领用木材45 600元，发生人工费3 900元。

借：存货——生产成本　　49 500
　　贷：存货——木材　　45 600
　　　　　　——人工费　　3 900

加工完成的存货验收入库，按照所发生的实际成本，借记“存货”科目(领用材料相关明细科目)，贷记“存货”科目(生产成本)。

接受捐赠、无偿调入的存货，其成本按照有关凭据注明的金额加上相关的税费、运输费等确定；没有相关凭据的，其成本比照同类或类似存货的市场价格加上相关税费、运输费等确定；没有相关凭据的，同类或类似存货的市场价格无法可靠取得的，按照该存货名义金额(即人民币1元，下同)入账；相关财务制度仅要求进行实物保管的除外。

接受捐赠、无偿调入存货验收入库，按照实际成本借记“存货”科目，按照发生的相关税费等贷记"银行存款"等科目,差额贷记"其他收入"科目。

按照名义金额入账的情况下,按照名义金额借记"存货"科目,贷记"其他收入"科目;按照相关税费借记"其他支出"科目,贷记"银行存款"科目。

【例 4—28】 某事业单位接受捐赠一批科研物资,该批物资市场价格 26 000 元,运费 100 元。

借:存货——一批物资　　26 100

　贷:银行存款　　26 100

2. 存货发出核算

事业单位存货发出时,应按照实际情况采用先进先出法、加权平均法或个别计价法确定发出存货的成本。计价方法一旦确定,不得随意改变,低值易耗品的成本于领用时一次摊销。

领用时发出存货,按照实际成本,借记"事业支出""经营支出"科目,贷记"存货"科目。

存货发出时,由领用部门填写"领用单"写明存货品名、规格、数量和用途,向管理部门领用。管理部门付出存货后,在"领用单"上加盖"付讫"戳记,并登记存货明细账。

(1)先进先出法。先进先出法是假定先购进的存货先发出,并根据这一段时间的成本流转顺序,对发出存货和期末存货进行计价的方法。采用这种计价方法,收入存货时要逐笔登记购入的每一笔存货的数量、单价和金额;发出时,按先进先出的原则确定单价,逐笔登记存货发出和结存金额。

【例 4—29】 某招待所,期初库存 B 材料 200 千克,单价 1 元,金额 200 元,实际成本资料如表 4—2 所示。

表 4—2

材料明细账

品名:B 材料　　单位:千克,元

2015 年		凭证字号	摘　要	收　入			发　出			结　存		
月	日			数量	单价	金额	数量	单价	金额	数量	单价	金额
5	10		期初结存							200	1.0	200
	16		购进	300	1.2	360				500		560
	20		发出				100	1	100	400		460
	22		购进	900	1.1	990				1 300		1 450
	28		发出				800		900	500	1.1	550
	31		本期发生额及余额	1 200		1 350	900		1 000	500	1.1	550

第一次发出 B 材料的实际成本$=100\times1=100$(元)

第二次发出 B 材料的实际成本$=100\times1+300\times1.2+400\times1.1=900$(元)

本月发出 B 材料的实际成本$=100+900=1\ 000$(元)

(2)加权平均法。它是以本月(期)初累计的库存材料总金额与本月(期)收入的材料总金额之和,除以月初库存材料总数量与本月(期)收入数量之和,求得材料加权平均单价,作为领发材料的计价标准的方法。采用这种方法,可以在每月末或旬末根据材料明细分类账有关数据计算出平均单价后,求出发出和结存材料的金额。因此,计价工作一般要在月末或旬末进行。其计算公式如下:

加权平均单价=期末材料成本=加权平均单价×期末结存数量

本期发出材料成本=期初材料成本+本期购入材料成本-期末材料成本

【例4—30】 根据例4—29的已知资料，用加权平均法计算出材料实际成本如下：

加权平均单价＝1.107(元/千克)

本期发出B材料的实际成本＝(100＋900)×1.107＝1 107(元)

期末结存B材料实际成本＝500×1.107＝553.5(元)

保管部门则按存货的品种规格等分设明细账进行明细核算。存货明细账的格式采用数量金额式，既提供数量指标，又提供金额指标。会计部门的总账应和保管部门的明细账定期核对，以便从金额和数量两个方面加强对存货的控制。

【例4—31】 某事业单位不从事产品生产，为修缮房屋领用材料，成本为5 000元。

借：事业支出　　5 000

　　贷：存货　　5 000

【例4—32】 某事业单位为从事产品生产的事业单位，领用材料为18 000元。

借：经营支出　　18 000

　　贷：存货　　18 000

对外捐赠、无偿调出存货，转入待处置资产时，按照账面价值余额借记“待处置资产损溢”科目，贷记本科目。

属于增值税一般纳税人的事业单位对外捐赠、无偿调出购进的非自用材料，转入待处置资产时，按照存货的账面余额与相关增值税进项税额转出金额的合计金额，借记“待处置资产损溢”科目；按照存货的账面余额，贷记本科目；按照转出的增值税进项税额，贷记“应缴税费——应缴增值税——进项税额转出”科目。

实际捐出、调出存货时，按照“待处置资产损溢”科目的相应余额，借记“其他支出”科目，贷记“待处置资产损益”科目。

【例4—33】 某事业单位为增值税一般纳税人，对外捐赠存货一批，价值15 000元，增值税进项税额2 550元。

借：待处置资产损溢　　17 550

　　贷：存货——甲材料　　15 000

　　　　应缴税费——应缴增值税(进项税额转出)　　2 550

实际捐赠时：

借：其他支出　　17 550

　　贷：待处置资产损溢　　17 550

3. 存货清查处理

为了如实反映存货库存情况，事业单位对库存存货应定期进行清查盘点。每年年终，应当全面清查一次。存货清查后，如果实存数大于账存数，称为盘盈；如果小于账存数，称为盘亏；实存数虽与账存数一致，但实存的存货有质量问题，不能正常使用的，称为毁损。不论是盘盈、盘亏还是毁损，都需要进行账务处理，调整账存数，使账存数与实存数一致，保证账实相符。一旦发现账存数与实存数不一致，应核准数字，并进一步分析形成差异的原因，明确经济责任，提出相应的处理意见，按规定批准后，对差异进行账务处理。

盘盈的存货，按照同类或类似存货实际成本市场价格确定入账价值，同类或类似存货实际成本市场价格无法取得时，按照名义金额入账。借记本科目，贷记“其他收入”科目。

盘亏或毁损、报废的存货，转入待处置资产时，按照待处置存货的账面余额借记“待处置资产损溢”科目，贷记本科目。

属于增税一般纳税人的事业单位购进非自用材料发生盘亏或者毁损、报废的，转入待处置资产时，按照存货的账面余额与相关增值税进项税额转出金额的合计金额借记“待处置资产损溢”科目，按照存货的账面余额贷记本科目，按转出增值税进项税额贷记“应缴税费——应缴增值税(进项税额转出)”科目。

报经批准后予以处置时，借记“其他支出”科目，贷记“待处置资产损溢”科目。存货处置中取得的收入、发生的费用以及处置收入扣除处置费用后的净收入的账务处理，同“待处置资产损溢”科目。

【例 4－34】 某事业单位年终盘点，发现甲材料盘亏 50 千克，单价 6 元，共计 300 元，经查系合理损耗，经营用乙材料盘盈 50 千克，单价 8 元，共 400 元。

事业用甲材料盘亏 300 元，会计分录为：

借：待处理资产损溢——甲材料	300	
贷：存货——甲材料		300
借：其他支出——甲材料	300	
贷：待处理资产损溢——甲材料		300

经营用乙材料盘盈 400 元，会计分录为：

借：存货——乙材料	400	
贷：其他收入		400

【例 4－35】 某事业单位年终盘点，发现产品盘亏 10 件，每件成本 50 元，系自然灾害损失。

借：待处置资产损溢	500	
贷：存货		500
借：经营支出	500	
贷：待处置资产损溢		500

4. 存货的盘存制度

存货的盘存制度是指确定特定会计期间减少与结存存货量的方法，它包括实地盘存制和永续盘存制两种。

(1)实地盘存制。实地盘存制又称定期盘存制，是指事业单位在每个会计期间增加的存货，要依据会计凭证，依次记入存货明细账及其总账，但对各个会计期间销售或耗用的存货平时不予记录；会计期末，通过实地盘点，确定存货的期末结存数量，并按一定的存货计价方法确定期末存货的金额，然后通过倒轧的方法确定本会计期已经销售或耗用存货的数量和金额。

实地盘存制的优点是平时只记进货成本，可以不记商品的发出数量和成本，月末汇总计算得出，一次登记账簿，简化了日常的存货核算工作。缺点是不能随时结转成本，只能月末一次结转，加大了期末核算的工作量；以存计销，掩盖了存货管理中出现的自然和人为损耗因素，从而导致成本资料不真实；缺乏经常的存货记录，不能随时反映收、发、存信息，不利于日常对存货的计划管理和控制。

【例 4－36】 某事业单位 A 材料的期初结存及购进和发出的资料如下：

9 月 1 日：结存 50 千克，单价 10 元，金额 500 元。

9 月 6 日：购进 80 千克，单价 10 元，金额 800 元。

9 月 15 日：发出 40 千克。

9 月 22 日：购进 30 千克，单价 10 元，金额 300 元。

9月28日:发出60千克。

9月30日盘点,该材料结存数量为50千克。采用实地盘存制,登记材料明细账如表4—3所示。

表4—3 材料明细账

品名:A材料 单位:千克,元

2015年		凭证字号	摘要	收入			发出			结存		
9月	日			数量	单价	金额	数量	单价	金额	数量	单价	金额
	1		期初结存							50	10	500
	6		购进	80	10	800						
	22		购进	30	10	300						
	30		盘点									
	30		发出成本				110	10	1 100	40	5	200
	31		本期发生额及余额	110	10	1 100	140	5	700	50	10	500

从上例看出,采用实地盘存制,平时只记录购进成本,不记录发出的数量、金额,可以简化存货的核算工作。但该制度不能从账面上随时反映存货的收入、发出和结存情况,只能通过定期盘点,计算、结转发出存货的成本。由于倒轧发出存货的成本,使结转的发出成本中可能包含非正常耗用的成本,从而不利于存货的管理。如在本例中,发出材料应是100千克(40+60),金额应为1 000元,但采用实地盘存制,却发现发出材料数量多出了10千克,成本增加了100元。

(2)永续盘存制。永续盘存制是指事业单位在每个会计期间所增加、销售和耗用的存货,都要根据存货收发的凭证依次记入存货明细账,对存货的增减变动进行连续记录,并根据存货数量的增减登记在存货明细账中随时结出存货结存数量。永续盘存制要根据存货明细账中的收入数量和金额的原始记录进行登记,存货发出数量可以根据发出存货的原始记录进行登记,在每次收发存货后,要随时结出存货的数量。存货明细账中是否随时登记发出和结存存货的金额,应根据事业单位采取的期末存货的计价方法而定。会计实务中,一般都会在会计期末通过期末存货的计价,集中计算和结转本会计期已经销售或耗用的存货成本。无论事业单位采用何种存货计算方法,都要在每次收发存货后,在存货明细账中及时结出存货的结存数量。因此,永续盘存制又称"账面盘存制"。

应用永续盘存制,要为存货设置明细辅助分类账,以反映每种品名及型号存货的收入、发出和结余的数量和金额。有了这种明细记录,一方面可据以同存货总分类账相互核对,便于两者间保持数量和金额上的勾稽关系,增强存货核算的正确性。另一方面也便于对存货的管理与控制,可以弥补实地盘存制的缺陷。

【例4—37】 承例4—36,采用永续盘存制,登记材料明细账如表4—4所示。

表 4—4 **材料明细账**

品名:A材料

单位:千克,元

2015年		凭证字号	摘要	收入			发出			结存		
9月	日			数量	单价	金额	数量	单价	金额	数量	单价	金额
	1		期初结存							50	10	500
	6		购进	80	10	800				130	10	1 300
	15		发出				40	10	400	90	10	900
	22		购进	30	10	300				120	10	1 200
	28		发出				60	10	600	60	10	600
	31		本期发生额及余额	110	10	1 100	100	10	1 000	60	10	600

通过上例可以看出,采用永续盘存制,可以在账簿中反映存货的收入、发出和结存的情况,并从数量和金额两方面进行管理控制;账簿上结存数量50千克,可以通过盘点加以核对,如果账簿上的结存数量与实存数量不符,可以及时查明原因。但是永续盘存制要求每一产品的存货都要开设一个明细账,使存货明细分类核算的工作量增大。由于永续盘存制便于存货的日常核算,有利于存货的计划与控制,又能通过实物盘点来及时发现和处理各种不正常的损失,因而为多数事业单位所采用。

第二节　对外投资

一、对外投资概述

(一)对外投资的基本概念

根据《事业单位会计准则》的规定,对外投资是指事业单位利用货币资金、实物或无形资产等向其他单位的投资。投资方向是事业单位或企业。

事业单位对外投资,其主要目的有两方面:一是为提高资金的效率和效益,事业单位利用闲置资金购买各种可变现的股权或债权或进行其他资产的投资;二是为影响或控制其他单位的经济业务,以利于本单位的业务活动。

事业单位与企业在性质和运营目的上有很大的不同,事业单位主要从事非营利性活动,以社会效益为主要衡量标准,对外投资并不构成其经济活动的主要内容。

事业单位按照国家法律法规的规定,可以用现金、实物、无形资产或者以购买股票、债券等有价证券方式向其他单位投资,但不得以国家专项储备的物资和国家规定不得用于对外投资的其他财产向其他单位投资。

(二)对外投资的分类

事业单位对外投资可按照不同标准进行分类:

1. 对外投资按投资对象可分为债券投资和其他投资

债券投资是指事业单位通过购买公司债券或国库券等进行的对外投资。其他投资是指事业单位除债券投资以外的其他对外投资。

2. 对外投资按投资性质可分为债权性投资和权益性投资

所谓债权性投资，是指事业单位通过投资取得被投资单位的债权，从而与被投资单位形成债权债务关系的对外投资，如事业单位购买公司债券、国库券等。债权性投资的主要特点在于不仅能如期收回本金，还能根据持有期限长短获得规定的利息收入，投资风险相对较小。

所谓权益性投资，是指事业单位通过投资取得被投资单位一定份额的所有权，从而与被投资单位形成所有权关系的对外投资，如事业单位通过合同、协议等方式组建合资、联营单位等。权益性投资的主要特点是投资一旦付出，除非合同、协议到期，否则不能随意提前抽回，且投资收益受被投资单位经营状况的影响，收益不固定，投资风险相对较大。

对外投资按照期限可分为短期投资和长期投资。

短期投资是指事业单位依法取得的、持有时间不超过一年(含一年)的投资，主要是国债。

长期投资是指事业单位依法取得的、持有时间超过一年(不含一年)的股权和债权性质的投资。

二、对外投资的核算

为了反映和监督对外投资增减变动情况，事业单位应设置"短期投资"和"长期投资"科目。该科目是资产类，短期投资主要指债券(国库券)投资。长期投资包括"股权投资"和"债券投资"两个明细科目，借方登记长期投资实际支付的价款及按评估或合同、协议确认的价值，贷方登记到期收回的本金及出售时收回的成本，余额在借方，反映长期投资的结存。"长期投资"总账科目应按债券种类和投资对象进行明细核算。

(一)短期投资的核算

取得短期投资时，按照取得时的实际成本(价款和税费)作为投资成本，借记本科目，贷记"银行存款"等科目。

存续期间收回利息时，按照实际收到的金额，借记"银行存款"科目，贷记"其他收入——投资收益"科目。

出售短期投资或到期收回国债本息，按照实际收到的金额，借记"银行存款"科目；按照出售或收回短期国债的成本，贷记本科目；按照其差额，贷记或借记"其他收入——投资收益"科目。

【例 4－38】 某事业单位 3 月 20 日用结余资金 100 000 元购入 12 月 20 到期的国库券，以银行存款支付，票面利率 3.5%，按季付息。

购入时：

借：短期投资	100 000	
贷：银行存款		100 000

按季付息时：

借：银行存款	1 166	
贷：其他收入——投资收益		1 166

年底收回投资时：

借：银行存款	101 166	
贷：短期投资		100 000
其他收入		1 166

(二)长期股权投资的核算

1. 长期股权投资取得时

(1)以货币资金取得长期股权投资时，应按实际支付的全部价款，包括买价和相关税费作为投资成本,借记 “长期投资”科目,贷记“银行存款”等科目;同时,按照投资成本借记“事业基金”科目,贷记“非流动资产基金——长期投资”科目。

(2)以固定资产取得的长期股权投资,按照评估价值加上相关税费作为投资成本,借记“长期投资”科目,贷记“非流动资产基金——长期投资”科目;按照发生的相关税费,借记“其他支出”科目,贷记“银行存款”“应缴税费”等科目;按照投出固定资产对应的非流动资产基金,借记“非流动资产基金——固定资产”科目;按照投出固定资产已提折旧,借记“累计折旧”科目;按照投出固定资产的账面余额,贷记“固定资产”科目。

(3)以已入账无形资产取得的长期股权投资,按照评估价加上相关税费作为投资成本,借记 “长期投资”科目,贷记“非流动资产基金——长期投资”科目;按照发生的相关税费,借记“其他支出”科目,贷记“银行存款”“应缴税费”等科目;按照投出无形资产对应的非流动资产基金,借记“非流动资产基金——无形资产”科目;按照投出无形资产已计提摊销,借记“累计摊销”科目;按照投出无形资产的账面余额,贷记“无形资产”科目。

以未入账无形资产取得的长期股权投资,按照评估价加上相关税费作为投资成本,借记本科目,贷记“非流动资产基金——长期投资”科目;按照发生的相关税费,借记“其他支出”科目,贷记“银行存款”“应缴税费”等科目。

2. 长期股权投资持有期间,收到利润等投资收益时

以实际收到金额,借记“银行存款”科目,贷记“其他收入——投资收益”科目。

3. 长期股权投资转让时

转入待处置资产时,按照待转让长期股权投资的账面余额借记“待处置资产损溢——处置资产价值”科目,贷记 “长期投资”科目。实际转让时,按照所转让长期投资对应的非流动资产基金,借记“非流动资产基金——长期投资”科目,贷记“待处置资产损溢——处置资产价值”科目。

转让过程中取得价款、发生相关税费,以及转让价款扣除相关税费后的净收入处理,参见“待处置资产损溢”科目。

4. 核销长期股权投资时

因被投资单位破产清算等原因,有确凿证据证明长期股权投资发生损失,报经批准后予以核销。待核销长期股权投资转入待处置资产时,按照待核销的长期股权投资账面余额,借记“待处置资产损溢”科目,贷记本科目。报经批准核销时,借记“非流动资产基金——长期投资”科目,贷记“待处置资产损溢——处置资产价值”科目。

(二)长期债券投资

1. 以货币资金取得长期股权投资时,应按实际支付的全部价款,包括买价和相关的税费作为投资成本,借记 “长期投资”科目,贷记“银行存款”等科目;同时按照投资成本,借记“事业基金”科目,贷记“非流动资产基金——长期投资”科目。

2. 长期债券投资持有期间,收到利息时,以实际收到金额,借记“银行存款”科目,贷记“其他收入——投资收益”科目。

3. 对外转让债券到期收回债券本息时,按实际收到的金额,借记“银行存款”科目;按收回实际投资成本,贷记“长期投资”科目;实收金额与账面金额的差额,贷记或借记“其他收入——投资收益”科目。同时,按照收回长期投资对应的非流动资产基金,借记“非流动资产基金——长期投资”科目,贷记“事业基金”科目。

【例 4—39】 某事业单位用自有资金购入国库券 10 000 元,手续费 400 元。

借:短期投资——债券投资　　　　10 400

贷：银行存款　　10 400

借：事业基金——一般基金　　10 400

贷：非流动资产基金——债券投资　　10 400

【例 4—40】 续例 4—39，该事业单位持有的国库券到期，收回本金 10 000 元，利息总计 1 000元。

借：银行存款　　11 000

贷：长期投资——债券投资　　10 400

其他收入——投资收益　　600

借：事业基金　　10 400

贷：事业基金　　10 400

【例 4—41】 某事业单位以自有资金 100 000 元对某公司进行投资。

借：长期投资——股权投资　　100 000

贷：银行存款　　100 000

借：事业基金——一般基金　　100 000

贷：非流动资产基金——长期投资　　100 000

【例 4—42】 某事业单位为增值税一般纳税人，以账面价值（不含税）50 000 元的固定资产对外投资，已提折旧 5 000 元，合同确定的价值为 60 000 元。

借：长期投资——固定资产　　60 000

贷：非流动资产基金——长期投资　　50 000

借：其他支出——长期投资　　10 200

贷：应缴税费——应缴增值税（销项税额）　　10 200

借：非流动资产基金——长期投资　　50 000

累计折旧　　5 000

贷：固定资产　　45 000

【例 4—43】 某事业单位以场地使用权方式对 M 公司进行投资。该土地使用权的账面价值为 650 000 元，已计提摊销 65 000 元，经双方协议场地使用权作价 550 000 元。办理法律手续并将场地交给 M 公司时：

借：长期投资——无形资产　　550 000

贷：非流动资产基金——长期投资　　550 000

借：非流动资产基金——无形资产　　585 000

累计摊销　　65 000

贷：无形资产　　650 000

第三节　固定资产

一、固定资产的定义和标准

固定资产，是指事业单位持有的使用年限在 1 年（不含 1 年）、单位价值在规定标准以上，并在使用过程中保持原来物质形态的资产，包括：房屋及构筑物，专用设备，通用设备，文物和陈列品，图书、档案，家具、用具及动植物。

一般情况下，事业单位的固定资产必须同时具备两个条件：一是单位价值在规定标准以上，二是使用年限在1年以上。根据《事业单位财务规则》的规定，事业单位的固定资产，一般设备单位价值在1 000元以上，专用设备单位价值在1 500元以上。单位价值虽未达到规定标准，但耐用时间在1年以上的大批同类物资也应作为固定资产进行核算管理。

二、固定资产的分类

事业单位的固定资产是事业单位开展业务及其他活动的重要物质条件，其种类繁多、规格不一。为了加强固定资产管理，正确进行固定资产核算，必须对固定资产进行科学、合理地分类。事业单位固定资产按其性质和使用情况，一般分为以下六类：

1. 房屋及构筑物，是指事业单位拥有占有权和使用权的房屋、建筑及其附属设施。其中，房屋包括办公用房、业务用房、库房、职工宿舍房、职工食堂、锅炉房等，构筑物包括道路、围墙、水塔等，附属设施包括房屋、建筑物内的电梯、通信线路、输电线路、水气管道等。

2. 专用设备，是指事业单位根据业务工作的实际需要购置的各种具有专门性能和专门用途的设备，如教学仪器、科研单位的科研仪器、医院的医疗器械等。

3. 通用设备，是指事业单位用于业务工作的通用性设备，如锅炉、消防设施等。

4. 文物和陈列品，是指博物馆、展览馆、纪念馆等文化事业单位的各种文物或陈列品，如古物、字画、纪念品等。

5. 图书、档案是指专业图书馆、文化馆收藏的书籍、档案以及事业单位收藏的统一管理使用的业务用书，如单位图书馆(室)、阅览室的图书等。

6. 家具、用具、装具及动植物。

三、固定资产的入账价值

固定资产应当按取得的实际成本入账。具体来说，事业单位固定资产按下列规定的价值记账：

1. 购入、调入的固定资产，按照实际支付的买价和调拨价及运杂费、安装费等记账。例如，购置车辆按规定支付的车辆购置附加费计入购价之内。购入需要安装的固定资产，应先通过“在建工程”科目核算，安装完成后转入本科目核算。

2. 自行建造的固定资产，其成本包括建造该项目资产至交付使用前所发生的全部必要支出，借记“固定资产”科目，贷记“非流动资产基金——固定资产”科目；借记“非流动资产基金——在建工程”科目，贷记“在建工程”科目。尚未办理竣工手续已投入使用的固定资产，暂按估价入账，待确定成本后进行调整。

3. 在原有基础上改扩建的固定资产，其成本按照固定资产账面价值“固定资产”科目账面余额减去“累计折旧”科目账面余额后的净值，加上改扩建、修缮发生的支出，再扣除固定资产拆除部分的账面价值后的金额确定，通过“在建工程”科目核算。

4. 接受捐赠、无偿调入的固定资产，按照凭证上注明的同类固定资产的市场价格或根据所提供的有关凭据，加上相关税费、运输费等确定。没有相关凭据、同类或类似固定资产的市场价格也无法可靠取得的，该固定资产按照名义金额入账，区别需要安装和不需要安装进行核算。

凭证上没有注明的同类固定资产的市场价格或根据所提供的有关凭据，该固定资产按照名义金额入账。区别需要安装和不需要安装进行核算。

5. 融资租入固定资产，按租赁协议或者合同确定的租赁价款、相关税费及固定资产交付使用前所发生的可归属于该项资产的运输费、保险费、安装调试费，区别需要安装和不需要安装分别进行核算，借记“固定资产”或“在建工程”科目，贷记“长期应付款”科目；按照差额，贷记“非流动资产基金——固定资产”“在建工程”科目；同时，按实际支付的相关税费、运输费、保险费、安装调试费等，借记“事业支出”“经营支出”等科目，贷记“财政补助收入”“零余额账户用款额度”“银行存款”等科目。定期支付租金时，借记“事业支出”“经营支出”等科目，贷记“财政补助收入”“零余额账户用款额度”“银行存款”等科目；同时，借记“长期应付款”科目，贷记“非流动资产基金——固定资产”科目。

6. 盘盈的固定资产，按重置完全价值记账。

7. 已投入使用但尚未办理移交手续的固定资产，可先按估计价值入账，待确定实际价值后再进行调整。

确定固定资产的入账价值应注意以下两点：

第一，固定资产借款利息和有关费用，以及外币借款的汇兑差额，在固定资产办理竣工决算之前发生的，应当计入固定资产价值；在办理竣工决算之后发生的，计入当期支出或费用。

第二，购置固定资产过程中发生的差旅费，不计入固定资产价值。

四、固定资产的核算

固定资产的核算使用“固定资产”科目。“固定资产”科目核算固定资产原价，借方登记增加的固定资产，贷方登记减少的固定资产，期末余额在借方，反映事业单位现有固定资产。

为了反映固定资产的明细资料，单位应设置固定资产卡片和固定资产登记簿，按固定资产类别、使用部门和每项固定资产进行明细核算。

固定资产卡片是进行固定资产明细核算的账簿。事业单位应为每一个独立的固定资产项目设置一张卡片，载明固定资产编号、名称、规格、主要技术参数、使用单位、开始使用日期、原价、预计使用年限、停用记录、修理记录等。固定资产卡片按类别保管，每类内按使用单位顺序排列，以便查找。

固定资产登记簿应按固定资产类别开设账页，每个账页内按使用单位设专栏。年初分别按固定资产增加或减少的日期序时登记，反映各类、各部门固定资产原值的增减变动。固定资产登记簿、固定资产卡片和“固定资产”总账科目的余额要定期核对。

经营租赁租入的固定资产，不在本账户内核算，应另设固定资产备查簿进行登记。

对于应用软件，如构成相关硬件不可缺少的组成部分，该软件价值包括在所属硬件中，一并作为固定资产进行核算；如不构成相关硬件不可或缺的组成部分，该软件要作为无形资产核算。

(一)购入固定资产的核算

购置不需要安装的固定资产时，借记“固定资产”科目，贷记“非流动资产基金——固定资产”科目。应按实际支付金额，借记“事业支出”“经营支出”“专用基金——修购基金”等科目，贷记“银行存款”“财政补助收入”“零余额账户用款额度”等科目。

购置需要安装的固定资产时，先通过“在建工程”科目核算。安装完工交付使用，借记“固定资产”科目，贷记“非流动资产基金——固定资产”；同时，借记“非流动资产基金——在建工程”科目，贷记“在建工程”科目。

【例 4－44】 某事业单位实行国库集中支付，用预算内资金采购 5 台不需要安装的精密仪器，价款 75 000 元，由财政直接支付给供货方。

借：事业支出　　75 000
　　贷：财政补助收入——财政直接支付　　75 000
借：固定资产　　75 000
　　贷：非流动资产基金——固定资产　　75 000

【例 4－45】 某事业单位用上级拨入的专项资金购买设备 2 台，价值 40 000 元，经验收后以银行存款支付。

借：事业支出　　40 000
　　贷：银行存款　　40 000
借：固定资产　　40 000
　　贷：非流动资产基金——固定资产　　40 000

【例 4－46】 某事业单位购入需要安装的固定资产 1 台，买价为 20 000 元，财政授权支付。增值税税款为 3 400 元，运杂费为 1 500 元，以银行存款支付。

借：事业支出　　24 900
　　贷：零余额账户用款额度　　20 000
　　　　银行存款　　1 500
　　　　应缴税费——应缴增值税(进项税额)　　3 400
借：在建工程　　24 900
　　贷：非流动资产基金——在建工程　　24 900
借：固定资产　　24 900
　　贷：非流动资产基金——固定资产　　24 900
借：非流动资产基金——在建工程　　24 900
　　贷：在建工程　　24 900

(二)自行建造的固定资产

自行建造的固定资产，其成本包括建造该项资产至交付使用前所发生的全部必要支出。工程完工交付使用时，按照自行建造过程中所发生的实际支出，借记“固定资产”科目，贷记“非流动资产基金——固定资产”科目；同时，借记“非流动资产基金——在建工程”科目，贷记 “在建工程”科目。已交付使用但尚未办理竣工决算手续的固定资产，按照估价入账，待确定实际成本后再进行调整。

(三)改建、扩建、修缮的固定资产

改建、扩建、修缮后的固定资产，其成本按照原固定资产账面价值(“固定资产”科日账面余额减去“累计折旧”科目账面余额后的净值)加上改建、扩建、修缮发生的支出，再扣除固定资产拆除部分的账面价值后的金额确定。

所谓账面价值，是指某会计科目的账面余额减去相关备抵科目(“累计折旧”“累计摊销科目”)账面余额后的净值；所谓账面余额，是指某会计科目的账面实际余额。

将固定资产转入改建、扩建、修缮时，按照固定资产的账面价值，借记“在建工程”科目，贷记“非流动资产基金——在建工程”科目；同时，按照固定资产对应的非流动资产基金，借记“非流动资产基金——固定资产”科目，按照固定资产已提累计折旧借记“累计折旧”科目，按照固定资产账面余额贷记“固定资产”科目。

工程完工交付使用时，借记“固定资产”科目，贷记“非流动资产基金——固定资产”科目；同时，借记“非流动资产基金——在建工程”科目，贷记“在建工程”科目。

【例 4—47】 某事业单位改造锅炉一台，账面价值 160 000 元，账面余额 300 000 元。修缮锅炉支出 18 000 元，以财政授权支付方式支付。

借：在建工程——锅炉 300 000

　　贷：非流动资产基金——在建工程——锅炉 300 000

同时：

借：非流动资产基金——固定资产——锅炉 160 000

　　累计折旧 140 000

　　贷：固定资产——锅炉 300 000

借：其他支出 18 000

　　贷：零余额账户用款额度 18 000

交付使用时：

借：固定资产 318 000

　　贷：非流动资产基金——固定资产 318 000

借：非流动资产基金——在建工程 318 000

　　贷：在建工程 318 000

(四)累计折旧的核算

1. 累计折旧

概述事业单位固定资产计提的累计折旧，应按照所对应固定资产的类别、项目等进行明细核算。

折旧是指在固定资产使用寿命内按照确定的方法对应折旧金额进行系统分摊。有关说明如下：

(1)事业单位应当根据固定资产的性质和实际使用情况，合理确定其折旧年限。省级以上财政部门、主管部门对事业单位固定资产折旧年限作出规定的，从其规定。

(2)事业单位一般应当采用年限平均法或工作量法计提固定资产折旧。

(3)事业单位固定资产的应折旧金额为其成本，计提固定资产折旧不考虑预计净残值。

(4)事业单位一般应当按月计提固定资产折旧。当月增加的固定资产，当月不提折旧，从下月起计提折旧；当月减少的固定资产，当月照提折旧，从下月起不提折旧。

(5)固定资产提足折旧后，无论能否继续使用，均不再计提折旧；提前报废的固定资产，也不再补提折旧。已提足折旧的固定资产，可以继续使用的，应当继续使用，规范管理。

(6)计提融资租入固定资产折旧时，应当采用与自有固定资产相一致的折旧政策。能够合理确定租赁期届满时将会取得租入固定资产所有权的，应当在租入固定资产尚可使用年限内计提折旧；无法合理确定租赁期届满时能够取得租入固定资产所有权的，应当在租赁期与租入固定资产尚可使用年限两者中较短的期间内计提折旧。

(7)固定资产因改建、扩建或修缮等原因而延长其使用年限的，应当按照重新确定的固定资产的成本以及重新确定的折旧年限重新计算折旧额。

2. 提取折旧的范围

事业单位应当对除下列各项资产以外的其他固定资产计提折旧：

(1)文物和陈列品；

(2)动植物；

(3)图书、档案；

(4)以名义金额计量的固定资产。

3. 累计折旧的主要账务处理

(1)按月计提固定资产折旧时，按照应计提折旧金额，借记“非流动资产基金——固定资产”科目，贷记“累计折旧”科目。

(2)固定资产处置时，按照所处置固定资产的账面价值，借记“待处置资产损溢”科目；按照已计提折旧，借记“累计折旧”科目；按照固定资产的账面余额，贷记“固定资产”科目。

“累计折旧”科目期末贷方余额，反映事业单位计提的固定资产折旧累计数。

(五)融资租入固定资产的核算

融资租入的固定资产，其成本按照租赁协议或合同确定的租赁价款、相关税费，以及固定资产交付使用前所发生的可归属该项资产的运输费、途中保险费、安装调试费等确定。按照确定的成本，借记“固定资产”科目(不需要安装)、“在建工程”科目(需要安装)；按照租赁价款，贷记“长期应付款”科目；按照其差额，贷记“非流动资产基金——固定资产、在建工程”科目。同时，按照实际支付的相关税费、运输费、途中保险费、安装调试费等，借记“事业支出”“经营支出”等科目，贷记“财政补助收入”“零余额账户用款额度”“银行存款”科目。

实际支付租金时，借记“事业支出”“经营支出”等科目，借记“长期应付款”科目，贷记“非流动资产基金——固定资产”科目。

【例 4－48】 以融资方式租入设备 1 台，按租赁协议规定，租期 3 年，设备的价款为 120 000元，运输费 2 500 元，途中保险费 1 500 元，安装调试费 6 000 元。安装调试完毕并交付使用。

	借方	贷方
借:固定资产——融资租入固定资产	130 000	
贷:长期应付款		120 000
非流动资产基金——融资租入固定资产		10 000
同时:		
借:事业支出	10 000	
贷:财政补助收入		10 000
支付租金 120 000 元时:		
借:事业支出	120 000	
贷:财政补助收入		120 000
借:长期应付款	120 000	
贷:非流动资产基金——融资租入固定资产		120 000

(六)接受捐赠固定资产的核算

事业单位收到捐赠、无偿调入固定资产时，应按照相关单据注明的金额加上相关税费、运输费等确定；没有相关单据的，其成本比照同类或类似固定资产的市场价格加上相关税费、运输费等确定；没有相关单据，同类或类似固定资产的市场价格也无法可靠取得的，该固定资产按照名义金额入账。按照需要安装和不需要安装，借记“固定资产”或“在建工程”科目，贷记“非流动资产基金——固定资产、在建工程”科目；相关税费、运输费等，借记“其他支出”科目，贷记“银行存款”等科目。

【例 4－49】 接受捐赠的全新设备 1 台，根据其发票等单据确定价值为 50 000 元，接受该项设备时发生运杂费 1 200 元。

借:固定资产　　50 000

　　贷:非流动资产基金——固定资产——设备　　50 000

借:其他支出——设备运杂费　　1 200

　　贷:银行存款　　1 200

同时:

借:固定资产　　1 200

　　贷:非流动资产基金——设备　　1 200

为增加固定资产使用效能或延长使用年限而发生的改建、扩建或修缮等后续支出,应当计入固定资产成本,通过“在建工程”科目核算。

为维护固定资产的正常使用而发生的日常修理等后续支出,应当计入当期支出但不计入固定资产成本,使用“事业支出或经营支出”科目进行核算。

(七)固定资产出售、无偿调出、对外捐赠和对外投资的核算

出售、无偿调出、对外捐赠固定资产,转入待处置资产时,按照固定资产账面价值,借记“待处置资产损溢”科目;按照已提折旧,借记“累计折旧”科目;按照账面余额,贷记“固定资产”科目。实际出售、调出、捐赠时,借记“非流动资产基金——固定资产”科目,贷记“待处置资产损溢”科目。出售时取得的价款、发生的相关税费及价款扣除税费后净收入,参见本章第五节“待处置资产损溢”的内容。

【例 4—50】 某事业单位将一台不需用的计算机出售,该计算机账面余额为 5 000 元,账面价值为 2 000 元,双方协议 3 000 元,已通过银行收回价款。

借:待处置资产损溢——计算机　　2 000

　　累计折旧　　3 000

　　贷:固定资产——计算机　　5 000

借:银行存款　　3 000

　　贷:待处置资产损溢　　3 000

借:待处置资产损溢　　3 000

　　贷:应缴国库款　　3 000

同时:

借:非流动资产基金——固定资产　　2 000

　　贷:待处置资产损溢　　2 000

对外投资固定资产,按照评估价值加上相关税费作为投资成本,借记“长期投资”科目,贷记“非流动资产基金——长期投资”科目;按照发生的税费,借记“其他支出”科目,贷记“银行存款”“应缴税费”科目。同时,按照固定资产对应的非流动资产基金,借记“非流动资产基金——固定资产”科目;按照已提折旧,借记“累计折旧”科目;按照投出固定资产的账面余额,贷记“固定资产”科目。具体内容参见本章第二节“对外投资”。

(八)固定资产报废毁损的核算

固定资产报废是指固定资产由于长期使用中的有形磨损,并达到规定的使用年限,不能修复继续使用;或者由于技术进步形成的无形磨损,使得必须用新的、更先进的固定资产予以替换等原因造成的对原有固定资产按照有关规定进行产权注销的行为。

固定资产报废、毁损等的核算,参见本章第五节“待处置资产损溢”的内容。

五、固定资产清查

各单位的固定资产，每年必须清查一次。清查时，以财产管理部门为主，由会计部门、资产使用部门和职工代表参加。清点结果要写出清查报告，报告单位负责人。

(一)固定资产清查的方法

在进行固定资产清查前，首先必须核对固定资产账目，将全部账目登记入账，结出余额，做到账款相符。对固定资产清查时，进行账实核对。清查的具体方法一般有以下三种：

(1)账实核对法，即根据固定资产账目与实物进行逐一核对以查明固定资产实存数量的一种方法。

(2)抄列实物清单法，即在进行清查时，直接根据单位的固定资产实物，实地逐项登记各种财产物资的品种、数量、价值等，以此查明单位固定资产实存数量的方法。这种方法工作量较大，一般在单位账目不清或有其他特殊原因需要查明实有固定资产数量时采用此种方法。

(3)卡实直接核对法，即在进行固定资产清查时，将固定资产实物与固定资产卡片进行逐项核对，以查明是否相符并查明固定资产实有数量的一种方法。

(二)固定资产盘盈、盘亏的处理

通过清查，对盘盈、盘亏的固定资产应编制“固定资产盘盈、盘亏报告表”，按规定的程序报经批准后，对盘盈固定资产应增设固定资产卡片，对盘亏或减少的固定资产应注销固定资产卡片，另行归档保存。

1. 固定资产盘盈

事业单位盘盈固定资产，按照同类或类似固定资产的市场价格确定入账价值；同类或类似固定资产的市场价格无法可靠取得的，按照名义金额入账。按照确定的入账价值，借记“固定资产”科目，贷记“非流动资产基金——固定资产”科目。

【例 4—51】 某事业单位年终进行财产盘点，盘盈设备 1 台，同类市场价值为 5 000 元。

借：固定资产	5 000	
贷：非流动资产基金——固定资产		5 000

2. 固定资产盘亏

事业单位盘亏、毁损、报废固定资产，转入待处置资产时，按照待处置固定资产的账面价值，借记“非流动资产基金——固定资产”科目；按照已提折旧，借记“累计折旧”科目，按照固定资产的账面余额，贷记“固定资产”科目。报经批准时，按照处置固定资产对应的非流动资产基金，借记“非流动资产基金——固定资产”科目；贷记“待处置资产损溢”科目。处置固定资产中所取得收入、发生的费用及收入扣除费用后的净收入，参见本章第五节“待处置资产损溢”的内容。

【例 4—52】 某事业单位年终进行固定资产盘点，发现报废录像机一台，账面价值 8 000 元，账面余额 9 500 元。

借：待处置资产损溢	8 000	
累计折旧	1 500	
贷：固定资产		9 500
借：非流动资产基金——固定资产	8 000	
贷：待处置资产损益		8 000

第四节 无形资产

一、无形资产的内容

无形资产是指事业单位拥有的没有实物形态的非货币性长期资产，包括专利权、商标权、著作权、土地使用权、非专利技术等。事业单位购入的不构成相关硬件不可缺少组成部分的应用软件，作为无形资产核算。

（一）专利权

专利权，是指事业单位在法定期限内对某一发明创造所拥有的独占权和专有权。事业单位不应将其所拥有的一切专利权都予以本金化，作为无形资产核算。只有对那些能够给事业单位带来较大经济价值的，并且事业单位为此作了支出的专利，才能作为无形资产进行核算。专利权如果是购买的，其记账成本除买价外，还应包括支付给有关部门的相关费用；如果是自行开发的，它的成本应包括创造该项专利的试验费用、申请专利登记费用以及聘请律师费用等。

（二）商标权

商标权，是指事业单位专门在某种指定的商品或产品上使用特定的名称或图案的权利。单位自创的商标，其注册登记费用不多，不一定作为无形资产来核算。受让商标，一次性支出费用较多的，可以将其资本化，作为无形资产入账核算。其记账价值包括买价、支付的手续费以及其他因受让商标权而发生的费用等。

（三）著作权

著作权又称版权，是指文学、艺术和科学作品等的著作人依法对其作品所拥有的专门权利。著作权一般包括发表权、署名权、修改权、保护作品完整权、使用权和获得报酬权。著作权受国家法律保护。

（四）土地使用权

土地使用权是指国家准许事业单位在一定期间对国有土地享有的开发、利用、经营的权利。事业单位拥有的未入账的土地使用权不能作为无形资产核算；花了较大的代价取得的土地使用权应予以资本化，将取得时所发生的一切支出作为土地使用权成本记入“无形资产”账户。这里有两种情况：一是事业单位向土地管理部门申请土地使用权时，支付的出让金要作为无形资产入账；二是单位原先通过行政划拨获得土地使用权，没有入账的，在将土地使用权有偿转让、出租、抵押、作价入股和投资时，按规定补缴土地出让金，补缴的出让金要作为无形资产入账。

（五）非专利技术

非专利技术，是指事业单位垄断的、不公开的、具有实用价值的先进技术、资料、技能、知识等。非专利技术不受《专利法》的保护，但却是一种事实上的专利权，它可以进行转让和投资。

二、无形资产的核算

事业单位应设置“无形资产”科目，用来核算单位的专利权、著作权、商标权、土地使用权、非专利技术等各种无形资产的价值。该账户借方登记按各种方式取得的无形资产的实际成本，贷方登记无形资产摊销的金额和转出的实际成本，期末余额在借方，反映尚未摊销的无形资产价值。该科目应按无形资产的类别、项目进行明细核算。

(一)外购的无形资产

外购的无形资产，其成本包括买价、相关税费以及可归属该项资产达到预定用途所发生的其他支出。按照实际成本，借记“无形资产”科目，贷记“非流动资产基金——无形资产”科目，同时，按照实际支付金额借记“事业支出”科目，贷记“财政补助收入”“零余额账户用款额度”“银行存款”等科目。

【例4－53】 某事业单位从某科研机构购入一项专利权，价值100 000元，用财政授权支付。

借：无形资产——专利权 100 000

　贷：非流动资产基金——无形资产 100 000

借：事业支出 100 000

　贷：零余额账户用款额度——财政授权支付 100 000

(二)自行研发的无形资产

事业单位自行开发并按照法律程序申请取得的无形资产，申请取得时发生的注册费、聘请律师费等费用，借记“无形资产”科目，贷记“非流动资产基金——无形资产”科目；同时，借记“事业支出”科目，贷记“财政补助收入”“零余额账户用款额度”“银行存款”科目。依法取得前所发生的研发支出，于发生时直接计入当期支出。

【例4－54】 某事业单位自行研发一款应用软件，累计研发费用总计300 000元，以银行存款支付。

借：无形资产 300 000

　贷：非流动资产基金——无形资产 300 000

同时：

借：事业支出——无形资产 300 000

　贷：银行存款——财政补助收入、零余额账户用款额度 300 000

(三)委托软件公司研发的无形资产

委托软件公司研发软件，视同外购无形资产核算。

(四)接受捐赠、无偿调入的无形资产

接受捐赠、无偿调入的无形资产，其成本按照凭据注明的金额加上相关的税费确定；没有凭据、同类或类似无形资产的市场价格也无法可靠取得的，该资产按名义金额入账。借记“无形资产”科目，贷记“非流动资产基金——无形资产”科目；按照相关税费，借记“其他支出”科目，贷记“银行存款”科目。

【例4－55】 某事业单位接受科研单位一款财务应用软件，无法确定价格，事业单位按照名义价格入账。

借：无形资产 1

　贷：非流动资产基金——无形资产

(五)与无形资产有关的后续支出

为增加无形资产的使用效能而发生的支出，如对软件进行升级改造或扩展功能所发生的支出，应当计入无形资产的成本，核算同无形资产增加。

为维护无形资产的正常使用而发生的后续支出，如对软件进行漏洞修补、技术维护等所发生的支出，应当计入当期支出但不计入无形资产成本。借记"事业支出"等科目，贷记"财政补助收入""零余额用款额度""银行存款"科目。

(六)无形资产摊销

无形资产摊销是指无形资产使用寿命内，按照确定的方法对应摊销金额进行系统分摊。对于无形资产，法律规定了有效年限的，应按照法律规定的有效年限作为摊销年限；法律没有规定有效年限的，按照相关合同或单位申请书中的受益年限作为摊销年限；法律没有规定有效年限，相关合同或单位申请书中也没有规定受益年限的，按照不少于10年的期限摊销。事业单位应根据无形资产的性质和使用情况，合理确定无形资产的使用寿命。无形资产的使用寿命就是其使用年限，应当采用平均年限法进行摊销。

无形资产的应摊销金额为其成本，计提无形资产摊销时不考虑净残值。

无形资产应当自取得当月起，按月计提无形资产摊销。

因发生后续支出而增加的无形资产成本，应按照重新确定的无形资产成本重新计算摊销额。

无形资产应设置"累计摊销"科目核算，贷方登记应计提摊销额，借方登记转出已计提摊销额，余额在贷方，反映事业单位计提的无形资产摊销累计数。

摊销时，借记"非流动资产基金——无形资产"账户，贷记"累计摊销"账户。

【例4－56】 实行内部成本核算的某事业单位购入一项专利权，成本为72 000元，该专利权的使用期限为6年，则每月的摊销额为1 000元。每月摊销时的会计分录为：

	借方	贷方
借：非流动资产基金——无形资产	1 000	
贷：累计摊销——专利权		1 000

(七)无形资产处置

事业单位转让、无偿调出、对外捐赠无形资产，转入待处置资产时，按照无形资产的账面价值，借记"待处置资产损溢"科目；按照已计提摊销额，借记"累计摊销"科目；按照无形资产账面余额，贷记"无形资产"科目。

实际转让、无偿调出、对外捐赠无形资产时，按照无形资产对应的非流动资产基金，借记"非流动资产基金——无形资产"科目，贷记"待处置资产损溢"科目。

【例4－57】 某事业单位(不实行内部成本核算)对外转让一项专利权，该专利权的账面原值为30 000元，账面余额为50 000元，转让价格为40 000元。会计分录为：

转入待处置资产时：

	借方	贷方
借：待处置资产损溢——无形资产——专利权	30 000	
累计摊销	20 000	
贷：无形资产		50 000

实际转让时：

	借方	贷方
借：非流动资产基金——无形资产	30 000	
贷：待处置资产损溢		30 000
借：银行存款	40 000	
贷：待处置资产损溢		40 000
借：待处置资产损溢	40 000	
贷：应缴国库款		40 000

核销无形资产时，将无形资产的账面价值转入待处置资产，借记“待处置资产损溢——无形资产”科目，借记“累计摊销”科目；按照无形资产的账面余额，贷记“无形资产”科目。报经批准核销时，按照核销无形资产对应的非流动资产基金，借记“非流动资产基金——无形资产”科目，贷记“待处置资产损溢——无形资产”科目。

【例4—58】 某事业单位核销一财务软件，账面价值17 000元，账面余额30 000元。

转入待处置资产时：

借：待处置资产损溢——无形资产——软件	17 000	
累计摊销	13 000	
贷：无形资产		30 000

核销时：

借：非流动资产基金——无形资产	17 000	
贷：待处置资产损溢——无形资产——软件		17 000

第五节　待处置资产损溢

一、待处置资产损溢的核算内容

待处置资产损溢是核算事业单位待处置资产的价值及处置损溢。

事业单位处置资产包括资产的出售、出让、转让、对外捐赠、无偿调出、盘亏、报废、毁损以及货币性资产损失核销等，应当设置“待处置资产损溢”科目，按照待处置资产项目进行明细核算。“待处置资产损溢”科目期末如为借方余额，反映尚未处置完毕的各种资产价值及净损失；期末如为贷方余额，反映尚未处置完毕的各种资产净溢余。年度终了报经批准处理后，“待处置资产损溢”科目一般应无余额。

待处置资产在处置过程中取得的相关收入、发生相关费用，还应设置“处置资产价值”“处置净收入”明细科目，进行明细核算。

事业单位处置资产时，一般应当先记入“待处置资产损溢”科目，按规定报经批准后及时进行账务处理。年度终了结账前，一般应处理完毕。

二、待处置资产损溢的主要账务处理

1. 按规定报经批准予以核销的应收及预付款项、长期股权投资、无形资产

(1)转入待处置资产时，借记“待处置资产损溢”科目(核销无形资产的，还应借记“累计摊销”科目)，贷记“应收账款”“预付账款”“其他应收款”“长期投资”“无形资产”等科目。

(2)报经批准予以核销时，借记“其他支出”科目(应收及预付款项核销)或“非流动资产基金——长期投资、无形资产”科目(长期投资、无形资产核销)，贷记“待处置资产损溢”科目。

2. 盘亏或者毁损、报废的存货、固定资产

(1)转入待处置资产时，借记“待处置资产损溢”科目(处置资产价值)，处置固定资产的还应借记“累计折旧”科目，贷记“存货”“固定资产”等科目。

(2)报经批准予以处置时，借记“其他支出”科目(处置存货)或“非流动资产基金——固定

资产”科目(处置固定资产),贷记“待处置资产损溢”科目(处置资产价值)。

(3)处置毁损、报废存货、固定资产过程中收到残值变价收入、保险理赔和过失人赔偿等,借记“库存现金”“银行存款”等科目,贷记“待处置资产损溢”科目(处置净收入)。

(4)处置毁损、报废存货、固定资产过程中发生的相关费用,借记“待处置资产损溢”科目(处置净收入),贷记“库存现金”“银行存款”等科目。

(5)处置完毕,按照处置收入扣除相关处置费用后的净收入,借记“待处置资产损溢”(处置净收入),贷记“应缴国库款”等科目。

3. 对外捐赠、无偿调出存货、固定资产、无形资产

(1)转入待处置资产时,借记“待处置资产损溢”科目(捐赠、调出固定资产、无形资产的,还应借记“累计折旧”“累计摊销”科目),贷记“存货”“固定资产”“无形资产”等科目。

(2)实际捐出、调出时,借记“其他支出”科目(捐出、调出存货)或“非流动资产基金——固定资产、无形资产”科目(捐出、调出固定资产、无形资产),贷记“待处置资产损溢”科目。

4. 转让(出售)长期股权投资、固定资产、无形资产

(1)转入待处置资产时,借记“待处置资产损溢”科目(处置资产价值)(转让固定资产、无形资产的,还应借记“累计折旧”“累计摊销”科目),贷记“长期投资——股权投资”“固定资产”“无形资产”等科目。

(2)实际转让时,借记“非流动资产基金——长期投资、固定资产、无形资产”科目,贷记“待处置资产损溢”科目(处置资产价值)。

(3)转让过程中取得价款、发生相关税费,以及转让价款扣除相关税费后的净收入的账务处理,按照国家有关规定,按照处置收入扣除相关处置费用后的净收入,借记“待处置资产损溢”科目(处置净收入),贷记“应缴国库款”等科目。

复习思考题

1. 库存现金的管理原则是什么?
2. 银行支付结算方式有哪些?
3. 银行存款日记账的核对主要包括哪几个环节?
4. 简述未达账项的四种情况。
5. 应收及预付账款的内容包括哪些?
6. 存货的内容包括哪些?它们是如何分类的?
7. 存货的盘存制度包括哪些内容?
8. 什么是固定资产?事业单位固定资产的标准是什么?
9. 事业单位固定资产是如何分类的?
10. 什么是固定资产折旧?折旧方法有哪些?
11. 固定资产盘点清查的具体方法有哪些?
12. 什么情况下可以调整固定资产的账面价值?
13. 什么是无形资产?无形资产包括哪些内容?
14. 无形资产如何摊销?
15. 什么是对外投资?对外投资可以分为哪几类?

业务题

☞业务一

(一)目的:练习现金和银行存款的核算。

(二)资料:某事业单位 2015 年 6 月发生如下经济业务:

1. 从银行提取现金 10 000 元备用。
2. 以库存现金预支王某差旅费 1 000 元。
3. 王某出差回来,报销差旅费 800 元,退回现金 200 元。
4. 以现金支付事业活动零星支出 400 元。
5. 开户银行收到财政部门拨入的事业经费 800 000 元。
6. 以银行存款支付事业活动支出 50 000 元。
7. 收到事业活动业务收入 12 000 元,存入银行。
8. 以银行存款购入事业活动用一般设备 1 台,价款 30 000 元。
9. 根据预算管理关系向所属某单位拨付经费 10 000 元。
10. 收到经营活动业务收入 3 000 元,存入银行。
11. 以银行存款支付经营活动支出 1 800 元。

(三)要求:根据以上经济业务,编制相关会计分录。

☞业务二

(一)目的:练习银行存款余额调节表的编制。

(二)资料:某事业单位 2015 年 6 月底银行存款日记账余额为 263 690 元,银行对账单余额为 250 160 元,经核对,发现下列情况:

1. 本单位月末开出转账支票一张,金额为 8 160 元,支付购买图书款,银行未转账支付。
2. 单位委托银行代收外单位商品加工款 16 370 元,月底银行已收款入账,但单位尚未收到银行的收款通知。
3. 银行已支付本单位购买固定资产款项 9 380 元,而单位未收到付款通知,故未记账。
4. 本单位月末收到某大学购买业务资料款的转账支票一张,金额为 27 780 元,当日送存银行,但银行尚未入账。
5. 单位支付本月电费所开支票 5 480 元,在账上误记为 4 580 元。

(三)要求:

1. 根据上述资料,编制必要的会计分录;
2. 为该事业单位编制该月份银行存款余额调节表。

☞业务三

(一)目的:练习应收账款和应收票据的核算。

(二)资料:某事业单位 2015 年 11 月发生如下经济业务:

1. 开展事业活动向甲单位提供劳务,应收取款项 15 000 元。
2. 收到甲单位支付的劳务款项 15 000 元。

3. 开展经营活动赊销产品一批给乙企业，产品售价 10 000 元，应交增值税 1 700 元。

4. 收到向乙企业赊销产品的款项 23 400 元。

5. 开展经营活动向丙企业销售产品一批，货款共计 20 000 元，增值税 3 400 元，收到 3 个月期的带息商业汇票一张，面值 50 000 元，票面年利率 6%。

6. 上述商业汇票到期，收到票据本息。

（三）要求：根据以上经济业务，编制相关会计分录。

☞ 业务四

（一）目的：练习存货和对外投资的核算。

（二）资料：某事业单位属于一般纳税人，发出材料采用加权平均法，2015 年 11 月发生如下经济业务：

1. 购入 A 材料一批，价款 20 000 元，增值税 3 400 元，材料已验收入库，款项以银行存款支付。

2. 向某公司购进 B 材料一批，价款 40 000 元，增值税 6 800 元，运杂费 800 元，以上款项均尚未支付，材料已验收入库。

3. 本月事业活动发出 A 材料共计 15 000 元，B 材料共计 10 000 元。

4. 本月经营活动发出 B 材料共计 8 500 元。

5. 月末盘亏事业活动用 A 材料 3 千克，每千克 8 元，经查，属于正常损耗，作为事业支出处理。

6. 甲产品生产完工并验收入库，生产成本为 6 500 元。

7. 某部门领用甲产品 50 件，实际成本 400 元，用于开展事业活动。

8. 乙产品生产完工并验收入库，生产成本为 30 000 元。

9. 开展事业活动销售乙产品 120 件，每件售价 70 元，单位成本 50 元，应交增值税销项税额共计 1 428 元，款项已存入银行。

10. 用银行存款购入某公司债券 600 张，每张面值 1 000 元。

11. 由于需要资金，将上述购入的 600 张债券出售 300 张，收到价款 300 300 元，存入银行。

12. 以某项固定资产对外投资，该项固定资产的评估价为 85 000 元，账面原价为 70 000 元。

13. 以甲材料一批对外投资，该批材料按协议确定价值为 80 000 元，不含增值税的账面价值为 70 000 元。

14. 以货币资金 100 000 元向甲企业进行短期投资。

（三）要求：根据以上经济业务，编制相关会计分录。

☞ 业务五

（一）目的：练习固定资产的核算。

（二）资料：某事业单位 2015 年 1 月 1 日“固定资产”账户月初的借方余额和“非流动资产基金”账户月初的贷方余额都为 6 500 000 元。1 月份发生有关固定资产业务如下：

1. 以经常性经费购入 1 台设备，价款 15 000 元，转账支付价款，设备已验收入库。

2. 融资租入设备2台，按租赁协议规定，设备价款37 000元，运输费6 000元，安装调试费1 700元，设备安装调试完毕交付使用。

3. 融资租入设备的租赁费分5年付清。通过银行支付第一年租赁费。

4. 出售设备1台，双方协议价为60 000元，账面原值为130 000元，已提折旧70 000元，款项存入银行。

5. 动用修购基金购买设备，支付价款200 000元，增值税税额34 000元，运杂费20 000元。

6. 旧钢炉报废，账面原值70 000元，已提折旧50 000元，残值变价收入5 000元已存入银行，银行存款支付清理费用800元。

7. 从仓库领用8 000元木料用于自制办公桌，通过银行转账支付铁钉、油漆等款项950元。

8. 上述自制的办公桌完工，经验收合格。同时支付临时工工资800元。

9. 出国访问归来的工作人员李某赠送单位图书一批，估计价值人民币6 800元。

10. 因经管人员调动工作，对固定资产进行盘点，盘亏计算机1台，原价4 500元；盘盈收录机1台，市价650元。经领导批准，分别予以注销和补账。

（三）要求：

1. 根据发生的经济业务编制会计分录；

2. 结出1月末该单位“固定资产”和“非流动资产基金”两个账户的余额。

☞ **业务六**

一、目的：练习无形资产的会计核算。

二、资料：某事业单位2015年3月发生如下业务：

1. 购买非专利技术一项，价款200 000元。

2. 若事业单位为不实行内部成本核算的单位，本月摊销上述无形资产。

3. 若事业单位为实行内部成本核算的单位，本月摊销无形资产3 000元。

4. 以银行存款支付专利研制费用20 000元，并以现金支付专利研制人员工资4 000元。

5. 专利研制成功，申请登记费为3 500元，以银行存款支付。该项专利研制时共花费16 500元。

6. 收到外单位捐赠的专利一项，发票列示价格为40 000元。

7. 购入一项专利，支付价款160 000元，法定使用年限为16年，合同确定受益年限为10年，本月进行专利权摊销（假设该单位为内部成本核算单位）。

8. 将资料4、资料5中自行研制的专利所有权转让给其他单位，协商转让价为28 000元，款项存入银行。

9. 转让某专利的使用权，协商转让使用费为每年6 400元，收到本项费用并存入银行。

10. 将未作价入账的某专利技术转让，取得收入80 000元，存入银行。

（三）要求：根据以上经济业务，编制相关会计分录。

第五章　事业单位负债的核算

负债是指事业单位所承担的能以货币计量、需要以资产或劳务偿付的债务，包括短期借款、应缴税费、应缴国库款、应缴财政专户、应付职工薪酬、应付票据、应付账款、预收账款、其他应付款、长期借款和长期应付款。

第一节　短期借款

一、短期借款核算的内容

短期借款是指事业单位为了维持和补充正常业务活动所需要的资金而借入的时间在一年以内（含一年）有偿使用的各种款项。事业单位的短期借款主要用于特殊性或临时性的资金需求。期末尚未归还的短期借款的本金，应反映在资产负债表中流动负债的“短期借款”科目。

事业单位借入款项所发生的利息支出，按不同的借款种类和不同的时间分别进行核算。

（1）短期借款所发生的利息支出，计入当前其他支出。

（2）基建借款所发生的利息支出，在固定资产尚未交付使用或者已经投入使用但尚未办理竣工决算之前，计入固定资产价值；在办理竣工决算之后，计入当前支出。

二、短期借款的核算

事业单位为了反映和监督短期借款的借入和归还情况，对短期借款应设置“短期借款”科目。该科目贷方反映短期借款的本金，借方反映偿还的短期借款本金，期末贷方余额反映尚未偿还的短期借款本金。

三、短期借款核算的账务处理

事业单位借入短期借款时，借记“银行存款”科目，贷记“短期借款”科目。归还本金时，借记“短期借款”科目，贷记“银行存款”科目。支付借款利息时，借记“事业支出”“其他支出”科目，贷记“银行存款”科目。

【例5－1】 某事业单位在开展事业活动中发生临时性资金周转困难，向建设银行借入款项100 000元，借款期限12个月，年利率为8%，到期一次还本付息。

（1）1月1日借入短期借款时，会计分录为：

借：银行存款——建设银行　　　　100 000

贷:短期借款 100 000

(2)到期归还短期借款,并支付利息 8 000 元,会计分录为:

借:短期借款 100 000

其他支出——债务利息支出 8 000

贷:银行存款——建设银行 108 000

第二节 应缴款项

应缴款项是指事业单位按规定应向有关部门上缴的各种款项,包括应缴国库款、应缴财政专户款、应缴税费以及其他按上级单位规定应上缴的款项。

一、应缴税费

(一)应缴税费核算的内容

事业单位在其经济活动中要发生纳税行为,必须缴纳税金。应缴税费就是事业单位按税法规定应缴纳的各种税金,主要包括事业单位应缴纳的增值税,事业单位提供劳务或销售产品应缴纳的营业税、增值税、城市维护建设税、教育费附加、车船税、房产税、城镇土地使用税、企业所得税等,代扣代缴的个人所得税也通过应缴税费核算。该税费要按权责发生制原则办理,因而在尚未缴纳前形成事业单位的一项流动负债。

事业单位应缴纳的印花税不需要预提应缴税费,直接通过支出等有关科目核算,不通过"应缴税费"科目核算。

属于增值税一般纳税人的事业单位,其应缴增值税明细账中应设置"进项税额""已交税金""销项税额""进项税额转出"等专栏。"应缴税费"科目期末借方余额反映事业单位多缴纳的税费金额,期末贷方余额反映事业单位应缴未缴的税费金额。

(二)应缴税费的主要账务处理

1. 发生营业税、城市维护建设税、教育费附加纳税义务的,按税法规定计算的应缴税费金额,借记"待处置资产损溢——处置净收入"科目(出售不动产应缴的税)或有关支出科目,贷记"应缴税费"科目。实际缴纳时,借记"应缴税费"科目,贷记"银行存款"科目。

(1)事业单位属于增值税一般纳税人时,购入非自用材料的,按确定的成本(不含增值税进项税额)借记"存货"科目,按增值税专用发票上注明的增值税额借记"应缴税费"科目(应缴增值税——进项税额),按实际支付或应付的金额贷记"银行存款""应付账款"等科目。

(2)购进的非自用材料发生盘亏、毁损、报废、对外捐赠、无偿调出等税法规定不得从增值税销项税额中抵扣进项税额的,将所购进的非自用材料转入"待处置资产损溢"时,按照材料的账面余额与相关增值税进项税额转出金额的合计金额,借记"待处置资产损溢"科目;按材料的账面余额,贷记"存货"科目,按转出的增值税进项税额,贷记"应缴税费"科目(应缴增值税——进项税额转出)。

(3)事业单位属于增值税一般纳税人时,销售应税产品或提供应税服务,按包含增值税的价款总额借记"银行存款""应收账款""应收票据"等科目,按扣除增值税销项税额后的价款金额贷记"经营收入"等科目,按增值税专用发票上注明的增值税金额贷记"应缴税费"科目(应缴增值税——销项税额)。

(4)事业单位属于增值税一般纳税人时,实际缴纳增值税时,借记“应缴税费”科目(应缴增值税——已交税金),贷记“银行存款”科目。

(5)事业单位属于增值税小规模纳税人时,销售应税产品或提供应税服务,按实际收到或应收价款,借记“银行存款”“应收账款”“应收票据”等科目,按实际收到或应收价款扣除增值税额后的金额贷记“经营收入”等科目,按应缴增值税金额,贷记“应缴税费”科目(应缴增值税)。实际缴纳增值税时,借记“应缴税费”科目(应缴增值税),贷记“银行存款”科目。

2. 发生房产税、城镇土地使用税、车船税纳税义务时,按税法规定计算的应缴税金数额借记有关科目,贷记“应缴税费”科目。实际缴纳时,借记“应缴税费”科目,贷记“银行存款”科目。

3. 代扣代缴个人所得税的,按税法规定计算应代扣代缴的个人所得税金额,借记“应付职工薪酬”科目,贷记“应缴税费”科目。实际缴纳时,借记“应缴税费”科目,贷记“银行存款”科目。

4. 企业有所得税纳税义务的,按税法规定计算的应缴税金数额借记“非财政补助结余分配”科目,贷记“应缴税费”科目。实际缴纳时,借记“应缴税费”科目,贷记“银行存款”科目。

5. 发生其他纳税义务的,按照应缴纳的税费金额借记有关科目,贷记“应缴税费”科目。实际缴纳时,借记“应缴税费”科目,贷记“银行存款”等科目。

【例5—2】 某事业单位某月末计算本月应缴营业税500元,以银行存款支付。

借:经营支出　500

　贷:应缴税费——应缴营业税　500

借:应缴税费——应缴营业税　500

　贷:银行存款　500

【例5—3】 某事业单位计算出经营活动应缴纳的所得税3 000元,以银行存款支付。

借:非财政补助结余分配——应缴所得税　3 000

　贷:应缴税费——应交所得税　3 000

借:应缴税费——应交所得税　3 000

　贷:银行存款　3 000

二、应缴国库款

应缴国库款是指事业单位按规定取得的、应上缴国家预算的收入,主要包括事业单位代收的纳入预算管理的基金、行政性收费收入、罚没收入、无主财物变价收入和其他按预算管理规定应上缴预算的款项。应缴国库款属于国家财政性资金,事业单位应按规定收取,不得随意变更。应及时足额上缴财政,不得误入预算外资金“财政专户”,不得截留、坐支,更不得挪作他用。

事业单位为了核算按规定应缴入国家预算的各种收入,应设置“应缴国库款”账户,该账户借方登记实际上缴的应缴预算的各项收入数,贷方登记取得应缴预算的各项收入数,期末贷方余额反映应缴未缴的各项预算收入。年终该账户应无余额。

应缴国库款是事业单位按规定应缴入国库的款项(应缴税费除外),按照应缴国库的各款项类别进行明细核算。上缴款项时,借记“应缴国库款”科目,贷记“银行存款”等科目。期末应缴国库款的主要账务处理如下:

事业单位按规定计算确定或实际取得应缴国库的款项时,借记有关科目,贷记“应缴国库款”科目;处置资产取得的应上缴国库的处置净收入的账务处理,参见“待处置资产损溢”科目。

【例5—4】 某事业单位发生如下业务:

(1)收到行政性收费收入现金6 000元。

借:库存现金　　6 000

　　贷:应缴国库款　　6 000

(2)收到罚没收入存入银行2 000元。

借:银行存款　　2 000

　　贷:应缴国库款　　2 000

(3)收到无主财物的变价收入1 000元存入银行。

借:银行存款　　1 000

　　贷:应交国库款　　1 000

(4)将应缴预算款18 000元上交国库。

借:应缴国库款　　18 000

　　贷:银行存款　　18 000

三、应付职工薪酬

(一)应付职工薪酬的内容

应付职工薪酬是指事业单位按有关规定应付给职工及为职工支付的各种薪酬,包括基本工资、绩效工资,以及国家统一规定的津贴补贴、社会保险费、住房公积金等。根据国家有关规定,应按照“工资(离退休费)”“地方(部门)津贴补贴”“其他个人收入”以及“社会保险费”“住房公积金”等进行明细核算。

(二)应付职工薪酬的核算

1. 计算当期应付职工薪酬,借记“事业支出”“经营支出”等科目,贷记“应付职工薪酬”科目。向职工支付工资、津贴补贴等薪酬,借记“应付职工薪酬”科目,贷记“财政补助收入”“零余额账户用款额度”“银行存款”等科目。

2. 按税法规定代扣代缴个人所得税时,借记“应付职工薪酬”科目,贷记“应缴税费——应缴个人所得税”科目。

3. 按照国家有关规定缴纳职工社会保险费和住房公积金时,借记“应付职工薪酬”科目,贷记“财政补助收入”“零余额账户用款额度”“银行存款”等科目。

4. 从应付职工薪酬中支付其他款项,借记“应付职工薪酬”科目,贷记“财政补助收入”“零余额账户用款额度”“银行存款”等科目。期末贷方余额,反映事业单位应付未付的职工薪酬。

第三节　应付款项和预收款项

应付和预收款项是事业单位流动负债的主要内容,是指事业单位因购买货品或者接受劳务等形成的应予偿还或预收的款项,包括应付票据、应付账款、预收账款、其他应付款等。

一、应付票据的核算

(一)应付票据核算的内容

应付票据是指事业单位对外发生债务时所开出、承兑的商业汇票,包括银行承兑汇票和商业承兑汇票。按国家有关规定，事业单位签发的商业汇票，承兑期限最长不超过9个月。在会计核算中，购买商品在采用商业汇票结算方式下，如果开出的是商业承兑汇票，必须由付款方（购买单位）承兑；如果开出的是银行承兑汇票，必须经银行承兑。在商业汇票尚未到期前，视为一笔负债，期末反映在资产负债表上的"应付票据"项目内。付款单位应在商业汇票到期前，及时将款项足额交存其开户银行，可使银行在到期日凭票将款项划转给收款人、被背书人或贴现银行。单位在收到银行的付款通知时，据以编制付款凭证。

（二）应付票据核算使用的科目

为了反映单位由于商品交易而开出、承兑的商业汇票的实际情况，会计核算中应设置"应付票据"科目。该科目的贷方发生额反映单位因购买材料、商品等而开出、承兑的商业汇票，借方发生额反映已支付的商业汇票，期末贷方余额反映尚未到期支付的商业汇票。

事业单位应设置"应付票据备查簿"，详细登记每一应付票据的种类、号数、签发日期、到期日、票面金额、收款人姓名或单位名称，以及付款日期和金额等详细资料。应付票据到期付清时，应在备查簿内逐笔注销。

（三）应付票据核算的账务处理

事业单位开出、承兑汇票或以汇票抵贷款时，借记"存货""应付账款"等科目，贷记"应付票据"科目。支付银行承兑汇票的手续费时，借记"经营支出"科目（实行成本核算单位）、"事业支出"（非成本核算单位）科目，贷记"银行存款"账户。收到银行支付本息通知时，借记"应付票据""经营支出""事业支出"科目，贷记"银行存款"科目。

开出并承兑的商业承兑汇票如果不能如期支付，应在票据到期且未签发新的票据时，将"应付票据"账面余额转入"应付账款"科目。

在采用银行承兑汇票方式下，如果对方（销售方）已经将应收票据向银行贴现，在付款期满时，如果无力付款，由银行代为扣款或作为逾期借款处理，借记"应付票据"科目，贷记"银行存款"或"短期借款"科目。

【例5—5】 某实行成本核算的事业单位采用商业承兑汇票结算方式购入一批材料，根据发票账单，购入材料的价款为40 000元，增值税款为6 800元，材料已验收入库。单位开出两个月到期的商业承兑汇票。

（1）开出承兑的商业汇票时：

借：存货	40 000	
应缴税费——应缴增值税（进项税额）	6 800	
贷：应付票据——商业承兑汇票		46 800

（2）票据到期还款时：

借：应付票据——商业承兑汇票	46 800	
贷：银行存款		46 800

（3）票据到期不能如期支付票款时：

借：应付票据——商业承兑汇票	46 800	
贷：应付账款		46 800

【例5—6】 某实行成本核算的事业单位用商业承兑汇票结算方式购入材料一批，材料成本为20 000元，应缴增值税为3 400元。单位开出期限为6个月带息商业承兑汇票一张，年利率为12%，材料已验收入库。

（1）购入材料时：

借：存货——材料　20 000
应缴税费——应缴增值税（进项税额）　3 400
贷：应付票据——商业承兑汇票　23 400

（2）票据到期偿还时：

借：经营支出　1 404
应付票据——商业承兑汇票　23 400
贷：银行存款　24 804

（3）到期不能如期支付票款时：

借：应付票据　23 400
经营支出　1 404
贷：应付账款　24 804

【例5—7】 若例5—6中事业单位不实行成本费用核算，而且该批材料不用于产品生产。

（1）购入材料时：

借：存货　23 400
贷：应付票据——商业承兑汇票　23 400

（2）票据到期偿还时：

借：事业支出　1 404
应付票据——商业承兑汇票　23 400
贷：银行存款　24 804

这里应注意两点：一是带息票据的利息支出，如果是实行成本核算的事业单位，应记入"经营支出"科目；如果不是实行成本核算的事业单位，应记入"事业支出"科目。二是不实行成本核算的事业单位，购入的材料不是用于产品生产，其支付的增值税款应计入存货成本。

二、应付账款的核算

（一）应付账款核算的内容

应付账款是指因购买材料、商品或接受劳务供应等而发生的债务，是买卖双方在购销活动中由于取得物资或劳务与支付价款在时间上不一致而产生的负债。

（二）应付账款核算使用的科目

为了总括反映单位因购买材料、物资、接受劳务等而产生的应付账款及偿还情况，事业单位会计核算上应设置"应付账款"账户。该账户的贷方反映单位应支付的款项，借方反映已支付或已转销或转作商业汇票结算方式的款项，期末贷方余额反映尚未支付的应付款项。"应付账款"账户应按照供应单位设置明细账进行明细核算。

（三）应付账款核算的账务处理

单位购入材料、物资等已验收入库，但货款尚未支付时，应根据有关凭证，借记"存货"等有关科目，贷记"应付账款"科目。对于期末尚未收到发票账单的收料凭证，应分别按材料、商品科目抄列清单，并按暂估价入账，借记"存货"等科目，贷记"应付账款——暂估应付账款"科目，下月初用红字作同样的记录，予以冲回，以便下月付款按正常程序进行处理。

单位接受其他单位提供的劳务而发生的应付未付款项，应根据供应单位提供的发票账单，借记有关成本费用科目，贷记"应付账款"科目。

单位偿付应付账款时，借记"应付账款"科目，贷记"银行存款"等科目。单位开出、承兑商业汇票抵冲应付账款时，借记“应付账款”科目，贷记“应付票据”科目。

【例 5—8】 某实行成本核算的事业单位发生如下经济业务：

(1)4 月 21 日购入材料一批，增值税专用发票上注明材料价款为 200 000 元，增值税额为 34 000元。材料已验收入库，货款未付。其会计处理为：

借：存货　200 000

应缴税费——应缴增值税(进项税额)　34 000

贷：应付账款　234 000

(2)5 月 26 日购入价值为 40 000 元的材料一批，同时向对方支付增值税 6 800 元，材料已验收入库，款项未付。但对方开具的增值税专用发票尚未收到。该单位暂不作会计处理，月末仍未收到发票，暂估材料价值为 50 000 元。

月末暂估材料价时：

借：存货　50 000

贷：应付账款　50 000

下月初作红字冲销分录：

借：存货　[50 000]

贷：应付账款　[50 000]

6 月 5 日收到对方转来的支票时：

借：存货　40 000

应缴税费——应交增值税(进项税额)　6 800

贷：应付账款　46 800

(3)6 月 12 日，该事业单位支付 5 月 20 日的应付款时：

借：应付账款　234 000

贷：银行存款　234 000

(4)6 月 18 日，该单位开出一张商业汇票抵付 5 月 26 日购入材料款时：

借：应付账款　46 800

贷：应付票据——商业承兑汇票　46 800

三、预收账款的核算

(一)预收账款核算的主要内容

预收账款是指事业单位按照合同规定向购货单位或接受劳务单位预收的款项。事业单位预收的款项是以买卖双方的协议或合同为依据，需要在以后以交付产品或提供劳务等方式予以偿付。因此，在事业单位收到款项但尚未交付产品或提供劳务之前，预收账款就构成事业单位的一项负债。

(二)预收账款核算使用的科目

预收账款的核算应视事业单位的具体情况而定。如果预收账款比较多，可以设置“预收账款”账户；预收账款不多的事业单位，也可将预收的账款直接记入“应收账款”科目的贷方。

单独设置“预收账款”科目核算的单位，其“预收账款”科目的贷方反映预收的货款和补付的货款，借方反映应收的货款和退回多收的货款，期末贷方余额反映尚未结清的预收款项，借方余额反映应收的款项。本科目应按照购买单位设置明细账。

(三)预收账款核算的账务处理

单位预收账款时,借记“银行存款”或“库存现金”科目,贷记“预收账款”科目;货物销售实现(劳务兑现)时,按照售价(劳务价格)借记“预收账款”科目,贷记有关收入科目。付款单位补付的款项,借记“银行存款”科目,贷记“预收账款”科目;退回多付的款项,则做相反会计分录。

【例 5—9】 某实行成本核算的事业单位接受一批订货合同,按合同规定,货款总额为 36 000元,预计 3 个月完成。订货方预收货款的 50%,另外 50%待产品完工发出后再支付(假定该产品为免税产品)。根据上述经济业务,应做如下会计处理:

(1)收到预付的货款时:

借:银行存款　　18 000

　　贷:预收账款　　18 000

(2)3 个月后产品发出时:

借:预收账款　　36 000

　　贷:经营收入　　36 000

(3)订货单位补付货款时:

借:银行存款　　18 000

　　贷:预收账款　　18 000

四、其他应付款的核算

(一)其他应付款核算的主要内容

事业单位除了应付票据、应付账款和预收账款以外,还会发生一些应付、暂收其他单位或个人的款项,如应付租入固定资产的租金、存入保证金、应付统筹退休金、个人交存的住房公积金等。其他应付款与事业单位的主要业务一般无直接联系,是事业单位经常性业务活动以外发生的债务责任。

为了反映与监督事业单位其他应付款的增减变动情况,应设置“其他应付款”科目。该科目贷方反映应付或暂收其他单位或个人的款项,借方反映已经偿还或转销的各种款项,期末贷方余额反映尚未偿还其他单位或个人的款项。该科目按应付、暂收款项的类别或单位、个人设置明细账。

(二)其他应付款核算的账务处理

事业单位发生的各种应付、暂收款项,借记“银行存款”“事业支出”“经营支出”等科目,贷记“其他应付款”科目;支付时,借记“其他应付款”科目,贷记“银行存款”等科目。

【例 5—10】 某实行内部成本核算的事业单位发生如下业务:

(1)经营租入一台机器,应付租赁费 3 000 元。

借:经营支出　　3 000

　　贷:其他应付款　　3 000

(2)根据退休金统筹办法,按照规定提取统筹退休金 4 000 元。

借:经营支出　　4 000

　　贷:其他应付款　　4 000

(3)收取包装物的押金 1 600 元。

借:银行存款　　1 600

　　贷:其他应付款　　1 600

(4)支付租入设备的租赁费3 000元。

借：其他应付款　　3 000

　贷：银行存款　　3 000

第四节　长期借款和长期应付款

一、长期借款

(一)长期借款的内容

长期借款是指事业单位为了基本建设和维修维护等长期资金需求而借入的期限超过一年(不含一年)的款项，应设置"长期借款"科目进行核算，按照贷款单位和贷款种类进行明细核算。对于基建项目借款，还应按具体项目进行明细核算。"长期借款"科目的借方登记借入本金数额，贷方登记偿还本金数额，期末贷方余额反映事业单位尚未偿还的长期借款本金。

(二)长期借款的主要账务处理

借入各项长期借款时，按照实际借入的金额，借记"银行存款"科目，贷记"长期借款"科目。为购建固定资产支付的专门借款利息，分别以下情况处理：

1. 属于工程项目建设期间支付的，计入工程成本，按照支付的利息，借记"在建工程"科目，贷记"非流动资产基金——在建工程"科目；同时，借记"其他支出"科目，贷记"银行存款"科目。

2. 属于工程项目完工交付使用后支付的，计入当期支出但不计入工程成本，按照支付的利息，借记"其他支出"科目，贷记"银行存款"科目。

3. 其他长期借款利息，按照支付的利息金额，借记"其他支出"科目，贷记"银行存款"科目。

4. 归还长期借款时，借记"长期借款"科目，贷记"银行存款"科目。

二、长期应付款

长期应付款是指事业单位发生的偿还期限超过一年(不含一年)的应付款项，如以融资租赁租入固定资产的租赁费、跨年度分期付款购入固定资产的价款等。事业单位应按照长期应付款的类别以及债权单位(或个人)进行明细核算。

发生长期应付款时，借记"固定资产""在建工程"等科目，贷记"长期应付款""非流动资产基金"等科目。

支付长期应付款时，借记"事业支出""经营支出"等科目，贷记"银行存款"等科目；同时，借记"长期应付款"科目，贷记"非流动资产基金"科目。

无法偿付或债权人豁免偿还的长期应付款，借记"长期应付款"科目，贷记"其他收入"科目。期末贷方余额反映事业单位尚未支付的长期应付款。

1. 如何运用"短期借款"账户进行核算？

2.“其他应付款”账户与“应付票据”“应收账款”等账户核算的内容有何区别？

3. 应缴国库款包括哪些内容？

4. 应缴国库款和应缴财政专户款有哪些相同点和不同点？

5. 应缴税费的具体核算包括哪些税种？

(一)目的：练习事业单位负债的业务核算。

(二)资料：

1. 某事业单位向同级财政借入款项 20 万元，期限 1 年，利率 7.5%，款项已存入银行，这笔借款用于该事业单位从事产品生产。

2. 资料 1 中该事业单位 1 年后还本付息。

3. 某事业单位为一般纳税人，采用商业汇票结算方式购入一批材料，根据增值税专用发票，购入材料的价款为 20 000 元，增值税税额为 3 400 元，发生运杂费 2 000 元，该单位开出一张期限为 30 天的商业承兑汇票支付材料价税款，并以银行存款支付运杂费。材料已验收入库。

4. 资料 3 中的商业承兑汇票到期，单位无款承付。

5. 某事业单位为小规模纳税人，购入材料一批，价款 16 000 元(含税)，材料已验收入库，货款未付。

6. 材料 5 中某事业单位用银行存款支付料款。

7. 某事业单位为一般纳税人，接受一批产品订货，按合同规定，订货方需预付货款，产品完工交货时结算。某日收到 15 000 元预付货款。

8. 资料 7 中的产品完工交货，进行结算，产品实际售价为 29 800 元(含税)，预收款不足部分对方用存款补足。

9. 收到外单位交来借用包装物的押金 2 000 元。

10. 收到罚没收入现金 500 元，存入银行。

11. 开出转账支票，将罚没收入 1 000 元上缴财政。

12. 某事业单位收到应缴财政专户储存的预算外资金收入 80 000 元，存入银行。单位预算外资金实行全部上缴财政专户的办法。

13. 资料 12 中该事业单位将 80 000 元预算外资金上缴财政专户。

14. 经财政部门批准，从财政专户中拨回预算外资金 40 000 元，其中 20 000 元是所属单位的。

15. 某事业单位实行预算外资金结余定期上缴办法。月末将预算外资金结余 10 000 元转为应缴财政专户款，并上缴财政。

16. 某事业单位销售产品一批，价款 10 000 元，增值税 1 700 元，款项已存入银行。

17. 缴纳当期增值税 5 100 元，营业税 700 元，均从银行存款中转出。

(三)要求：根据以上经济业务，编制会计分录。

第六章　事业单位净资产的核算

事业单位净资产是指资产减去负债的差额，包括事业基金、非流动资产基金、专用基金、财政补助结转、财政补助结余、非财政补助结转、事业结余、经营结余、非财政补助结余分配。

第一节　事业基金

一、事业基金的核算内容

事业基金是指事业单位拥有的非限定用途的净资产，主要为非财政补助结余扣除结余分配后滚存的结余。

事业单位应设置“事业基金”科目，用来核算单位拥有的非限定用途的净资产。本账户登记“结转结余分配”科目转入数或其他原因引起的增加数，借方登记冲减数，贷方余额反映单位实际拥有的非限定用途的净资产。本科目应按核算的业务内容下设“一般基金”和“投资基金”两个明细科目。“一般基金”主要用于核算滚存结余资金，“投资基金”用于核算对外投资部分的基金。

二、事业基金的具体核算

事业基金来源及核算有五个方面：

（1）年末将“非财政补助结余分配”科目余额转入事业基金，借记或贷记“非财政补助结余分配”科目，贷记或借记“事业基金”科目。

（2）年末将留归本单位使用的非财政补助专项（项目已完成）剩余资金转入事业基金，借记“非财政补助结转——××项目”科目，贷记“事业基金”科目。

（3）以货币资金取得长期股权投资、长期债券投资，按照实际支付的全部价款（包括购买价款以及税金、手续费等相关税费）作为投资成本，借记“长期投资”科目，贷记“银行存款”等科目；同时，按照投资成本金额，借记“事业基金”科目，贷记“非流动资产基金——长期投资”科目。

（4）对外转让或到期收回长期债券投资本息，按照实际收到的金额借记“银行存款”等科目，按照收回长期投资的成本贷记“长期投资”科目，按照其差额贷记或借记“其他收入——投资收益”科目；同时，按照收回长期投资对应的非流动资产基金，借记“非流动资产基金——长期投资”科目，贷记“事业基金”科目。

(5)事业单位发生需要调整以前年度非财政补助结余的事项，通过“事业基金”科目核算；国家另有规定的，从其规定。

【例6－1】 某事业单位年终未分配非财政补助结余为48 000元，结转“事业基金”账户，会计分录为：

借：非财政补助结转　　48 000

　　贷：事业基金——一般基金　　48 000

【例6－2】 某事业单位某项目工程完工后，按规定将专款结余12 000元留归本单位使用。

借：非财政补助结转　　12 000

　　贷：事业基金——一般基金　　12 000

第二节　非流动资产基金

一、非流动资产基金的核算内容

非流动资产基金是事业单位长期投资、固定资产、在建工程、无形资产等非流动资产占用的金额，应设置“非流动资产基金”科目核算，并按核算的业务内容下设“长期投资”“固定资产”“在建工程”和“无形资产”等明细科目进行明细核算。

二、非流动资产基金的具体核算

1. 非流动资产基金应当在取得长期投资、固定资产、在建工程、无形资产等非流动资产或发生相关支出时予以确认。

取得相关资产或发生相关支出时，借记“长期投资”“固定资产”“在建工程”“无形资产”等科目，贷记“非流动资产基金”等有关科目；同时或待以后发生相关支出时，借记“事业支出”等有关科目，贷记“财政补助收入”“零余额账户用款额度”“银行存款”等科目。

2. 计提固定资产折旧、无形资产摊销时，应冲减非流动资产基金。

计提固定资产折旧、无形资产摊销时，按照计提的折旧、摊销金额，借记“非流动资产基金”科目(固定资产、无形资产)，贷记“累计折旧”“累计摊销”科目。

3. 处置长期投资、固定资产、无形资产，以及以固定资产、无形资产对外投资时，应当冲销该资产对应的非流动资产基金。

(1)以固定资产、无形资产对外投资时，按照评估价值加上相关税费作为投资成本，借记“长期投资”科目，贷记“非流动资产基金”科目(长期投资)；按发生的相关税费，借记“其他支出”科目，贷记“银行存款”等科目。同时，按照投出固定资产、无形资产对应的非流动资产基金，借记“非流动资产基金”科目(固定资产、无形资产)；按照投出资产已提折旧、摊销，借记“累计折旧”“累计摊销”科目；按照投出资产的账面余额，贷记“固定资产”“无形资产”科目。

(2)出售或以其他方式处置长期投资、固定资产、无形资产，转入待处置资产时，借记“待处置资产损溢”“累计折旧”(处置固定资产)或“累计摊销”(处置无形资产)科目，贷记“长期投资”“固定资产”“无形资产”等科目。实际处置时，借记“非流动资产基金”科目(有关资产明细科目),贷记"待处置资产损溢"科目。

"非流动资产基金"科目的期末贷方余额反映事业单位非流动资产占用的金额。

【例 6-3】 某单位发生如下有关非流动资产基金增加的经济业务:

(1)以事业经费购入某项设备,价值 150 000 元,款项已通过银行转账支付。

借:事业支出——设备购置费 150 000

贷:银行存款 150 000

同时:

借:固定资产 150 000

贷:非流动资产基金 150 000

(2)无偿调入计算机 4 台,价值 16 000 元。

借:固定资产 16 000

贷:非流动资产基金 16 000

(3)融资租入办公楼一幢以满足开展事业活动的需要,价值 900 000 元。租金分 6 年等额支付。

租入办公楼时:

借:固定资产——办公楼 900 000

贷:长期应付款 900 000

每年支付租金时:

借:长期应付款 50 000

贷:银行存款 150 000

借:事业支出 150 000

贷:非流动资产基金 150 000

【例 6-4】 某事业单位有偿调出不需要用的专用设备 1 台,账面价值为 30 000 元,账面余额为 50 000 元,售价为 18 000 元。收到的价款用于更新固定资产。

借:待处置资产损溢 30 000

累计折旧 20 000

贷:固定资产 50 000

借:非流动资产基金 18 000

贷:待处置资产损溢 18 000

该事业单位又报废一批办公用电脑,其账面价值 20 000 元,账面余额为 120 000 元。清理时以现金支付清理费 1 800 元,变卖残料收入 20 000 元,存入银行。

借:待处置资产损溢 20 000

累计折旧 100 000

贷:固定资产 120 000

借:非流动资产基金 20 000

贷:待处置资产损溢 20 000

借:待处置资产损溢 1 800

贷:银行存款 1 800

借:银行存款 20 000

贷:待处置资产损溢 20 000

第三节　专用基金

一、专用基金的管理

（一）专用基金及其特点

专用基金是指事业单位按规定提取或者设置的专门用途的资金。事业单位提取或者设置的专用基金主要有修购基金、职工福利基金以及其他基金等。

专用基金有其相对独立的特点：一是专用基金的取得均有专门的规定。专用基金是根据一定的比例或数额提取、在相关支出中列支后转入的，职工福利基金则是根据结余的一定比例提取转入的，其他基金的提取和设置也都有专门的规定。二是各项专用基金都规定专门的用途和使用范围，除财务规定可以合并使用的除外，专用基金一般不得互相占用、挪用。三是专用基金的使用均属一次性消耗，没有循环周转，不可能通过专用基金支出直接取得补偿。

（二）专用基金的管理原则

专用基金的管理应遵循“先提后用、专设科目、专款专用”的原则。

1.“先提后用”是指各项专用基金必须根据规定的来源渠道，在取得资金以后方能安排使用。

2.“专设科目”是指各项专用基金应单设科目进行管理和核算。

3.“专款专用”是指各种专用基金都要按照规定的用途和使用范围安排开支，支出不得超出资金规模，保证专用基金使用的合理、合法。

二、专用基金核算的会计科目

事业单位应设置“专用基金”科目，用来反映和监督单位按规定提取、设置的有专门用途的资金的收支及结存情况。该科目贷方登记事业单位按规定收入、提取或设置的基金，借方登记基金的使用或冲减数，贷方余额为单位专用基金结存数。该科目日常核算时应按专用基金的种类设置明细账，进行明细核算。

三、专用基金的具体核算

（一）修购基金的提取与核算

事业单位修购基金应按事业收入和经营收入的一定比例提取、设置，并在事业支出的修缮费和设备购置费中各列50%。提取修购基金的计算公式如下：

提取额＝事业收入×提取率＋经营收入×提取率

事业单位在提取修购基金时，借记“事业支出——修缮费、设备购置费”或“经营支出——修缮费、设备购置费”科目，贷记“专用基金——修购基金”科目。

在确定提取比例时，应本着收入多的多提、收入少的少提的原则，尽可能地保证修购基金达到一定的规模，并稳定地增长。在实际工作中，一些事业收入和经营收入数额确定很少的事业单位，也可不提取修购基金。

【例6－5】 某事业单位年度事业收入为600万元，经营收入为50万元，提取修购基金比例分别为8%和10%，则修购基金提取额为53万元(600×8%+50×10%)。提取修购基金的账务处理为：

借：事业支出——修缮费　　240 000
　　　　　　——设备购置费　　240 000
　　经营支出——修缮费　　25 000
　　　　　　——设备购置费　　25 000
　　贷：专用基金——修购基金　　530 000

(二)职工福利基金的提取与核算

职工福利基金是按结余的一定比例提取以及按其他规定提取转入，用于单位职工的集体福利设施、集体福利待遇等的资金。

职工福利基金与按标准在事业支出和经营支出中列支提取的国家工作人员福利费不同。前者主要用于集体福利的开支；后者主要用于职工个人方面的开支，如用于职工生活困难补助等。福利费提取后也在“专用基金”科目核算，但两者应分开核算。

事业单位在按规定从结余中提取一定比例的职工福利基金时，必须严格按规定比例提取，不得随意提高职工福利基金的提取比例。计算公式如下：

提取额＝可计提职工福利基金的结余额×提取比例

其中，结余额包括事业结余和税后经营结余，即转入“结余分配”账户的数额扣除“应交所得税”(有所得税缴纳业务的单位)后的数额。

年终，事业单位按规定比例从当年结余计提职工福利基金时，借记“非财政补助结余分配——提取职工福利基金”等科目，贷记“专用基金——职工福利基金”科目。

使用福利基金时，借记“专用基金——职工福利基金”科目，贷记“银行存款”科目。使用专用基金形成固定资产的，还应借记“固定资产”科目，贷记“非流动资产基金——固定资产”科目。

【例6-6】 假定某事业单位年终“事业结余”160 000元，“经营结余”100 000元，按25%税率缴纳所得税，按税后20%的比例提取职工福利基金。

应缴所得税＝100 000×25%＝25 000(元)

应提职工福利基金＝[160 000＋(100 000－25 000)]×20%＝47 000(元)

借：非财政补助结余分配——提取职工福利基金　　47 000
　　贷：专用基金——职工福利基金　　47 000

第四节　结转、结余及其分配

根据《事业单位会计准则》的规定，结转和结余是事业单位年度收入与支出相抵后的余额。

结转资金是指当年预算已执行但未完成，或者因故未执行，下一年度需要按照原用途继续使用的资金。

结余资金是指当年预算工作目标已完成，或者因故终止，当年剩余的资金。

经营收支结转和结余应当单独反映。

财政拨款结转和结余的管理，应当按照同级财政部门的规定执行。非财政拨款结转按照规定结转下一年度继续使用。非财政拨款结余可以按照国家有关规定提取职工福利基金，剩余部分作为事业基金用于弥补以后年度单位收支差额。国家另有规定的，从其规定。

一、财政补助结转

（一）财政补助结转的核算内容

财政补助结转是事业单位滚存的财政补助结转资金，包括基本支出结转和项目支出结转。事业单位应设置“基本支出结转”“项目支出结转”两个明细科目，并在“基本支出结转”明细科目下按照“人员经费”“日常公用经费”进行明细核算；在“项目支出结转”明细科目下按照具体项目进行明细核算。财政补助结转还应按照《政府收支分类科目》中“支出功能分类科目”的相关科目进行明细核算。

（二）财政补助结转的核算

期末，事业单位将财政补助收入本期发生额结转入“财政补助结转”科目，借记“财政补助收入——基本支出、项目支出”科目，贷记“财政补助结转”科目（基本支出结转、项目支出结转）；将事业支出（财政补助支出）本期发生额结转入“财政补助结转”科目，借记“财政补助结转”科目（基本支出结转、项目支出结转），贷记“事业支出——财政补助支出（基本支出、项目支出）”或“事业支出——基本支出（财政补助支出）、项目支出（财政补助支出）”科目。

年末，完成结转后，应当对财政补助各明细项目执行情况进行分析，按照有关规定将符合财政补助结余性质的项目余额转入财政补助结余，借记或贷记“财政补助结转”科目（项目支出结转——××项目），贷记或借记“财政补助结余”科目。

按规定上缴财政补助结转资金或注销财政补助结转额度的，按照实际上缴资金数额或注销的资金额度数额，借记“财政补助结转”科目，贷记“财政应返还额度”“零余额账户用款额度”“银行存款”等科目。取得主管部门归集调入财政补助结转资金或额度的，做相反会计分录。

事业单位发生需要调整以前年度财政补助结转的事项，应通过“财政补助结转”科目核算。

“财政补膈结转”科目的期末贷方余额，反映事业单位财政补助结转资金数额。

二、财政补助结余

（一）财政补助结余的核算内容

财政补助结余是事业单位滚存的财政补助项目支出结余资金。“财政补助结余”科目应当按照《政府收支分类科目》中“支出功能分类科目”的相关科目进行明细核算。

（二）财政补助结余的核算

年末，对财政补助各明细项目执行情况进行分析，按照有关规定将符合财政补助结余性质的项目余额转入财政补助结余，借记或贷记“财政补助结转——项目支出结转（××项目）”科目，贷记或借记“财政补助结余”科目。

按规定上缴财政补助结余资金或注销财政补助结余额度的，按照实际上缴资金数额或注销的资金额度数额，借记“财政补助结余”科目，贷记“财政应返还额度”“零余额账户用款额度”“银行存款”等科目。取得主管部门归集调入财政补助结余资金或额度的，做相反会计分录。

事业单位发生需要调整以前年度财政补助结余的事项，通过“财政补助结余”科目核算。

“财政补助结余”科目的期末贷方余额，反映事业单位财政补助结余资金数额。

三、非财政补助结转

（一）非财政补助结转的核算内容

非财政补助结转是事业单位除财政补助收支以外的各专项资金收入与其相关支出相抵后剩余滚存的、须按规定用途使用的结转资金，应当按照非财政专项资金的具体项目进行明细核算。

（二）非财政补助结转的核算

期末，将事业收入、上级补助收入、附属单位上缴收入、其他收入本期发生额中的专项资金收入结转入“非财政补助结转”科目，借记“事业收入”“上级补助收入”“附属单位上缴收入”“其他收入”科目下各专项资金收入明细科目，贷记“非财政补助结转”科目；将事业支出、其他支出本期发生额中的非财政专项资金支出结转入“非财政补助结转”科目，借记“非财政补助结转”科目，贷记“事业支出——非财政专项资金支出”或“事业支出——项目支出（非财政专项资金支出）”“其他支出”科目下各专项资金支出明细科目。

年末，完成结转后，要对非财政补助专项结转资金各项目情况进行分析，将已完成项目的项目资金区分以下情况处理：缴回原专项资金拨入单位的，借记“非财政补助结转”科目（××项目），贷记“银行存款”等科目；留归本单位使用的，借记“非财政补助结转”科目（××项目），贷记“事业基金”科目。

事业单位发生需要调整以前年度非财政补助结转的事项，通过“非财政补助结转”科目核算。

“非财政补助结转”科目的期末贷方余额，反映事业单位非财政补助专项结转资金数额。

四、事业结余

（一）事业结余的核算内容

事业结余是事业单位一定期间除财政补助收支、非财政专项资金收支和经营收支以外各项收支相抵后的余额。

事业单位为核算一定期间的事业结余，应设置“事业结余”科目。该科目贷方反映从有关收入科目转入数，借方反映从有关支出科目转入数。余额一般在贷方，反映事业单位当年收入大于支出的结余数；如果余额在借方，则反映事业单位当年支出大于收入的亏损数。年度终了转账后，该科目应无余额。

（二）事业结余的核算

期末，事业单位将事业收入、上级补助收入、附属单位上缴收入、其他收入本期发生额中的非专项资金收入结转入“事业结余”科目，借记“事业收入”“上级补助收入”“附属单位上缴收入”“其他收入”科目下各非专项资金收入明细科目，贷记“事业结余”科目；将事业支出、其他支出本期发生额中的非财政、非专项资金支出，以及对附属单位补助支出、上缴上级支出的本期发生额结转入“事业结余”科目，借记“事业结余”科目，贷记“事业支出——其他资金支出”或“事业支出——基本支出（其他资金支出）、项目支出（其他资金支出）”科目、“其他支出”科目下各非专项资金支出明细科目、“对附属单位补助支出”“上缴上级支出”科目。

年末，完成结转后，将“事业结余”科目余额结转入“非财政补助结余分配”科目，借记或贷记“事业结余”科目，贷记或借记“非财政补助结余分配”科目。

本科目期末如为贷方余额，反映事业单位自年初至报告期末累计实现的事业结余；如为借方余额，反映事业单位自年初至报告期末累计发生的事业亏损。年末结账后，“事业结余”科目应无余额。

五、经营结余

（一）经营结余的核算内容

经营结余是事业单位一定期间各项经营收支相抵后余额弥补以前年度经营亏损后的余额。

事业单位应设置“经营结余”科目，贷方反映经营收入科目转入数，借方反映经营支出和属于经营收入应负担的销售税金。余额一般在贷方，反映事业单位当年经营收入大于支出的结余数；如果余额在借方，则反映事业单位当年经营支出大于收入的亏损数。年度终了转账后，该科目应无余额；如为亏损，则不结转。

（二）经营结余的核算

期末，将经营收入本期发生额结转入“经营结余”科目，借记“经营收入”科目，贷记“经营结余”科目；将经营支出本期发生额结转入“经营结余”科目，借记“经营结余”科目，贷记“经营支出”科目。

年末，完成结转后，如“经营结余”科目为贷方余额，将“经营结余”科目余额结转入“非财政补助结余分配”科目，借记“经营结余”科目，贷记“非财政补助结余分配”科目；如“经营结余”科目为借方余额，为经营亏损，不予结转。

“经营结余”科目期末如为贷方余额，反映事业单位自年初至报告期末累计实现的经营结余弥补以前年度经营亏损后的经营结余；如为借方余额，反映事业单位截至报告期末累计发生的经营亏损。年末结账后，“经营结余”科目一般无余额；如为借方结余，反映事业单位累计发生的经营亏损。

六、非财政补助结余分配

（一）非财政补助结余分配的核算内容

非财政补助结余分配核算事业单位本年度非财政补助结余分配的情况和结果。

《事业单位财务规则》规定：“事业单位的结余（不含实行预算外资金结余上缴办法的预算外资金结余），除专项资金按照国家规定结转下一年度继续使用外，可以按照国家有关规定提取职工福利基金，剩余部分作为事业基金用于弥补以后年度单位收支差额；国家另有规定的，从其规定。”按照这一规定，事业单位结余分配需做两项扣除：

一是根据《国务院关于加强预算外资金管理的决定》，事业单位的预算外资金，对其中少数费用开支有特殊需要的，经财政部门核定收支计划后，可按收支结余数额缴入同级财政专户。实行这种上缴办法的预算外资金，其收支结余，应当缴入同级财政专户，不应参与结余分配。

二是专项资金结存不参与结余分配。专项资金结存是指事业单位从财政部门和主管部门取得并需结转下年继续使用的资金。

扣除上述内容以后，事业单位的结余按一定比例提取职工福利基金，提取比例由主管部门会同同级财政部门确定。提取职工福利基金以后，剩余部分作为事业基金，用于弥补以后年度单位收支差额。

（二）非财政补助结余分配的核算要求

事业单位应当按照《事业单位财务规则》规定的计算方法和计算内容，对单位全年的收支活动进行全面的清查、核对、整理和结算。凡属本年的各项收入，都要及时入账；凡属本年的各项支出，都要按规定的支出渠道列报，正确计算、如实反映全年收支结余情况。需要强调的是，经营收入要与经营支出对应进行结算，以正确反映经营收支结余；其他各项收入之和要与支出之和对应进行结算，以正确反映事业收支结余，两者不能混淆。

（三）非财政补助结余分配的核算

年末，将“事业结余”科目余额结转入“非财政补助结余分配”科目，借记或贷记“事业结余”科目，贷记或借记“非财政补助结余分配”科目；将“经营结余”科目贷方余额结转入“非财政补助结余分配”科目，借记“经营结余”科目，贷记“非财政补助结余分配”科目。

需缴纳企业所得税，事业单位计算出应缴纳的企业所得税，借记“非财政补助结余分配”科目，贷记“应缴税费——应缴企业所得税”科目。

按照有关规定提取职工福利基金的，按提取的金额，借记“非财政补助结余分配”科目，贷记“专用基金——职工福利基金”科目。

年末，将“非财政补助结余分配”科目余额结转入事业基金，借记或贷记“非财政补助结余分配”科目，贷记或借记“事业基金”科目。

年末结账后，“非财政补助结余分配”科目应无余额。

【例 6—7】 2015 年 12 月 31 日，某事业单位的收入支出科目余额如表 6—1 所示。

表 6—1

科目名称	结账前余额(元)
财政补助收入	840 000(贷方)
事业收入	600 000(贷方)
上级补助收入	60 000(贷方)
附属单位上缴收入	28 000(贷方)
经营收入	1 200 000(贷方)
其他收入	50 000(贷方)
事业支出	360 000(借方)
上缴上级支出	180 000(借方)
销售税金(非经营)	49 000(借方)
对附属单位补助支出	45 000(借方)
经营支出	660 000(借方)
销售税金	115 000(借方)

该事业单位按 25%的税率计算缴纳所得税，按结余的 30%计提职工福利基金。年终结转时：

(1)年终，将各项收入转入“事业结余”账户的贷方：

借：财政补助收入　　840 000
　　上级补助收入　　60 000
　　附属单位缴款　　28 000
　　事业收入　　600 000

其他收入 50 000

贷:事业结余 2 118 000

(2)年终,将各项支出转入“事业结余”账户的借方:

借:事业结余 634 000

贷:事业支出 360 000

上缴上级支出 180 000

销售税金(非经营) 49 000

对附属单位补助支出 45 000

(3)年终,将当年实现的“事业结余”科目余额转入“非财政补助结余分配”科目:

借:事业结余 1 484 000

贷:非财政补助结余分配 1 484 000

(4)年终,将“经营收入”科目余额转入“经营结余”科目:

借:经营收入 1 200 000

贷:经营结余 1 200 000

(5)将“经营支出”“销售税金”科目余额转入“经营结余”科目:

借:经营结余 775 000

贷:经营支出 660 000

销售税金 115 000

(6)将“经营结余”科目余额转入“非财政补助结余分配”科目:

借:经营结余 425 000

贷:非财政补助结余分配 425 000

(7)年终计算应缴纳的所得税时:

应缴纳所得税额=425 000×25%=106 250(元)

借:非财政补助结余分配——应缴所得税 106 250

贷:应缴税费——应缴所得税 106 250

(8)按规定比例计提职工福利基金时:

职工福利基金提取额=[1 484 000+(425 000−106 250)]×30%=540 825(元)

借:非财政补助结余分配——提取专用基金 540 825

贷:专用基金——职工福利基金 540 825

(9)将“非财政补助结余分配”科目贷方余额转入“事业基金”科目时:

借:非财政补助结余分配 1 261 925

贷:事业基金—— 一般基金 1 261 925

1. 什么是事业单位净资产?具体包括哪些内容?
2. 什么是事业单位结余?具体包括哪些内容?
3. 什么是事业基金?其来源于哪些方面?
4. 国家对事业单位结余分配有何要求?

业务题

☞ 业务一

（一）目的：练习事业单位年终结转结余的核算。

（二）资料：2015 年事业单位年终有关账户余额如下表所示：

单位：元

账户名称	年终余额
财政补助收入	4 900 000
附属单位上缴收入	300 000
事业收入	900 000
其他收入	50 000
对附属单位补助支出	200 000
上缴上级支出	200 000
事业支出	3 400 000
其他支出	300 000
经营收入	800 000
应缴税费	70 000
经营支出	450 000

该事业单位适用的所得税税率为 25%，职工福利基金提取比例为 20%。

（三）要求：根据上述资料编制有关转账的会计分录，并计算出该年度应转入事业基金的结余数。

☞ 业务二

（一）目的：练习事业单位专用基金、事业基金有关业务的核算。

（二）资料：某事业单位某月份发生的部分经济业务如下：

1. 报废发电机 1 台，残值收入 5 000 元，其账面原值为 150 000 元。
2. 根据该月取得的事业收入 210 000 元和经营收入 360 000 元，分别按 3% 和 4% 的比例提取修购基金。
3. 单位职工报销医疗费 2 000 元，以现金付讫。
4. 动用修购基金 50 000 元购入设备 1 台，款项已通过银行付讫，设备已验收合格。
5. 专款项目完工，按规定专款结余 20 000 元，留归本单位使用。
6. 收回以前年度事业支出，收到存款 80 000 元。
7. 用存款 200 000 元对外投资。
8. 兑付 3 年前购买的国库券，本金 300 000 元，利息为 80 000 元。
9. 动用修购基金 280 00 元，支付房屋修缮费。

（三）要求：根据上述经济业务，编制相关会计分录。

第七章　事业单位收入的核算

第一节　事业单位收入概述

一、事业单位收入的概念

事业单位收入是事业单位为开展业务活动以及其他活动取得的经济利益流入，包括财政补助收入、上级补助收入、事业收入、经营收入、附属单位上缴收入和其他收入。这一概念有两层含义：

（一）收入是事业单位为开展业务活动及其他活动而取得的

事业单位一般不直接从事物质资料生产和商品流通活动，其主要任务是依据党和政府确定的事业发展方针，在精神生产领域组织和开展各项业务活动和其他活动。事业单位因完成国家规定的科、教、文、卫等事业任务而发生消耗，因而可以获得政府的财政补助收入或上级补助收入；因开展有偿服务的业务活动和经营活动而取得经营收入和其他收入，从而补偿其费用支出。可见，开展业务活动和其他活动是事业单位取得收入的前提，同企业相类似，业务活动和有关活动的数量和质量决定事业单位收入的多少。这与行政单位不完全相同。

（二）收入是事业单位经济利益的增加

收入只包括本会计主体经济利益的流入，不包括为本会计主体以外的单位或个人代收的款项。代收的款项一方面增加单位的资产，另一方面增加单位的负债，不会增加单位的经济利益，不能作为本单位的收入。在会计内部各部门之间、各资金项目之间的资金转移，也不能认为发生了收入。

二、事业单位收入的分类

事业单位的收入依据其来源渠道的不同，可以分为以下几类：

（一）财政补助收入

财政补助收入是指事业单位按核定的预算和经费领拨关系从财政部门取得的各类财政拨款，包括基本支出补助和项目支出补助。

（二）上级补助收入

上级补助收入是指单位从主管部门和上级单位取得的非财政补助收入，即事业单位的主管部门或上级单位用自身组织的收入或集中下级单位的收入拨给事业单位的资金。

(三)事业收入

事业收入是指事业单位开展专业业务活动及辅助活动所取得的收入。所谓专业业务活动,是指事业单位根据本单位专业特点所从事或开展的主要业务活动,也可以叫作"主营业务",如文化事业单位的演出活动、教育事业单位的教学活动、农业事业单位的技术推广活动、水利事业单位的排灌和抗旱活动等。辅助活动是指与专业业务活动相关、直接为专业业务服务的单位行政管理活动、后勤服务活动及其他有关活动。通过开展上述活动取得的收入,均作为事业收入处理。

(四)经营收入

经营收入是指事业单位在专业业务活动及辅助活动之外开展非独立核算经营活动取得的收入,如科研单位的产品(商品)销售收入、经营服务收入、工程承包收入、租赁收入、其他经营收入等。经营收入必须具备两个特征:一是经营活动取得的收入,而不是专项业务活动及辅助活动取得的收入;二是非独立核算的经营活动取得的收入,而不是独立核算的经营业务取得的收入。事业单位的经营活动若规模较大,应尽可能地进行独立核算;执行企业财务制度而不执行事业单位会计制度,其上缴给事业单位的纯收入作为附属单位缴款处理。经营活动规模较小,不便或无法独立核算的,纳入经营收入中核算。

(五)附属单位上缴收入

附属单位上缴收入是指事业单位附属的独立核算单位按规定标准或比例缴纳的各项收入,包括所属独立核算的事业单位上缴的收入和所属企业单位上缴的利润(附属单位补偿上级单位在事业支出中垫支的各种费用,应当冲减相应支出,不能作为上缴收入处理)。

(六)其他收入

其他收入是指上述范围以外的收入,如投资收益、银行存款利息收入、租金收入、捐赠收入、现金盘盈收入、存货盘盈收入、收回已核销的应收及预付款项、无法偿还的应付及预收款项等。

三、事业单位收入的确认

事业单位应根据其业务的性质合理确认收入的实现,具体来说有以下几种情况:

(1)财政补助收入、上级补助收入是从财政专户核拨的预算外资金,以及事业单位开展专业业务活动和辅助活动所取得的收入,应当在收到款项时予以确认。

(2)经营性收入应当在提供劳务或发出商品,同时收讫销售款或者取得索取销货款凭据时予以确认。

(3)对于长期项目的确认,应当根据当年完成进度予以确认。

(4)其他收入以单位实际收到的数额予以确认。

(5)当事业单位取得的收入为非货币资金时,应根据有关凭证,在收到货物及凭证时予以确认;若没有凭证可供确认的,参照其市场价格确定。

四、事业单位收入的管理

(一)实行统一核算,统一管理

按有关规定,事业单位的各项收入全部纳入单位预算,统一核算,统一管理。一般事业单位只开设一个基本账户。同时,各部门、单位在组织收入时,属于行政事业性收费的,要使用省以上(含省)财政部门统一监制的票据;属于经营性收入的,应使用税务发票,并按章纳税。

(二)正确划分各项收入,依法缴纳税费

事业单位在进行会计处理时,要注意划分以下收入的界限:(1)划清财政补助收入和上级补助收入的界限,两者都属于政府或上级拨款。(2)划清事业收入和经营收入的界限。(3)划清经营收入与附属单位上缴收入的界限,两者的差别一是附属单位上缴收入既包括附属企业上缴的利润,又包括附属事业单位上缴的收入;二是上缴利润的经营性企业为附属独立核算单位。

事业单位必须做好各项收入的划分工作。对财政补助收入,要严格按国家规定的事业经费科目、内容、程序进行申报、领拨、使用、核销,并按预算级次和预算科目进行明细反映。对按规定上缴预算的收入要及时上缴,应上缴财政专户的收入要及时上缴财政专户,不能直接作为事业收入处理。对经营、服务性收入,要依法缴纳各种税、费。

(三)充分利用现有条件积极组织收入,提高经费自给率和自我发展能力

除了政府部门要积极给予支持外,有条件的事业单位应按市场经济的客观要求,充分利用人、财、物等资源和设备,拓宽组织收入的渠道,增强自我发展能力。

(四)保证收入的合法性和合理性

事业单位必须依法组织收入,严格遵守国家规定的收费政策和管理制度。对各项收入要取之得当、用之合理,严禁乱收费、乱使用。

(五)正确处理经济效益和社会效益的关系

事业单位开展组织收入的活动,必须将社会效益放在首位,有利于事业发展,有利于提高人民群众的物质文化水平,有利于社会主义精神文明建设。同时,组织收入活动应按经济规律办事,讲求经济效益。事业单位应将社会效益和经济效益有机结合起来,不能片面追求经济效益。

第二节　财政补助收入与上级补助收入的核算

一、财政补助收入

(一)财政补助收入的概念与管理要求

财政补助收入是指事业单位按核定的预算和经费领报关系从财政部门或通过主管部门从财政部门取得的财政拨款,包括基本支出和项目支出。需要明确的是,目前财政补助收入包括国家对事业单位的基本建设投资。《事业单位财务规则》规定,国家对事业单位的基本建设投资的财务管理,按国家有关规定办理。

实行财政国库管理制度改革后,事业单位的支付通过财政直接支付和授权支付两种方式进行,所以在确认拨入经费时,事业单位的会计核算也发生了变化。如果采用直接支付方式,在收到财政直接支付入账通知书时确认收入;如果采用授权支付方式,则在财政核定授权额度、事业单位收到代理银行的额度到账通知书时确认收入。

(二)财政补助收入的核算

为核算财政补助收入业务,事业单位应设置“财政补助收入”科目,贷方登记收到的财政补助收入,借方登记缴回的财政补助收入,贷方余额反映财政补助收入累计数。该科目下设“基本支出”和“项目支出”两个明细科目，两个明细科目下按照《政府收支分类科目》中“支出功能分类”的相关科目进行明细核算；同时在“基本支出”明细科目下按照“人员经费”和“日常公用经费”进行明细核算，在“项目支出”明细科目下按照具体项目进行明细核算。

（三）财政补助收入的主要账务处理

财政直接支付方式下，对财政直接支付的支出，事业单位根据财政国库支付执行机构委托代理银行转来的“财政直接支付入账通知书”及原始凭证，按照通知书中的直接支付入账金额，借记有关科目，贷记“财政补助收入”科目。年度终了，根据本年度财政直接支付预算指标数与当年财政直接支付实际支出数的差额，借记“财政应返还额度——财政直接支付”科目，贷记“财政补助收入”科目。

财政授权支付方式下，事业单位根据代理银行转来的“授权支付到账通知书”，按照通知书中的授权支付额度，借记“零余额账户用款额度”科目，贷记“财政补助收入”科目。年度终了，事业单位本年度财政授权支付预算指标数大于零余额账户用款额度下达数的，根据未下达的用款额度，借记“财政应返还额度——财政授权支付”科目，贷记“财政补助收入”科目。

其他方式下，实际收到财政补助收入时，按照实际收到的金额，借记“银行存款”等科目，贷记“财政补助收入”科目。

因购货退回等发生国库直接支付款项退回的，属于以前年度支付的款项，按照退回金额，借记“财政应返还额度”科目，贷记“财政补助结转”“财政补助结余”“存货”等有关科目；属于本年度支付的款项，按照退回金额，借记“财政补助收入”科目，贷记“事业支出”“存货”等有关科目。

期末，将“财政补助收入”科目本期发生额转入财政补助结转，借记“财政补助收入”科目，贷记“财政补助结转”科目。

年终结账时，将“财政补助收入”科目贷方余额全数转入“事业结余”科目；年终结账后，“财政补助收入”科目无余额。

具体核算要点如下：

（1）事业单位收到财政补助收入时，借记“银行存款”“零余额集中支付”“事业支出”等科目，贷记“财政补助收入”科目；缴回财政补助收入时，做相反的会计分录。

（2）年终结账将“财政补助收入”科目贷方余额全数转入“财政补助结转”科目时，借记“财政补助收入”科目，贷记“财政补助结转”科目。

【例7－1】 6月1日，A事业单位按核定的预算向主管部门申请本月预算内授权支付额度1 200 000元，10日收到额度到账通知书。

借：零余额账户用款额度　　1 200 000

　　贷：财政补助收入——财政授权支付　　1 200 000

【例7－2】 6月10日，A事业单位通过财政直接支付申请预算内资金支付政府采购电脑设备款650 000元。6月15日，收到财政直接支付入账通知书。

借：事业支出　　650 000

　　贷：财政补助收入——财政直接支付　　650 000

【例7－3】 A事业单位按财政部门的要求将多余的预算经费1 000元缴回财政部门。

借：财政应返还额度　　1 000

　　贷：财政补助收入　　1 000

【例7－4】 年终，A事业单位将“财政补助收入”科目的贷方余额全数转入“财政补助结

转”科目。年终,“财政补助收入”科目的贷方余额为6 000 000元。会计分录为:

借:财政补助收入 6 000 000

贷:财政补助结转 6 000 000

二、上级补助收入

上级补助收入是指事业单位从主管部门和上级单位取得的非财政补助收入。

为核算上级补助收入业务,事业单位应设置“上级补助收入”总账科目。该科目的基本核算与“财政补助收入”科目类似。事业单位收到上级补助收入时,借记“银行存款”科目,贷记“上级补助收入”科目。期末,将本科目本期发生额中的专项资金收入结转入非财政补助结转,借记本科目下各专项资金收入明细科目,贷记“非财政补助结转”科目;将本科目本期发生额中的非专项资金收入结转入事业结余,借记本科目下各非专项资金收入明细科目,贷记“事业结余”科目。年终结账后,本科目无余额。

【例7—5】 B事业单位接银行通知,收到上级单位拨来的专项补助款项650 000元。

借:银行存款 650 000

贷:上级补助收入 650 000

【例7—6】 年终,B事业单位将“上级补助收入”科目的贷方余额650 000元全部转入“非财政补助按结转”科目。会计分录为:

借:上级补助收入 650 000

贷:非财政补助结转 650 000

第三节 事业收入的核算

一、事业收入的核算内容

事业收入是指事业单位开展专业业务活动及辅助活动所取得的收入。

按照事业收入类别、项目、《政府收支分类科目》中“支出功能分类”相关科目等进行明细核算。事业收入中如有专项资金收入,还应按具体项目进行明细核算。

(一)采用财政专户返还方式管理的事业收入

收到应上缴财政专户的事业收入时,按照收到的款项金额,借记“银行存款”“库存现金”等科目,贷记“应缴财政专户款”科目。

向财政专户上缴款项时,按照实际上缴的款项金额,借记“应缴财政专户款”科目,贷记“银行存款”等科目。

收到从财政专户返还的事业收入时,按照实际收到的返还金额,借记“银行存款”“零余额账户用款额度”等科目,贷记“事业收入”科目。

(二)其他事业收入

收到事业收入时,按照收到的款项金额,借记“银行存款”“库存现金”等科目,贷记“事业收入”科目。涉及增值税业务的,相关账务处理参照“经营收入”科目。

期末,将“事业收入”科目本期发生额中的专项资金收入结转入非财政补助结转,借记“事业收入”科目下各专项资金收入明细科目，贷记“非财政补助结转”科目；将“事业收入”科目本期发生额中的非专项资金收入结转入事业结余，借记“事业收入”科目下各非专项资金收入明细科目，贷记“事业结余”科目。期末结账后，“事业收入”科目应无余额。

二、事业收入的核算举例

【例7—7】 6月27日，A事业单位按核定的预算向主管部门申请本月预算外资金授权支付额度730 000元，6月1日收到额度到账通知书。会计分录为：

借：零余额账户用款额度　　730 000

　贷：事业收入——财政授权支付　　730 000

【例7—8】 6月15日，A事业单位通过财政直接支付申请预算外资金支付采购电脑设备款70 000元。6月18日收到直接支付入账通知书。会计分录为：

借：事业支出——其他资本性支出　　70 000

　贷：事业收入——财政直接支付　　70 000

【例7—9】 某学校的学杂费收入实行按收入总额50%比例上缴财政专户的管理办法。2015年9月发生如下业务：

(1)5日，收到新学期学杂费8 000 000元，款项当日送存银行。会计分录为：

借：银行存款　　8 000 000

　贷：应缴财政专户款　　4 000 000

　　事业收入——学杂费收入　　4 000 000

(2)5日，学校按规定将学杂费收入的50%计4 000 000元送存财政专户。会计分录为：

借：应交财政专户款　　4 000 000

　贷：银行存款　　4 000 000

第四节　经营收入的核算

一、经营收入的核算内容

经营收入是指事业单位在专业业务活动以及辅助活动之外开展非独立核算经营活动取得的收入。应当按照经营活动类别、项目、《政府收支分类科目》中“支出功能分类”相关科目等进行明细核算。

在确认经营收入时，应注意以下两个问题：

(1)经营收入是经营活动取得的收入，而不是专业业务活动及辅助活动取得的收入。例如，科研单位为有关单位提供科研服务取得的收入只能作为事业收入，不能作为经营收入处理。

(2)经营收入是非独立核算的经营活动取得的收入，而不是独立核算的经营活动取得的收入。单位对其经营活动的过程及结果独立地、完整地进行会计核算，称为独立核算。例如，学校的校办企业要独立设置财会机构和配备财会人员，单独设置账目，单独计算盈亏，属于独立核算单位，执行企业会计制度。校办企业将纯收入的一部分上缴学校，学校收到后应当作为附属单位上缴收入，而不能作为经营收入处理。单位从上级单位领取一定数额物资、款项从事业务活动，不独立计算盈亏，而且把日常发生的经济业务资料报由上级进行会计核算，称为非独立核算。例如，过去学校的车队、食堂等后勤单位，财务上不实行独立核算，其对社会服务取得的收入及支出，报由学校集中进行会计核算，这部分收入和支出应作为经营收入和经营支出处理。

二、经营收入的具体核算

经营收入应当在提供服务或发出存货，同时收讫价款或者取得索取价款的凭据时，按照实际收到或应收的金额确认收入。

实现经营收入时，按照确定的收入金额，借记"银行存款""应收账款""应收票据"等科目，贷记"经营收入"科目。

属于增值税小规模纳税人的事业单位实现经营收入时，按实际出售价款，借记"银行存款""应收账款""应收票据"等科目；按出售价款扣除增值税额后的金额，贷记"经营收入"科目；按应缴增值税金额，贷记"应缴税费——应缴增值税"科目。属于增值税一般纳税人的事业单位实现经营收入时，按包含增值税的价款总额，借记"银行存款""应收账款""应收票据"等科目；按扣除增值税销项税额后的价款金额，贷记"经营收入"科目；按增值税专用发票上注明的增值税金额，贷记"应缴税费——应缴增值税(销项税额)"科目。

期末，将"经营收入"科目本期发生额转入经营结余，借记"经营收入"科目，贷记"经营结余"科目。

【例 7—10】 C研究院发生下列经营收入：

(1)非独立核算的车队向外单位提供服务，获得收入10 000元。

借：银行存款	10 000	
贷：经营收入		10 000

(2)销售产品一批，不含税售价为200 000元，增值税税款34 000元，收到货款转账支票160 000元，其余的价款属于应收账款。

借：银行存款	160 000	
应收账款	74 000	
贷：经营收入		200 000
应交税费——应交增值税(销项税额)		34 000

第五节 附属单位上缴收入和其他收入的核算

一、附属单位上缴收入的核算

附属单位上缴收入是指事业单位的所属单位按规定标准和比例缴纳的各种款项。

为了核算事业单位收到附属单位按规定缴纳的款项，应设置"附属单位上缴收入"科目。本科目应按缴款单位设置明细账。单位实际收到款项时，借记"银行存款"科目，贷记"附属单位上缴收入"科目；发生缴款退回时，则做相反的会计分录。年终，将本科目贷方余额转入"事业结余”科目，借记“附属单位上缴收入”科目，贷记“事业结余”科目。结转后，本科目无余额。

【例 7－11】 J事业单位发生如下附属单位缴款任务：

(1)收到下属甲单位按比例缴来款项 350 000 元。

借：银行存款　　350 000

　　贷：附属单位上缴收入——甲单位　　350 000

(2)退回下属甲单位缴来款项 50 000 元。

借：附属单位上缴收入——甲单位　　50 000

　　贷：银行存款　　50 000

(3)年终结算，结转“附属单位上缴收入”科目。

借：附属单位上缴收入——甲单位　　300 000

　　贷：事业结余　　300 000

二、其他收入的核算

其他收入是核算事业单位除财政补助收入、事业收入、上级补助收入、附属单位上缴收入、经营收入以外的各项收入，包括投资收益、银行存款利息收入、租金收入、捐赠收入、现金盘盈收入、存货盘盈收入、收回已核销应收及预付款项、无法偿付的应付及预收款项等。

其他收入科目应当按照其他收入的类别、《政府收支分类科目》中“支出功能分类”相关科目等进行明细核算。对于事业单位对外投资实现的投资净损益，应单设“投资收益”明细科目进行核算；其他收入中如有专项资金收入(如限定用途的捐赠收入)，还应按具体项目进行明细核算。

其他收入的主要账务处理如下：

1. 投资收益

对外投资持有期间收到利息、利润等时，按实际收到的金额，借记“银行存款”等科目，贷记“其他收入”科目(投资收益)。出售或到期收回国债投资本息，按照实际收到的金额，借记“银行存款”等科目；按照出售或收回国债投资的成本，贷记“短期投资”“长期投资”科目；按其差额，贷记或借记“其他收入”科目(投资收益)。

2. 银行存款利息收入、租金收入

收到银行存款利息、资产承租人支付的租金时，按照实际收到的金额，借记“银行存款”等科目，贷记“其他收入”科目。

3. 捐赠收入

接受捐赠的现金资产时，按照实际收到的金额，借记“银行存款”等科目，贷记“其他收入”科目。接受捐赠的存货验收入库时，按照确定的成本，借记“存货”科目；按照发生的相关税费、运输费等，贷记“银行存款”等科目；按照其差额，贷记“其他收入”科目。接受捐赠的固定资产、无形资产等非流动资产，不通过“其他收入”科目核算。

4. 现金盘盈收入

每日现金账款核对中如发现现金溢余，属于无法查明原因的部分，借记“库存现金”科目，贷记“其他收入”科目。

5. 存货盘盈收入

盘盈的存货，按照确定的入账价值，借记“存货”科目，贷记“其他收入”科目。

6. 收回已核销应收及预付款项

已核销应收账款、预付账款、其他应收款在以后期间收回的，按照实际收回的金额，借记“银行存款”等科目，贷记“其他收入”科目。

7. 无法偿付的应付及预收款项

无法偿付或债权人豁免偿还的应付账款、预收账款、其他应付款及长期应付款，借记“应付账款”“预收账款”“其他应付款”“长期应付款”等科目，贷记“其他收入”科目。

期末，将“其他收入”科目本期发生额中的专项资金收入结转入非财政补助结转，借记“其他收入”科目下各专项资金收入明细科目，贷记“非财政补助结转”科目；将“其他收入”科目本期发生额中的非专项资金收入结转入事业结余，借记“其他收入”科目下各非专项资金收入明细科目，贷记“事业结余”科目。期末结账后，“其他收入”科目应无余额。

【例 7－12】 H 科研单位发生下列其他收入：

(1)出租礼堂，取得年租金收入 160 000 元，存入银行。

借：银行存款　　160 000

　　贷：其他收入——固定资产出租收入　　160 000

(2)转让无形资产一项，价款 170 000 元存入银行。

借：银行存款　　170 000

　　贷：其他收入——转让无形资产　　170 000

(4)年末，所有其他收入转入“事业结余”科目，金额为 330 000 元。

借：其他收入　　330 000

　　贷：事业结余　　330 000

1. 试述事业单位财政补助收入、上级补助收入、事业收入、经营收入、附属单位上缴收入、其他收入等各项收入之间的区别与联系。

2. 与企业单位相比，事业单位收入有什么特点？

3. 如何划清经营收入与附属单位上缴收入之间的界限？

4. 事业单位“其他收入”账户的核算内容是什么？

5. 国家对事业单位的专项资金管理有什么管理要求？

(一)目的：练习事业单位各项收入业务的核算。

(二)资料：某事业单位未实行国库集中收付制度，2015 年发生以下经济业务：

1. 收到财政事业经费 300 000 元。

2. 收到上级用其自有资金拨入的补助款 80 000 元。

3. 收到财政部门拨入的大型修缮款 75 000 元。

4. 收到预算外资金收入 160 000 元。该单位预算外资金采用按收入总额 50%的比例上缴财政专户的管理办法。

5. 收到所属独立核算单位通过银行上缴的款项 10 000 元。

6. 开展生产活动，对外销售产品一批，价款 10 000 元，增值税 1 700 元，该批产品成本为

4 000元，款项通过银行划转收到。

7. 收到上级通过银行转来的财政专户返还款 60 000。

8. 开展专业辅助活动取得收入 15 000 元，按规定应缴纳营业税 4 500 元，款项已存入银行。

9. 开展非专业业务活动，取得收入 20 000 元，按规定缴纳营业税 600 元。

10. 销售产品一批，含税价为 50 000 元，商业折扣为 5%，已收到货款并存入银行。

11. 购货方退回部分货物，货款 18 000 元已从银行退还。

12. 赊销产品一批，价款 135 000 元，付款条件为 2/10，1/20，N/30。

13. 购货方在 20 天内付款，收到购货方开出的转账支票一张，金额为 126 150 元，已存入银行。

14. 收到固定资产租金收入 9 000 元，存入银行。

（三）要求：根据上述经济业务，编制相关会计分录。

第八章　事业单位支出的核算

支出是指事业单位为开展业务活动和其他活动所发生的经济利益流出，即各项资金耗费及损失。事业单位的支出多种多样，一般情况下，包括事业支出、上缴上级支出、对附属单位补助支出、经营支出和其他支出。

事业单位的支出，既要保证事业发展的需要，又要遵守各项财政财务制度，精打细算，厉行节约，使各项支出发挥最大的效果。

第一节　事业支出的核算

事业支出是事业单位开展专项业务活动及辅助活动发生的基本支出和项目支出，它构成了事业单位支出的主体。

一、事业支出的报销口径

事业单位基本业务支出的报销应遵循以下规定：

1. 对于发给个人的工资、津贴、补贴和抚恤救济费等，应根据实有人数和实发金额，取得本人签发的凭证列报支出。通过银行划入职工个人账户的，应根据提交给银行的工资发放明细表及银行提供的凭证列报支出。

2. 购入办公用品、业务用品一般按购入数直接列报支出。购入事业单位用材料应先列入“存货”科目进行核算，领用时再列报支出。

3. 社会保障费、职工福利费和管理部门支付的工会经费，按照规定标准和实有人数每月计算提取，列为事业支出。

4. 专用基金按核定的比例提取，直接列报支出。

5. 购入固定资产，经验收后列报支出，同时记入“固定资产”和“非流动资产基金”科目。

6. 其他各项费用，均以实际报销数列报支出。

二、事业支出的分类

事业支出的分类具体见表8－1。

表 8—1 事业支出的分类

科目编码		科目名称	说明
类	款		
301		**工资福利支出**	反映单位开支的在职职工和编制外长期聘用人员的各类劳动报酬，以及为上述人员缴纳的各项社会保险费等
	01	基本工资	反映按规定发放的基本工资，包括公务员的职务工资、级别工资，机关工人的岗位（技术等级）工资，事业单位工作人员的岗位工资、薪级工资，各类学校毕业生试用期工资，军队（武警）军官、文职干部的职务（专业技术等级）工资、军衔（级别）工资、基础工资和军龄工资，军队士官的军衔等级工资、基础工资和军龄工资等
	02	津贴补贴	反映经国家批准建立的机关事业单位艰苦边远地区津贴、机关工作人员地区附加津贴、机关工作人员岗位津贴、事业单位工作人员特殊岗位津贴、补贴
	03	奖金	反映机关工作人员年终一次性奖金
	04	社会保障缴费	反映单位为职工缴纳的基本养老、基本医疗、失业、工伤、生育等社会保险费，残疾人就业保障金，军队（含武警）为军人缴纳的伤亡、退役、医疗等社会保险费
	05	伙食费	反映军队、武警义务兵、供给制学员伙食费和干部、士官灶差补助等支出
	06	伙食补助费	反映单位发给职工的伙食补助费，如误餐补助等
	07	绩效工资	反映事业单位工作人员的绩效工资
	99	其他工资福利支出	反映上述项目未包括的人员支出，如各种加班工资、病假两个月以上期间的人员工资、编制外长期聘用人员、长期临时工工资，公务员及参照和依照公务员制度管理的单位工作人员转入企业工作并按规定参加企业职工基本养老保险后给予的一次性补贴等
302		**商品和服务支出**	反映单位购买商品和服务的支出（不包括用于购置固定资产的支出、战略性和应急储备支出，但军事方面的耐用消费品和设备的购置费、军事性建设费以及军事建筑物的购置费等在本科目中反映）
	01	办公费	反映单位购买按财务会计制度规定不符合固定资产确认标准的日常办公用品、书报杂志等支出
	02	印刷费	反映单位的印刷费支出
	03	咨询费	反映单位咨询方面的支出
	04	手续费	反映单位支付的各类手续费支出
	05	水费	反映单位支付的水费、污水处理费等支出
	06	电费	反映单位的电费支出
	07	邮电费	反映单位开支的信函、包裹、货物等物品的邮寄费及电话费、电报费、传真费、网络通信费等
	08	取暖费	反映单位取暖用燃料费、热力费、炉具购置费、锅炉临时工的工资、节煤奖以及由单位支付的在职职工和离退休人员宿舍取暖费等
	09	物业管理费	反映单位开支的办公用房、职工及离退休人员宿舍等的物业管理费，包括综合治理、绿化、卫生等方面的支出
	10	交通费	反映单位车船等各类交通工具的租用费、燃料费、维修费、过桥过路费、保险费、安全奖励费等（军用油料费除外）

续表

科目编码		科目名称	说　明
类	款		
	11	差旅费	反映单位工作人员出差的住宿费、旅费、伙食补助费、杂费，干部及大中专学生调遣费，调干家属旅费补助等
	12	出国费	反映单位工作人员出国的住宿费、旅费、伙食补助费、杂费等支出
	13	维修(护)费	反映单位日常开支的固定资产(不包括车船等交通工具)修理和维护费用，网络信息系统运行与维护费用，以及按规定提取的修购基金
	14	租赁费	反映租赁办公用房、宿舍、专用通信网以及其他设备等方面的费用
	15	会议费	反映会议中按规定开支的房租费、伙食补助费以及文件资料的印刷费、会议场地租用费等
	16	培训费	各类培训支出，按标准提取的"职工教育经费"也在本科目中反映
	17	招待费	反映单位按规定开支的各类接待(含外宾接待)费用
	18	专用材料费	反映单位购买日常专用材料的支出。具体包括药品及医疗耗材，农用材料，兽医用品，实验室用品，专用服装，消耗性体育用品，专用工具和仪器，艺术部门专用材料和用品，广播电视台发射台发射机的电力、材料等方面的支出
	19	装备购置费	反映军队(含武警)购置装备的支出
	20	工程建设费	反映军队(含武警)工程建设方面的支出
	21	作战费	反映军队(含武警)作战、防卫方面的支出
	22	军用油料费	反映军队(含武警)军事装备油料费支出，其他交通支出列入交通费
	23	军队其他运行维护费	反映军队(含武警)的其他运行维护费
	24	被装购置费	反映法院、检察院、政府各部门以及军队(含武警)的被装购置支出
	25	专用燃料费	反映用作业务工作设备的车、船设施等的油料支出
	26	劳务费	反映支付给单位和个人的劳务费用，如临时聘用人员、钟点工工资，稿费、翻译费，评审费等
	27	委托业务费	反映因委托外单位办理业务而支付的委托业务费
	28	工会经费	反映单位按规定提取的工会经费
	29	福利费	反映单位按规定提取的福利费
	99	其他商品和服务支出	反映上述科目未包括的日常公用支出，如行政赔偿费和诉讼费、会员费、来访费、广告宣传、其他劳务费及离休人员特需费、公用经费等
303		**对个人和家庭的补助**	反映政府用于对个人和家庭的补助支出
	01	离休费	反映行政事业单位和军队移交政府安置的离休人员的离休费、护理费和其他补贴
	02	退休费	反映行政事业单位和军队移交政府安置的退休人员的退休费和其他补贴
	03	退职(役)费	反映行政事业单位退职人员的生活补贴，一次性支付给职工或军官、军队无军籍退职职工、运动员的退职补助，一次性支付给军官、文职干部、士官、义务兵的退役费，按月支付给自主择业的军队转业干部的退役金

续表

科目编码		科目名称	说　明
类	款		
	04	抚恤金	反映按规定开支的烈士遗属、牺牲病故人员遗属的一次性和定期抚恤金，伤残人员的抚恤金，离退休人员等其他人员的各项抚恤金
	05	生活补助	反映按规定开支的优抚对象定期定量生活补助费，退役军人生活补助费，行政事业单位职工和遗属生活补助，因公负伤等住院治疗、住疗养院期间的伙食补助费，长期赡养人员补助费，由于国家实行退耕还林禁牧舍饲政策补偿给农牧民的现金、粮食支出，对农村党员、复员军人及村干部的补助支出，看守人员和犯人的伙食费、药费等
	06	救济费	反映按规定开支的城乡贫困人员、灾民、归侨、外侨及其他人员的生活救济费，包括城市居民的最低生活保障费，随同资源枯竭矿山破产但未参加养老保险统筹的矿山所属集体企业退休人员按最低生活保障标准发放的生活费，农村五保供养对象、贫困户、麻风病人的生活救济费，精简退职老弱残职工救济费，福利、救助机构发生的收养费以及救助支出等。实物形式的救济也在此科目反映
	07	医疗费	反映行政事业单位在职职工、离退休人员的医疗费，军队移交政府安置的离退休人员的医疗费，学生医疗费，优抚对象医疗补助，以及按国家规定资助农民参加新型农村合作医疗的支出和对城乡贫困家庭的医疗救助支出
	08	助学金	反映各类学校学生助学金、奖学金、学生贷款、出国留学(实习)人员生活费，青少年业余体校学员伙食补助费和生活费补贴，按照协议由我方负担或享受我方奖学金的来华留学生、进修生生活费等
	09	奖励金	反映政府各部门的奖励支出，如对个体私营经济的奖励、计划生育目标责任奖励、独生子女父母奖励等
	10	生产补贴	反映各种对个人发放的生产补贴支出，如国家对农民发放的农机具购置补贴、良种补贴、粮食直补以及发放给残疾人的各种生产经营补贴等
	11	住房公积金	反映行政事业单位按人事部和财政部规定的基本工资和津贴以及规定比例为职工缴纳的住房公积金
	12	提租补贴	反映按房改政策规定的标准，行政事业单位向职工(含离退休人员)发放的租金补贴
	13	购房补贴	反映按房改政策规定，行政事业单位向符合条件职工(含离退休人员)、军队(含武警)向转役复员离退休人员发放的用于购买住房的补贴
	99	其他对个人和家庭的补助支出	反映未包括在上述科目的对个人和家庭的补助支出，如婴幼儿补贴、职工探亲旅费、退职人员及随行家属路费、符合条件的退役回乡义务兵一次性建房补助、符合安置条件的城镇退役士兵自谋职业的一次性经济补助费、对农户的生产经营补贴等
304		**对企事业单位的补贴**	反映政府对各类企业、事业单位及民间非营利组织的补贴
	01	企业政策性补贴	反映对企业的政策性补贴
	02	事业单位补贴	反映对事业单位的补贴支出
	03	财政贴息	反映国家财政对国家重点支持的企业和项目给予的贷款利息补助

续表

科目编码		科目名称	说明
类	款		
	04	国有资本经营预算费用性支出	反映用国有资本经营预算弥补国有企业改革成本等方面的费用性支出
	99	其他对企事业单位的补贴支出	反映除上述项目以外其他对企事业单位的补贴支出
305		**转移性支出**	反映政府的转移性支出
	01	不同级政府间转移性支出	反映不同级政府间的转移性支出
	02	同级政府间转移性支出	反映同级政府间的转移性支出
306		**赠与**	反映对国内、外政府、组织等提供的援助、捐赠以及缴纳国际组织会费等方面的支出
	01	对国内赠与	反映对国内组织、政府等提供的捐赠支出
	02	对国外赠与	反映对国际组织、国外政府等提供的双边援助，缴纳的会费以及有关捐赠方面的支出
307		**债务利息支出**	反映政府及各预算单位的债务利息支出
	01	国库券付息	反映当年用于偿还国内债务利息的支出
	02	向国家银行借款付息	反映向国家银行借款的付息支出
	03	其他国内借款付息	反映向其他国内借款的付息支出
	04	向国外政府借款付息	反映当年用于偿还国外政府借款的利息支出
	05	向国际组织借款付息	反映当年用于偿还向国际组织借款的利息支出
	06	其他国外借款付息	反映当年用于偿还其他国外借款的利息支出
308		**债务还本支出**	反映政府归还各类借款本金方面的支出，债务利息列入“债务利息支出”，不在此科目反映
	01	国内债务还本	反映政府归还各类国内借款本金方面的支出
	02	国外债务还本	反映政府归还各类国外借款本金方面的支出
309		**基本建设支出**	反映各级发展与改革部门集中安排的用于购置固定资产、战略性和应急性储备、土地和无形资产，以及购建基础设施、大型修缮所发生的支出
	01	房屋建筑物购建	反映用于购买、自行建造办公用房、仓库、职工生活用房、教学科研用房、学生宿舍、食堂等建筑物(含附属设施，如电梯、通信线路、水气管道等)的支出
	02	办公设备购置	反映用于购置并按财务会计制度规定纳入固定资产核算范围的办公家具和办公设备的支出
	03	专用设备购置	反映用于购置具有专门用途，并按财务会计制度规定纳入固定资产核算范围的各类专用设备的支出，如通信设备、发电设备、交通监控设备、卫星转发器、气象设备、进出口监管设备等

续表

科目编码		科目名称	说明
类	款		
	04	交通工具购置	反映用于购置各类交通工具(如小汽车、摩托车等)的支出(含车辆购置税)
	05	基础设施建设	反映用于农田设施、道路、铁路、桥梁、水坝和机场、车站、码头等公共基础设施建设方面的支出
	06	大型修缮	反映按财务会计制度规定允许资本化的各类设备、建筑物、公共基础设施等大型修缮的支出
	07	信息网络购建	反映政府用于信息网络方面的支出,如计算机硬件、软件购置、开发、应用支出等,如果购建的计算机硬件、软件等不符合财务会计制度规定的固定资产确认标准的,不在此科目反映
	08	物资储备	反映政府、军队为应付战争、自然灾害或意料不到的突发事件而提前购置的具有特殊重要性的军事用品、石油、医药、粮食等战略性和应急性物质储备支出
	09	其他基本建设支出	反映著作权、商标权、专利权等无形资产购置支出,以及其他上述科目中未包括的资本性支出。如娱乐、文化和艺术原作的使用权、购买国内外影片播映权、购置图书等
310		**其他资本性支出**	反映非各级发展与改革部门集中安排的用于购置固定资产、战略性和应急性储备、土地和无形资产,以及购建基础设施、大型修缮和财政支持企业更新改造所发生的支出
	01	房屋建筑物购建	反映用于购买、自行建造办公用房、仓库、职工生活用房、教学科研用房、学生宿舍、食堂等建筑物(含附属设施,如电梯、通信线路、水气管道等)的支出
	02	办公设备购置	反映用于购置并按财务会计制度规定纳入固定资产核算范围的办公家具和办公设备的支出
	03	专用设备购置	反映用于购置具有专门用途,并按财务会计制度规定纳入固定资产核算范围的各类专用设备的支出。如通信设备、发电设备、交通监控设备、卫星转发器、气象设备、进出口监管设备等
	04	交通工具购置	反映用于购置各类交通工具(如小汽车、摩托车等)的支出(含车辆购置税)
	05	基础设施建设	反映用于农田设施、道路、铁路、桥梁、水坝和机场、车站、码头等公共基础设施建设方面的支出
	06	大型修缮	反映按财务会计制度规定允许资本化的各类设备、建筑物、公共基础设施等大型修缮的支出
	07	信息网络购建	反映政府用于信息网络方面的支出。如计算机硬件、软件购置、开发、应用支出等,如果购建的计算机硬件、软件等不符合财务会计制度规定的固定资产确认标准的,不在此科目反映
	08	物资储备	反映政府、军队为应付战争、自然灾害或意料不到的突发事件而提前购置的具有特殊重要性的军事用品、石油、医药、粮食等战略性和应急性物质储备支出
	09	土地补偿	反映地方人民政府在征地和收购土地过程中支付的土地补偿费
	10	安置补助	反映地方人民政府在征地和收购土地过程中支付的安置补助费
	11	地上附着物和青苗补偿	反映地方人民政府在征地和收购土地过程中支付的地上附着物和青苗补偿

科目编码		科目名称	说明
类	款		
	12	拆迁补偿	反映地方人民政府在征地和收购土地过程中支付的拆迁补偿
	99	其他资本性支出	反映著作权、商标权、专利权等无形资产购置支出，以及其他上述科目中未包括的资本性支出。如娱乐、文化和艺术原作的使用权、购买国内外影片播映权、购置图书等
311		**贷款转贷及产权参股**	反映政府部门发放的贷款和向企业参股投资方面的支出
	01	国内贷款	反映政府部门向国内有关单位发放的贷款（如农业开发资金中有偿使用部分在此科目反映）
	02	国外贷款	反映政府部门向国际组织和国外政府提供的贷款（如援外支出中的有偿使用部分在此科目反映）
	03	国内转贷	中央与地方共用科目，反映政府部门向外国政府、国外金融机构或上级政府借款转贷给下级政府、相关部门和企业的款项
	04	国外转贷	反映政府部门向外国政府、国内金融机构借款转贷给国外有关机构和企业的款项
	05	产权参股	反映政府购买国际组织股权和对企业投资参股的支出。由于政策性原因对其给予补贴，不在此科目反映
	06	国有资本经营预算资本性支出	反映用国有资本经营预算向新设企业注入国有资本、向现有企业补充国有资本和认购有限责任公司、股份有限公司股权（股份）等资本性支出
312		**其他支出**	反映不能划分到上述经济科目的其他支出
	01	预备费	财政部门专用
	02	预留	有预算分配权的部门专用
	03	补充全国社会保障基金	反映由国有股减持收入和其他财政资金补充全国社会保障基金的支出
	04	未划分的项目支出	反映未按上述科目细分的项目支出
	05	国有资本经营预算其他支出	反映用国有资本经营预算收入安排的除资本性支出和费用性支出以外的支出
	99	其他支出	反映除上述项目以外的其他支出

三、事业支出的日常会计处理

“事业支出”科目应当按照“基本支出”和“项目支出”，“财政补助支出”和“非财政专项资金支出”以及“其他资金支出”等层级进行明细核算，并按照《政府收支分类科目》中“支出功能分类”相关科目进行明细核算；“基本支出”和“项目支出”明细科目下应当按照《政府收支分类科目》中“支出经济分类”的款级科目进行明细核算，同时在“项目支出”明细科目下按照具体项目进行明细核算。

（1）为从事专业业务活动及其辅助活动人员计提的薪酬等，借记“事业支出”科目，贷记“应付职工薪酬”等科目。

（2）开展专业业务活动及其辅助活动领用的存货，按领用存货的实际成本，借记“事业支出”科目，贷记“存货”科目。

(3)开展专业业务活动及其辅助活动中发生的其他各项支出，借记“事业支出”科目，贷记“库存现金”“银行存款”“零余额账户用款额度”“财政补助收入”等科目。

(4)期末，将“事业支出”科目(财政补助支出)本期发生额结转入“财政补助结转”科目，借记“财政补助结转——基本支出结转、项目支出结转”科目，贷记“事业支出”科目(财政补助支出——基本支出、项目支出)或“事业支出”科目(基本支出——财政补助支出、项目支出——财政补助支出)；将“事业支出”科目(非财政专项资金支出)本期发生额结转入“非财政补助结转”科目，借记“非财政补助结转”科目，贷记“事业支出”科目(非财政专项资金支出)或“事业支出”科目(项目支出——非财政专项资金支出)；将“事业支出”科目(其他资金支出)本期发生额结转入“事业结余”科目，借记“事业结余”科目，贷记“事业支出”科目(其他资金支出)或“事业支出”科目(基本支出——其他资金支出、项目支出——其他资金支出)。

(5)期末结账后，本科目应无余额。

四、资金支付方式

财政资金支出根据支付管理的需要分为以下四种支出类型：

一是工资支出，即预算单位的工资性支出；

二是购买支出，即预算单位购买服务、货物、工程项目等支出；

三是零星支出，即预算单位购买支出的日常小额部分，指除“政府采购品目分类表”所列品目以外的支出，或虽属上述分类表所列品目但未达规定数额的支出；

四是转移支出，即财政拨付给预算单位或下级财政部门未指明具体用途的支出。

实行国库集中收付制度以后，财政部门对不同类型的支出按照不同的支付主体分别实行以下两种支付制度：

(一)财政直接支付

由财政部门开具支付令，通过国库单一账户体系，直接将政府资金支付到收款人(即商品和劳务提供者)或用款单位账户。实行财政直接支付的支出包括：

1. 工资支出、购买支出、中央对地方的专项转移支付、拨付单位大型工程项目或大型设备采购的资金等，直接支付到收款人。

2. 转移支出，包括中央对地方的一般性转移支付中的税收返还，原体制补助、过渡期转移支付、结算补助等支出，对单位的补贴和未指明购买结果的某些专项支出等，支付到用款单位。

(二)财政授权支付

预算单位根据财政授权，自行开具支付令，通过国库单一账户体系将资金支付到收款人账户。实行财政授权支付的支出包括未实行财政直接支付的购买支出和零星支出。

五、财政资金支付程序

(一)财政直接支付程序

预算单位按照批复的部门预算和资金使用计划，向财政国库执行机构提出支付申请，财政国库支付执行机构根据批复的部门预算、资金使用计划以及相关要求对支付申请审核无误后，向代理银行发出支付令，并通知中国人民银行国库部门，通过代理银行进入全国银行清算系统实时清算，财政资金从国库单一账户划拨到收款人的银行账户。

财政直接支付的流程如下：

1. 预算单位汇总、填制“财政直接支付申请书”，上报财政国库支付中心。

2. 财政国库支付中心审核确认后，开具“财政直接支付汇总清算额度通知单”和“财政直接支付凭证”，分别送人民银行、预算外专户的开户行和代理银行。

3. 代理银行根据“财政直接支付凭证”及时将资金直接支付到收款人或用款单位，然后开具“财政直接支付入账通知书”，送预算单位。

4. 预算单位根据“财政直接支付入账通知书”作为收到和付出款项的凭证。

5. 代理银行依据财政国库支付中心的支付指令，将当日实际支付的资金，按预算单位、预算科目汇总，依据资金性质填制划款申请凭证并附实际支付清单，分别与国库单一账户、预算外专户进行清算。

6. 人民银行和预算外专户开户行在“财政直接支付汇总清算额度通知单”确定的数额内，根据代理银行每日按实际发生的财政性资金支付金额填制的划款申请与代理银行进行资金清算。

(二)财政授权支付程序

预算单位按照批复的部门预算和资金使用计划，向财政国库支付执行机构申请授权支付的月度用款额度，财政国库支付执行机构将批准后的用款额度通知代理银行和预算单位，并通知中国人民银行国库部门。预算单位在月度用款限额内，自行开具支付令，通过财政国库支付执行机构转由代理银行向收款人付款，并与国库单一账户清算。

财政授权支付年终结余资金的账务处理，在前面介绍“零余额账户用款额度”时已经讲述，在此不再赘述。

【例 8－1】 A 事业单位以现金 260 元购买办公用品，直接交有关业务部门使用。会计分录为：

借：事业支出　　260
　　贷：库存现金　　260

【例 8－2】 A 事业单位通过零余额账户支付水费 2 000 元。会计分录为：

借：事业支出　　2 000
　　贷：零余额账户用款额度　　2 000

【例 8－3】 A 事业单位从零余额账户提取现金 86 000 元，发放学生奖学金。会计分录为：

借：库存现金　　86 000
　　贷：零余额账户用款额度　　86 000
借：事业支出　　86 000
　　贷：库存现金　　86 000

【例 8－4】 某事业单位通过政府采购购置一项固定资产，根据采购合同，需以预算外专项资金购买，价款 97 500 元。

事业单位收到“财政直接支付入账通知书”时，根据有关凭证，会计分录如下：

借：事业支出　　97 500
　　贷：事业收入——财政直接支付　　97 500
借：固定资产　　97 500
　　贷：非流动资产基金　　97 500

【例 8－5】 某事业单位实行国库集中收付制度。10 月 10 日，该单位采用财政直接支付方式使用预算内资金购买图书一批，价款为90 000元。

事业单位收到“财政直接支付入账通知书”时，根据有关凭证，会计分录如下：

借：事业支出　　90 000

贷：财政补助收入——财政直接支付　　90 000

借：固定资产——图书　　90 000

贷：非流动资产基金　　90 000

【例8—6】 某事业单位实行财政统发工资。9月10日，收到代理银行转来的“财政直接支付入账通知书”及盖章转回的工资发放明细表，当月发放岗位工资460 000元，薪级工资520 000元，岗位津贴280 000元，离休费20 000元，退休费170 000元，总计1 450 000元，个人所得税由财政部门代扣代缴。会计分录如下：

借：事业支出——工资福利支出——岗位工资（事业）　　460 000

——薪级工资（事业）　　520 000

——事业单位岗位津贴　　280 000

——对个人和家庭的补助——离休费　　20 000

——退休费　　170 000

贷：财政补助收入——财政统发工资　　1 450 000

【例8—7】 收到本月转入银行一般账户的工资代扣款项105 000元，其中，个人公积金80 000元，医疗保险24 000元，应付垃圾处理费1 000元。

借：银行存款　　105 000

贷：应付账款——个人公积金　　80 000

事业支出——工资福利支出——医疗保险　　24 000

应付账款——垃圾处理费　　1 000

【例8—8】 某事业单位年终将“事业支出”科目借方余额570 000元全数转入“事业结余”科目。会计分录为：

借：事业结余　　570 000

贷：事业支出　　570 000

第二节　上缴上级支出和对附属单位补助支出的核算

一、上缴上级支出的核算

上缴上级支出是指事业单位按照财政部门和主管部门的规定上缴上级单位的支出。为了核算事业单位上缴上级支出的情况，事业单位应设置“上缴上级支出”科目，同时，按照收缴款项单位、缴款项目、《政府收支分类科目》中“支出功能分类”相关科目等进行明细核算。

1. 按规定将款项上缴上级单位的，按照实际上缴的金额，借记“上缴上级支出”科目，贷记“银行存款”等科目。

2. 期末，将“上缴上级支出”科目本期发生额转入事业结余，借记“事业结余”科目，贷记“上缴上级支出”科目。期末结账后，“上缴上级支出”科目应无余额。

【例 8—9】 某事业单位按规定的标准上缴上级单位款项 120 000 元。会计分录为：

借：上缴上级支出　　120 000

　　贷：银行存款　　120 000

【例 8—10】 某事业单位收到上级单位退回的多缴款项 10 000 元。会计分录为：

借：银行存款　　10 000

　　贷：上缴上级支出　　10 000

二、对附属单位补助支出的核算

对附属单位补助支出是指事业单位用财政补助收入之外的收入对附属单位补助发生的支出。事业单位应设置"对附属单位补助支出"科目，同时，应当按照接受补助单位、补助项目、《政府收支分类科目》中"支出功能分类"相关科目等进行明细核算。对附属单位补助支出的主要账务处理如下：

1. 发生对附属单位补助支出的，按照实际支出的金额，借记"对附属单位补助支出"科目，贷记"银行存款"等科目。

2. 期末，将"对附属单位补助支出"科目本期发生额转入事业结余借记"事业结余"科目，贷记"对附属单位补助支出"科目。期末结账后，"对附属单位补助支出"科目应无余额。

【例 8—11】 某事业单位用自有资金拨给附属丙单位一次性补助 80 000 元。会计分录为：

借：对附属单位补助支出——丙单位　　80 000

　　贷：银行存款　　80 000

第三节　经营支出的核算

一、经营支出的核算内容

经营支出是事业单位在专业业务活动及其辅助活动之外开展非独立的核算经营活动发生的支出。事业单位开展非独立核算经营活动的，应当正确归集开展经营活动发生的各项费用数；无法直接归集的，应当按照规定的标准或比例合理分摊。

事业单位的经营支出与经营收入应当配比。

经营支出科目应当按照经营活动类别、项目、《政府收支分类科目》中"支出功能分类"相关科目等进行明细核算。

为了总括地核算事业单位经营支出与转销情况，事业单位应设置"经营支出"科目。该科目一般应按以下项目进行明细核算：基本工资、补助工资、其他工资、职工福利费、社会保障费、助学金、公务费、业务费、设备购置费、修缮费和其他费用等。经营业务种类繁多的单位，应按经营业务的主要类别设置二级科目。

二、经营支出的主要账务处理

1. 为在专业业务活动及其辅助活动之外开展非独立核算经营活动人员计提的薪酬等，借记“经营支出”科目，贷记“应付职工薪酬”等科目。

2. 在专业业务活动及其辅助活动之外开展非独立核算经营活动领用、发出的存货，按领用、发出存货的实际成本，借记“经营支出”科目，贷记“存货”科目。

3. 在专业业务活动及其辅助活动之外开展非独立核算经营活动中发生的其他各项支出，借记“经营支出”科目，贷记“库存现金”“银行存款”“应交税费”等科目。

4. 期末，将“经营支出”科目本期发生额转入经营结余，借记“经营结余”科目，贷记“经营支出”科目。期末结账后，“经营支出”科目应无余额。

【例 8—12】 M 事业单位发生下列经营支出的业务：

(1)以现金 36 000 元支付经营人员基本工资。

借：经营支出——基本工资　　36 000

　　贷：库存现金　　36 000

(2)提取修购基金 8 000 元。

借：经营支出——修购费　　8 000

　　贷：专用基金——修购基金　　8 000

(3)以银行存款支付职工福利费 9 000 元。

借：经营支出——职工福利费　　9 000

　　贷：银行存款　　9 000

(4)以银行存款购置设备 16 000 元。

借：经营支出——设备购置费　　16 000

　　贷：银行存款　　16 000

(5)购置固定资产缴纳各种税费 32 000 元。

借：经营支出　　32 000

　　贷：应交税费　　32 000

(6)结转本期经营支出。

本期经营支出＝36 000＋8 000＋9 000＋16 000＋32 000＝101 000(元)

借：经营结余　　101 000

　　贷：经营支出　　101 000

第四节　其他支出的核算

一、其他支出的核算内容

其他支出是指事业单位除事业支出、上缴上级支出、对附属单位补助支出、经营支出以外的各项支出，包括利息支出、捐赠支出、现金盘亏损失、资产处置损失、接受捐赠(调入)非流动资产发生的税费支出等。事业单位应设置“其他支出”科目，同时，应当按照其他支出的类别、《政府收支分类科目》中“支出功能分类”相关科目等进行明细核算。其他支出中如有专项资金支出，还应按具体项目进行明细核算。

二、其他支出的主要账务处理

(一)利息支出

支付银行借款利息时,借记"其他支出"科目,贷记"银行存款"科目。

(二)捐赠支出

1. 对外捐赠现金资产时,借记"其他支出"科目,贷记"银行存款"等科目。

2. 对外捐出存货时,借记"其他支出"科目,贷记"待处置资产损溢"科目。

对外捐赠固定资产、无形资产等非流动资产,不通过"其他支出"科目核算。

(三)现金盘亏损失

每日现金账款核对中如发现现金短缺,属于无法查明原因的部分,报经批准后,借记"其他支出"科目,贷记"库存现金"科目。

(四)资产处置损失

报经批准核销应收及预付款项、处置存货时,借记"其他支出"科目,贷记"待处置资产损溢"科目。

(五)接受捐赠(调入)非流动资产发生的税费支出

接受捐赠、无偿调入非流动资产发生的相关税费、运输费等,借记"其他支出"科目,贷记"银行存款"等科目。

以固定资产、无形资产取得长期股权投资,所发生的相关税费,记入"其他支出"科目。具体账务处理参见"长期投资"科目。

期末,将"其他支出"科目本期发生额中的专项资金支出结转入非财政补助结转,借记"非财政补助结转"科目,贷记"其他支出"科目下各专项资金支出明细科目;将"其他支出"科目本期发生额中的非专项资金支出结转入事业结余,借记"事业结余"科目,贷记"其他支出"科目下各非专项资金支出明细科目。期末结账后,"其他支出"科目应无余额。

第五节　内部成本费用的核算

一、内部成本的核算

(一)内部成本核算的含义

《事业单位会计制度》规定:"事业单位可以根据开展业务活动及其他活动的实际需要,实行内部成本核算办法。"所谓"内部成本核算办法",是只在事业单位内部管理中使用,有利于事业单位加强内部管理,正确反映单位财务状况和事业成果,强化单位成本核算意识,提高资金使用效益,对外既不计算也不报告。但事业单位实行内部成本核算,必须符合事业单位财务管理的基本要求,保证事业单位财务管理体制的统一性和完整性,其支出必须与事业支出科目相衔接。在进行成本项目设计时,其具体的、明细的项目,应当与国家统一规定的事业支出科目衔接起来。

成本费用是指实行内部成本核算的事业单位应列入劳务(产品、商品)成本的各项费用,包括:

(1)用于产品生产的直接材料、直接工资等直接费用；

(2)各生产单位为组织管理生产活动所发生的工资、福利费、折旧费、水电费、办公费等各项间接费用。

(二)成本费用的核算

为了核算成本费用业务，事业单位应设置“经营支出——直接费用、间接费用”等科目，并按经营类别或产品品种设置明细账。对于成本核算业务较复杂的单位，可根据需要自行设置必要的成本核算科目。事业单位在业务活动或经营过程中发生各项费用，借记“经营支出——直接费用、间接费用”等科目，贷记“存货”“银行存款”等有关科目。

事业单位从事多项业务活动发生的支出，应正确予以归集；无法直接归集的，应按标准和规定的比例在事业支出和经营支出中进行合理分摊。

【例8-13】 某事业单位生产A、B两种产品，2015年某月发生如下业务：

(1)车间生产A产品领用甲材料50吨，单价800元/吨 。会计分录为：

借：经营支出——直接费用(其他费用)(A产品)　　40 000

　贷：存货——甲材料　　40 000

(2)发放本月生产工人工资，资料如下：基本工资140 000元，其中，车间管理人员基本工资10 000元，A产品生产工人基本工资130 000元；津贴36 000元，其中，车间管理人员津贴5 600元，A产品生产工人津贴30 400元。扣除住房公积金7 600元，其中，车间管理人员住房公积金为600，A产品生产工人住房公积金7 000元。开出现金支票，提取现金发放工资，当日发清。会计分录为：

借：库存现金　　168 400

　贷：银行存款　　168 400

借：经营支出——直接费用(基本工资)(A产品)　　130 000

　　　　　——直接费用(津贴)(A产品)　　30 400

　贷：库存现金　　153 400

　　其他应付款　　7 000

借：经营支出——基本工资　　10 000

　　　　　——津贴　　5 600

　贷：库存现金　　15 000

　　其他应付款　　600

(3)开出转账支票支付本月水电费32 400元。会计分录为：

借：经营支出——水电费　　32 400

　贷：银行存款　　32 400

(4)期末，本次投料的A产品制造完工，结转其成本。本期A、B两种产品耗用工时分别为230小时和170小时。

间接费用分配率＝600

A产品应分摊的间接费用＝230×600＝138 000(元)

其中：基本工资＝10 000÷400×230＝5 500(元)

　　津贴＝5 600÷400×230＝3 080(元)

水电费＝32 400÷400×230＝17 820(元)

根据间接费用分配表编制记账凭证，会计分录为：

借:经营支出——A产品　　26 400
　　贷:应付账款——基本工资　　5 500
　　　　　　　——津贴　　3 080
　　　　　　　——公务费　　17 820

二、销售税金的核算

销售税金是指事业单位提供劳务或销售产品应负担的税金及附加,包括营业税、城市维护建设税、资源税和教育费附加等。

【例8—14】 某事业单位对外开展有偿服务取得收入200 000元,按照规定,应对全部收入按3%的税率计算应交营业税6 000元,按应交营业税的7%计算应交城市维护建设税420元,按应交营业税的3%计算应交教育费附加180元。会计分录为:

借:经营支出　　6 600
　　贷:应缴税费——应缴营业税　　6 000
　　　　　　　——应缴城市维护建设税　　420
　　　　　　　——教育费附加　　180

【例8—15】 期末,某事业单位将销售税金128 000元转入经营结余。会计分录为:

借:经营结余　　128 000
　　贷:应缴税费——销项税额　　128 000

1. 事业单位支出包括哪些具体内容?
2. 事业单位支出管理的要求是什么?
3. 事业支出是如何具体分类的?
4. 事业支出的报销口径是什么?

☞ **业务一**

(一)目的:练习事业单位一般支出的业务核算。

(二)资料:某事业单位2015年发生的部分经济业务如下:

1. 通过零余额账户购买办公用品、用具等共计3 600元,当即使用。
2. 从零余额账户提取现金50 000元,用于发放学生奖学金。
3. 通过银行存款一般户上缴本单位10月份医疗保险款30 000元。
4. 通过银行拨付所属单位非预算资金120 000元。
5. 经批准,动用预算外资金建造办公楼,将自筹到的1 200万元基建款转存建设银行。
6. 以财政直接支付方式用预算内资金支付水电费28 000元。
7. 以财政直接支付方式用预算外资金支付业务资料印刷费6 000元。
8. 从仓库领用材料一批,价款16 000元,用于专业业务活动。
9. 开展经营活动,取得应税收入60 000元,适用的营业税税率为3%,收入已存入银行。

10. 通过银行缴纳资料 9 中的营业税。

11. 从仓库领用材料一批，价款 120 000 元，用于 A 产品生产。

12. 以现金支付生产 A 产品工人工资 6 000 元，计提固定资产修购基金 2 000 元。

13. A 产品完工验收入库，成本为 130 000 元。

14. 将 A 产品全部出售，价款 160 000 元，增值税 27 200 元，款项存入银行。

(三)要求：根据以上经济业务，编制相关会计分录。

☞ **业务二**

(一)目的：练习事业单位专项资金的业务核算。

(二)资料：某事业单位发生的部分专项资金业务如下：

1. 收到上级拨入本年度科研经费 1 400 000 元。

2. 拨给所用单位非包干使用本年度科研经费 100 000 元。

3. 动用科研经费购买科研用业务资料 20 000 元，以银行存款付讫。

4. 签发转账支票，购买科研用电脑 10 台，价款共计 90 000 元。

5. 年终下属单位科研项目完工，实际支出数 90 000 元，进行核销，并缴回余额。

6. 年终，本单位科研项目已完工，共支出 1 250 000 元，余额 150 000 元转为自有资金，进行年终结转。

(三)要求：根据上述资料，编制相关会计分录。

☞ **业务三**

(一)目的：练习实行内部成本核算的事业单位产品生产中材料的费用分配。

(二)资料：某事业单位生产甲、乙两种产品，同时耗用同一种材料。甲产品消耗定额为 8 千克，乙产品消耗定额为 4 千克；本期实际耗用材料 12 000 千克，单价 10 元。生产了甲产品 1 600件，乙产品 1 000 件。

(三)要求：计算甲、乙产品的材料消耗费用。

第九章　事业单位会计结账和会计报表

第一节　事业单位的年终清理结算和结账

一、年终清理结算

《事业单位会计制度》规定，事业单位在年度终了前，应根据财政部门或主管部门关于决算编审工作的要求，对各项收支账目、往来款项、货币资金和财产物资进行全年的年终清理结算，在此基础上办理年度结账，编报决算，以保证单位年度决算内容的正确和完整。这是编制年报的重要环节。

事业单位年终清理结算的主要事项有：

(一)清理、核对年度预算收支数字和各项缴拨款项、上缴下拨款项数字

年终前，对财政部门、上级单位和所属单位之间的全年预算数(包括调增、调减和上缴、下拨数字)以及应上缴款项等，都应按规定逐笔进行清理结算，核对上、下级之间的年度预算数、调整数、追加数等。

为了准确反映各项收支数额，凡属本年度应拨、应缴款项，应当在 12 月 31 日前汇达对方。主管会计单位对所属各单位的拨款应截至 12 月 25 日为止，逾期一般不再下拨。

(二)清理、核对各项收支

凡属本年的各项收入，都应及时入账。本年的各项应缴预算款和应缴财政专户的预算外资金收入，应在年终前全部上缴。属于本年的各项支出，应按规定用途如实列报。

年度单位支出决算，一律以基层用款单位截至 12 月 31 日的本年实际支出数为准，不得将年终前预拨下年的预算拨款列入本年的支出，也不得以上级单位的拨款数代替基层会计单位的实际支出数。

(三)清理、核对各种往来款项

对应收、应付、预收、预付等各种款项，年终前要尽量清理完毕，做到人欠收回，欠人归还。按有关规定应转作各项收入或各项支出的往来款项要及时转入各有关科目，列入本年决算。年终决算前如实编报决算，结清账务，委托单位不得以拨作支，受托单位不得以领代报。

(四)清查货币资金

年终，事业单位应及时同开户银行对账，银行存款账面余额应同银行对账单余额核对相符。现金账面余额应同库存现金核对相符。有价证券账面数字，一般应同实存的有价证券核对相符。

(五)清查财产物资

年终前,事业单位应对各项财产物资进行清理盘点。发生盘盈、盘亏时,应及时查明原因,按规定做出处理,调整账务,做到账账相符,账实相符。

二、年终结账

年终结账是事业单位在年终清理结算的基础上进行的,包括年终转账、结清旧账和记入新账。

(一)年终转账

年度终了对账簿记录核对无误后,进行有关年终转账工作。首先计算出各科目借方或贷方的12月份合计数和全年累计数,结出12月末的余额。然后,编制结账前的资产负债表进行试算,试算平衡后,再将应对冲结转的各个收支科目的余额按年终冲转办法,填制12月31日的记账凭单办理结账冲转。

1. 事业收支年终转账的会计分录如下:

借:财政补助收入
　　上级补助收入
　　事业收入
　　附属单位上缴收入
　　经营收入
　　其他收入
　　贷:事业结余

借:事业结余
　　贷:事业支出
　　　　上缴上级支出
　　　　对附属单位补助支出

2. 经营收支年终转账的会计分录如下:

借:经营收入
　　贷:经营结余

借:经营结余
　　贷:经营支出

3. 将"事业结余""经营结余"科目余额转入"非财政补助结余分配"科目("经营结余"科目的借方余额不结转),会计分录如下:

借:事业结余
　　经营结余
　　贷:非财政补助结余分配

4. 将结余进行分配后的余额转入"事业基金"科目,会计分录如下:

借:非财政补助结余分配
　　贷:事业基金

(二)结清旧账

办理完年终转账后,所有收入类科目、所有支出类科目及应缴国库款、应缴财政专户款等科目都没有余额。对没有余额的科目结出全年总累计数，然后在下面画双红线，表示本账户全部结清。对年终转账后仍有余额的科目，在“全年累计数”下行的“摘要”栏内注明“结转下年”字样，再在下面画双红线，表示年终余额转入新账。于是，旧账结清。

（三）记入新账

根据本年度各账户余额，编制年终决算的资产负债表和有关明细表。然后将表列各账户的年终余额数直接记入新年度相应的各有关科目（不需编制记账凭单），并在“摘要”栏注明“上年结转”字样，以区别新年度发生数。

事业单位的决算经财政部门或上级单位审批后，需调整决算数字时，应做相应调整。

第二节　事业单位会计报表

一、会计报表概述

事业单位会计报表是反映事业单位一定时期财务状况和收支情况的书面文件，是财政部门和上级单位了解情况、掌握政策、指导单位预算执行工作的重要资料，也是编制下年度单位财务收支计划的基础。编制和分析会计报表是会计工作的一项重要内容。

事业单位会计报表主要包括资产负债表、收入支出表、财政补助收入支出表、报表附注。事业单位会计报表可以根据需要，按照不同标准进行分类：

1. 按会计报表反映的经济内容，分为静态报表和动态报表。静态报表是反映事业单位特定日期资产、负债和净资产构成情况的报表，如资产负债表；动态报表是事业单位在一定时期内收入和支出情况的报表，如收入支出表。

2. 按照会计报表的编报单位，分为本级报表和汇总报表。本级报表是指事业单位编制的自身的会计报表；汇总会计报表是指事业单位主管部门或上级机关根据所属单位报送的会计报表和本单位的会计报表汇总编制的，反映本部门财务状况及收入支情况的综合性会计报表。

3. 按会计报表的编报时间，分为月报、季报和年报。其中，月报要求简明扼要，年报要求全面、完整地反映事业单位的财务状况，季报介于月报和年报之间。

二、会计报表的编制要求

事业单位会计报表应当根据登记完整、核对无误的账簿记录和其他有关资料编制，要做到数字正确、内容完整、报送及时。

各单位应当加强日常会计核算工作，会计报表的数字要根据经审核无误的会计账簿记录汇总，切实做到账表相符。

会计报表要层层汇总，上级单位要在编制本级会计报表的基础上，根据本级会计报表和经审查的所属单位会计报表，编制汇总报表。上级单位和同级财政部门的会计报表必须经会计主管人员和单位负责人审阅签章并加盖公章。

事业单位应按《事业单位会计制度》规定的格式、内容和期限，向财政部门或主管单位报送会计报表。中央各部门、各省、自治区、直辖市财政厅（局）可根据工作需要增设会计报表。事业单位内部管理需要的特殊会计报表，由单位自行规定。

会计报表分为月报、季报和年报(决算)三种。月报应于月份终了后3日报出,季报应于季度终了后5日报出,年报应按财政部决算通知规定及主管部门要求的格式和期限报出。年报应抄报同级国有资产管理部门。

三、会计报表的种类

《事业单位会计制度》规定的事业单位会计报表的种类见表9—1。

表9—1　　事业单位会计报表的种类

编　号	财务报表名称	编制期
会事业01表	资产负债表	月度、年度
会事业02表	收入支出表	月度、年度
会事业03表	财政补助收入支出表	年度
	附 注	年度

第三节　资产负债表

一、资产负债表的性质和作用

资产负债表是反映事业单位一定时点财务状况的报表。它是根据资产、负债、收入、支出、净资产之间的相互关系,按照一定分类标准和一定顺序,把事业单位在一定日期的资产、负债、收入、支出、净资产各项目适当排列后编制而成的。

资产负债表是事业单位会计报表体系中的主要报表。资产负债表向有关方面提供以下几方面的信息资料:

1. 事业单位某一日期所掌握的经济资源及其结构(资产);
2. 事业单位某一日期的负债总额及其结构(负债);
3. 事业单位资源中属于国家及其他出资人的部分(净资产);
4. 事业单位的财务实力、短期偿债能力和支付能力;
5. 事业单位资产负债变化情况及财务状况的发展趋势。

二、资产负债表的结构与内容

资产负债表按照"资产+支出=负债+净资产+收入"的平衡等式,分为左、右两方,左方反映资产与支出,称为资产部类;右方反映负债、净资产与收入,称为负债部类。资产负债表的左、右两方总计数相等。我国《事业单位会计制度》规定资产负债表的格式如表9—2所示。

表 9—2　　　　　　　　　　　　　　　　　　资产负债表

会事业 01 表

编制单位：　　　　　　　　　　　　________年____月____日　　　　　　　　　　　　　单位：元

资　产	期末余额	年初余额	负债和净资产	期末余额	年初余额
流动资产：			**流动负债：**		
货币资金			短期借款		
短期投资			应缴税费		
财政应返还额度			应缴国库款		
应收票据			应缴财政专户款		
应收账款			应付职工薪酬		
预付账款			应付票据		
其他应收款			应付账款		
存货			预收账款		
其他流动资产			其他应付款		
流动资产合计			其他流动负债		
非流动资产：			流动负债合计		
长期投资			**非流动负债：**		
固定资产			长期借款		
固定资产原价			长期应付款		
减：累计折旧			非流动负债合计		
在建工程			负债合计		
无形资产			**净资产：**		
无形资产原价			事业基金		
减：累计摊销			非流动资产基金		
待处置资产损溢			专用基金		
非流动资产合计			财政补助结转		
			财政补助结余		
			非财政补助结转		
			非财政补助结余		
			1. 事业结余		
			2. 经营结余		
			净资产合计		
资产总计			**负债和净资产总计**		

资产负债表上的项目，是依据流动性和重要性来排序的。资产项目按流动性的强弱分为短期投资、固定资产和无形资产等，并依次排列。而固定资产排列于无形资产之前，是基于重要性而非流动性的原因。在负债项目的排序上，借入款项的重要性居于首位，其余负债项目主要按重要性和流动性的强弱排序。净资产项目按是否限定用途，分为限定用途净资产和非限定用途净资产，其中，非限定用途的事业基金排列首位，其余净资产按规模大小和重要性的强弱，依次排列为专用基金、事业结余、经营结余。

三、资产负债表的编制方法

资产负债表反映事业单位在某一特定日期全部资产、负债和净资产的情况。

资产负债表“年初余额”栏内各项数字，应当根据上年年末资产负债表“期末余额”栏内数字填列。如果本年度资产负债表规定的各个项目的名称和内容同上年度不相一致，应对上年年末资产负债表各项目的名称和数字按照本年度规定进行调整，填入本表“年初余额”栏内。

资产负债表“期末余额”栏各项目的内容和填列方法如下：

1. 资产类项目

(1)“货币资金”项目，反映事业单位期末库存现金、银行存款和零余额账户用款额度的合计数。本项目应当根据“库存现金”“银行存款”“零余额账户用款额度”科目的期末余额合计填列。

(2)“短期投资”项目，反映事业单位期末持有的短期投资成本。本项目应当根据“短期投资”科目的期末余额填列。

(3)“财政应返还额度”项目，反映事业单位期末财政应返还额度的金额。本项目应当根据“财政应返还额度”科目的期末余额填列。

(4)“应收票据”项目，反映事业单位期末持有的应收票据的票面金额。本项目应当根据“应收票据”科目的期末余额填列。

(5)“应收账款”项目，反映事业单位期末尚未收回的应收账款余额。本项目应当根据“应收账款”科目的期末余额填列。

(6)“预付账款”项目，反映事业单位预付给商品或者劳务供应单位的款项。本项目应当根据“预付账款”科目的期末余额填列。

(7)“其他应收款”项目，反映事业单位期末尚未收回的其他应收款余额。本项目应当根据“其他应收款”科目的期末余额填列。

(8)“存货”项目，反映事业单位期末为开展业务活动及其他活动耗用而储存的各种材料、燃料、包装物、低值易耗品以及达不到固定资产标准的用具、装具、动植物等的实际成本。本项目应当根据“存货”科目的期末余额填列。

(9)“其他流动资产”项目，反映事业单位除上述各项之外的其他流动资产，如将在 1 年内(含 1 年)到期的长期债券投资。本项目应当根据“长期投资”等科目的期末余额分析填列。

(10)“长期投资”项目，反映事业单位持有时间超过 1 年(不含 1 年)的股权和债权性质的投资。本项目应当根据“长期投资”科目期末余额减去其中将于 1 年内(含 1 年)到期的长期债券投资余额后的金额填列。

(11)“固定资产”项目，反映事业单位期末各项固定资产的账面价值。本项目应当根据“固定资产”科目期末余额减去“累计折旧”科目期末余额后的金额填列。

“固定资产原价”项目，反映事业单位期末各项固定资产的原价。本项目应当根据“固定资产”科目的期末余额填列。

“累计折旧”项目，反映事业单位期末各项固定资产的累计折旧。本项目应当根据“累计折旧”科目的期末余额填列。

(12)“在建工程”项目，反映事业单位期末尚未完工交付使用在建工程发生的实际成本。本项目应根据“在建工程”科目的期末余额填列。

(13)“无形资产”项目，反映事业单位期末持有的各项无形资产的账面价值。本项目应当根据“无形资产”科目期末余额减去“累计摊销”科目期末余额后的金额填列。

“无形资产原价”项目，反映事业单位期末持有的各项无形资产的原价。本项目应当根据“无形资产”科目的期末余额填列。

“累计摊销”项目，反映事业单位期末各项无形资产的累计摊销。本项目应当根据“累计摊销”科目的期末余额填列。

(14)“待处置资产损溢”项目，反映事业单位期末待处置资产的价值及处置损溢。本项目应当根据“待处置资产损溢”科目的期末借方余额填列；如“待处置资产损溢”科目期末为贷方余额，则以“－”号填列。

(15)“非流动资产合计”项目，应当按照“长期投资”“固定资产”“在建工程”“无形资产”“待处置资产损溢”项目金额的合计数填列。

2. 负债类项目

(16)“短期借款”项目，反映事业单位借入的期限在1年内(含1年)的各种借款。本项目应当根据“短期借款”科目的期末余额填列。

(17)“应缴税费”项目，反映事业单位应交未交的各种税费。本项目应当根据“应缴税费”科目的期末贷方余额填列；如“应缴税费”科目期末为借方余额，则以“－”号填列。

(18)“应缴国库款”项目，反映事业单位按规定应缴入国库的款项(应缴税费除外)。本项目应当根据“应缴国库款”科目的期末余额分析填列。

(19)“应缴财政专户款”项目，反映事业单位按规定应缴入财政专户的款项。本项目应当根据“应缴财政专户款”科目的期末余额填列。

(20)“应付职工薪酬”项目，反映事业单位按有关规定应付给职工及为职工支付的各种薪酬。本项目应当根据“应付职工薪酬”科目的期末余额填列。

(21)“应付票据”项目，反映事业单位期末应付票据的金额。本项目应当根据“应付票据”科目的期末余额填列。

(22)“应付账款”项目，反映事业单位期末尚未支付的应付账款的金额。本项目应当根据“应付账款”科目的期末余额填列。

(23)“预收账款”项目，反映事业单位期末按合同规定预收但尚未实际结算的款项。本项目应当根据“预收账款”科目的期末余额填列。

(24)“其他应付款”项目，反映事业单位期末应付未付的其他各项应付及暂收款项。本项目应根据“其他应付款”科目的期末余额填列。

(25)“其他流动负债”项目，反映事业单位除上述各项之外的其他流动负债，如承担的将于1年内(含1年)偿还的长期负债。本项目应当根据“长期借款”“长期应付款”等科目的期末余额分析填列。

(26)“长期借款”项目，反映事业单位借入的期限超过1年(不含1年)的各项借款本金。本项目应当根据“长期借款”科目的期末余额减去其中将于1年内(含1年)到期的长期借款余额后的金额填列。

(27)“长期应付款”项目,反映事业单位发生的偿还期限超过1年(不含1年)的各种应付款项。本项目应当根据“长期应付款”科目的期末余额减去其中将于1年内(含1年)到期的长期应付款余额后的金额填列。

3. 净资产类项目

(28)“事业基金”项目,反映事业单位期末拥有的非限定用途的净资产。本项目应当根据“事业基金”科目的期末余额填列。

(29)“非流动资产基金”项目,反映事业单位期末非流动资产占用的金额。本项目应当根据“非流动资产基金”科目的期末余额填列。

(30)“专用基金”项目,反映事业单位按规定设置或提取的具有专门用途的净资产。本项目应根据“专用基金”科目的期末余额填列。

(31)“财政补助结转”项目,反映事业单位滚存的财政补助结转资金。本项目应当根据“财政补助结转”科目的期末余额填列。

(32)“财政补助结余”项目,反映事业单位滚存的财政补助项目支出结余资金。本项目应根据“财政补助结余”科目的期末余额填列。

(33)“非财政补助结转”项目,反映事业单位滚存的非财政补助专项结转资金。本项目应根据“非财政补助结转”科目的期末余额填列。

(34)“非财政补助结余”项目,反映事业单位自年初至报告期末累计实现的非财政补助结余弥补以前年度经营亏损后的余额。本项目应当根据“事业结余”“经营结余”科目的期末余额合计填列;如“事业结余”“经营结余”科目的期末余额合计为亏损数,则以“-”号填列。在编制年度资产负债表时,本项目金额一般应为“0”;若不为“0”,本项目金额应为“经营结余”科目的期末借方余额(“-”号填列)。

第四节 收入支出表

一、收入支出表的结构

收入支出表是反映事业单位在一定期间的收支结余及其分配情况的报表。本表由收入、支出、结余及其分配三部分组成。该表的项目按收支的构成和结余分配情况分别列示。通过收入支出表,报表使用者可以了解事业单位的收入来源、支出用途以及结余分配的情况,判断事业单位的经营成果,评价业绩,预测未来发展趋势。

二、收入支出表的格式

收入支出表的格式见表9-3。

表 9—3　　收入支出表

会事业 02 表

编制单位：　　________年____月　　单位：元

项　目	本月数	本年累计数
一、本期财政补助结转结余		
财政补助收入		
减：事业支出（财政补助支出）		
二、本期事业结转结余		
（一）事业类收入		
1. 事业收入		
2. 上级补助收入		
3. 附属单位上缴收入		
4. 其他收入		
其中：捐赠收入		
减：（二）事业类支出		
1. 事业支出（非财政补助支出）		
2. 上缴上级支出		
3. 对附属单位补助支出		
4. 其他支出		
三、本期经营结余		
经营收入		
减：经营支出		
四、弥补以前年度亏损后的经营结余		
五、本年非财政补助结转结余		
减：非财政补助结转		
六、本年非财政补助结余		
减：应缴企业所得税		
减：提取专用基金		
七、转入事业基金		

三、收入支出表的编制方法

收入支出表反映事业单位在某一会计期间内各项收入、支出和结转结余情况，以及年末非财政补助结余的分配情况。本表“本月数”栏反映各项目的本月实际发生数。在编制年度收入支出表时，应当将本栏改为“上年数”栏，反映上年度各项目的实际发生数；如果本年度收入支出表规定的各个项目的名称和内容同上年度不一致，应对上年度收入支出表各项目的名称和数字按照本年度的规定进行调整，填入本年度收入支出表的“上年数”栏。本表“本年累计数”栏反映各项目自年初起至报告期末止的累计实际发生数。编制年度收入支出表时，应当将本栏改为“本年数”。

本表“本月数”栏各项目的内容和填列方法如下：

1. 本期财政补助结转结余

(1)“本期财政补助结转结余”项目，反映事业单位本期财政补助收入与财政补助支出相抵后的余额。本项目应当按照本表中“财政补助收入”项目金额减去“事业支出(财政补助支出)”项目金额后的余额填列。

(2)“财政补助收入”项目，反映事业单位本期从同级财政部门取得的各类财政拨款。本项目应当根据“财政补助收入”科目的本期发生额填列。

(3)“事业支出(财政补助支出)”项目，反映事业单位本期使用财政补助发生的各项事业支出。本项目应当根据“事业支出——财政补助支出”科目的本期发生额填列，或者根据“事业支出——基本支出(财政补助支出)”“事业支出——项目支出(财政补助支出)”科目的本期发生额合计填列。

2. 本期事业结转结余

(4)“本期事业结转结余”项目，反映事业单位本期除财政补助收支、经营收支以外的各项收支相抵后的余额。本项目应当按照本表中“事业类收入”项目金额减去“事业类支出”项目金额后的余额填列；如为负数，以“－”号填列。

(5)“事业类收入”项目，反映事业单位本期事业收入、上级补助收入、附属单位上缴收入、其他收入的合计数。本项目应当按照本表中“事业收入”“上级补助收入”“附属单位上缴收入”“其他收入”项目金额的合计数填列。

“事业收入”项目，反映事业单位开展专业业务活动及其辅助活动取得的收入。本项目应当根据“事业收入”科目的本期发生额填列。

“上级补助收入”项目，反映事业单位从主管部门和上级单位取得的非财政补助收入。本项目应根据“上级补助收入”科目的本期发生额填列。

“附属单位上缴收入”项目，反映事业单位附属独立核算单位按照有关规定上缴的收入。本项目应当根据“附属单位上缴收入”科目的本期发生额填列。

“其他收入”项目，反映事业单位除财政补助收入、事业收入、上级补助收入、附属单位上缴收入、经营收入以外的其他收入。本项目应当根据“其他收入”科目的本期发生额填列。

“捐赠收入”项目，反映事业单位接受现金、存货捐赠取得的收入。本项目应当根据“其他收入”科目所属相关明细科目的本期发生额填列。

(6)“事业类支出”项目，反映事业单位本期事业支出(非财政补助支出)、上缴上级支出、对附属单位补助支出、其他支出的合计数。本项目应当按照本表中“事业支出(非财政补助支出)”“上缴上级支出”“对附属单位补助支出”“其他支出”项目金额的合计数填列。

“事业支出(非财政补助支出)”项目，反映事业单位使用财政补助以外的资金发生的各项事业支出。本项目应当根据“事业支出——非财政专项资金支出”“事业支出——其他资金支出”科目的本期发生额合计填列，或者根据“事业支出——基本支出(其他资金支出)”“事业支出——项目支出(非财政专项资金支出、其他资金支出)”科目的本期发生额合计填列。

“上缴上级支出”项目，反映事业单位按照财政部门和主管部门的规定上缴上级单位的支出。本项目应当根据“上缴上级支出”科目的本期发生额填列。

“对附属单位补助支出”项目，反映事业单位用财政补助收入之外的收入对附属单位补助发生的支出。本项目应当根据“对附属单位补助支出”科目的本期发生额填列。

“其他支出”项目，反映事业单位除事业支出、上缴上级支出、对附属单位补助支出、经营支出以外的其他支出。本项目应当根据“其他支出”科目的本期发生额填列。

3. 本期经营结余

(7)“本期经营结余”项目，反映事业单位本期经营收支相抵后的余额。本项目应当按照本表中“经营收入”项目金额减去“经营支出”项目金额后的余额填列；如为负数，以“－”号填列。

(8)“经营收入”项目，反映事业单位在专业业务活动及其辅助活动之外开展非独立核算经营活动取得的收入。本项目应当根据“经营收入”科目的本期发生额填列。

(9)“经营支出”项目，反映事业单位在专业业务活动及其辅助活动之外开展非独立核算经营活动发生的支出。本项目应当根据“经营支出”科目的本期发生额填列。

4. 弥补以前年度亏损后的经营结余

(10)“弥补以前年度亏损后的经营结余”项目，反映事业单位本年度实现的经营结余扣除本年初未弥补经营亏损后的余额。本项目应当根据“经营结余”科目年末转入“非财政补助结余分配”科目前的余额填列；如该年末余额为借方余额，以“－”号填列。

5. 本年非财政补助结转结余

(11)“本年非财政补助结转结余”项目，反映事业单位本年除财政补助结转结余之外的结转结余金额。如本表中“弥补以前年度亏损后的经营结余”项目为正数，本项目应当按照本表中“本期事业结转结余”“弥补以前年度亏损后的经营结余”项目金额的合计数填列；如为负数，以“－”号填列。如本表中“弥补以前年度亏损后的经营结余”项目为负数，本项目应当按照本表中“本期事业结转结余”项目金额填列；如为负数，以“－”号填列。

(12)“非财政补助结转”项目，反映事业单位本年除财政补助收支外的各专项资金收入减去各专项资金支出后的余额。本项目应当根据“非财政补助结转”科目本年贷方发生额中专项资金收入转入金额合计数减去本年借方发生额中专项资金支出转入金额合计数后的余额填列。

6. 本年非财政补助结余

(13)“本年非财政补助结余”项目，反映事业单位本年除财政补助之外的其他结余金额。本项目应当按照本表中“本年非财政补助结转结余”项目金额减去“非财政补助结转”项目金额后的金额填列；如为负数，以“－”号填列。

(14)“应交企业所得税”项目，反映事业单位按照税法规定应缴纳的企业所得税金额。本项目应当根据“非财政补助结余分配”科目的本年发生额分析填列。

(15)“提取专用基金”项目，反映事业单位本年按规定提取的专用基金金额。本项目应当根据“非财政补助结余分配”科目的本年发生额分析填列。

7. 转入事业基金

(16)“转入事业基金”项目，反映事业单位本年按规定转入事业基金的非财政补助结余资金。本项目应当按照本表中“本年非财政补助结余”项目金额减去“应缴企业所得税”“提取专用基金”项目金额后的余额填列；如为负数，以“－”号填列。

上述(10)至(16)项目，只有在编制年度收入支出表时才填列；编制月度收入支出表时，可以不设置此 7 个项目。

第五节 财政补助收入支出表

一、财政补助收入支出表编制说明

财政补助收入支出表是反映事业单位某一会计年度财政补助收入、支出、结转及结余情况的报表，如表 9—4 所示。

表 9—4　　财政补助收入支出表

会事业 03 表

编制单位：　　　　______年度　　　　单位：元

项　目	本年数	上年数
一、年初财政补助结转结余		
(一)基本支出结转		
1. 人员经费		
2. 日常公用经费		
(二)项目支出结转		
××项目		
(三)项目支出结余		
二、调整年初财政补助结转结余		
(一)基本支出结转		
1. 人员经费		
2. 日常公用经费		
(二)项目支出结转		
××项目		
(三)项目支出结余		
三、本年归集调入财政补助结转结余		
(一)基本支出结转		
1. 人员经费		
2. 日常公用经费		
(二)项目支出结转		
××项目		
(三)项目支出结余		
四、本年上缴财政补助结转结余		
(一)基本支出结转		
1. 人员经费		
2. 日常公用经费		
(二)项目支出结转		

续表

项　目	本年数	上年数
××项目		
(三)项目支出结余		
五、本年财政补助收入		
(一)基本支出		
1. 人员经费		
2. 日常公用经费		
(二)项目支出		
××项目		
六、本年财政补助支出		
(一)基本支出		
1. 人员经费		
2. 日常公用经费		
(二)项目支出		
××项目		
七、年末财政补助结转结余		
(一)基本支出结转		
1. 人员经费		
2. 日常公用经费		
(二)项目支出结转		
××项目		
(三)项目支出结余		

本表“上年数”栏内各项数字，应当根据上年度财政补助收入支出表“本年数”栏内数字填列。

本表“本年数”栏各项目的内容和填列方法如下：

1.“年初财政补助结转结余”项目及其所属各明细项目，反映事业单位本年初财政补助结转和结余余额。各项目应当根据上年度财政补助收入支出表中“年末财政补助结转结余”项目及其所属各明细项目“本年数”栏的数字填列。

2.“调整年初财政补助结转结余”项目及其所属各明细项目，反映事业单位因本年发生需要调整以前年度财政补助结转结余的事项，而对年初财政补助结转结余的调整金额。各项目应当根据“财政补助结转”“财政补助结余”科目及其所属明细科目的本年发生额分析填列。如调整减少年初财政补助结转结余，以“－”号填列。

3.“本年归集调入财政补助结转结余”项目及其所属各明细项目，反映事业单位本年度取得主管部门归集调入的财政补助结转结余资金或额度金额。各项目应当根据“财政补助结转”“财政补助结余”科目及其所属明细科目的本年发生额分析填列。

4.“本年上缴财政补助结转结余”项目及其所属各明细项目，反映事业单位本年度按规定实际上缴的财政补助结转结余资金或额度金额。各项目应当根据“财政补助结转”“财政补助结余”科目及其所属明细科目的本年发生额分析填列。

5.“本年财政补助收入”项目及其所属各明细项目，反映事业单位本年度从同级财政部门取得的各类财政拨款金额。各项目应当根据“财政补助收入”科目及其所属明细科目的本年发生额填列。

6.“本年财政补助支出”项目及其所属各明细项目，反映事业单位本年度发生的财政补助支出金额。各项目应当根据“事业支出”科目所属明细科目本年发生额中的财政补助支出数填列。

7.“年末财政补助结转结余”项目及其所属各明细项目，反映事业单位截至本年末的财政补助结转和结余余额。各项目应当根据“财政补助结转”“财政补助结余”科目及其所属明细科目的年末余额填列。

二、附注

事业单位的会计报表附注至少应当披露下列内容：

1. 遵循《事业单位会计准则》《事业单位会计制度》的声明；
2. 单位整体财务状况、业务活动情况的说明；
3. 会计报表中列示的重要项目的进一步说明，包括其主要构成、增减变动情况等；
4. 重要资产处置情况的说明；
5. 重大投资、借款活动的说明；
6. 以名义金额计量的资产名称、数量等情况，以及以名义金额计量理由的说明；
7. 以前年度结转结余调整情况的说明；
8. 有助于理解和分析会计报表需要说明的其他事项。

第六节　事业单位财务分析

一、财务分析的意义

会计报表可以反映单位一定时期的财务状况和收支情况，但往往不能直接表明资金使用情况和预算执行情况。为了进一步揭示财务预算执行中的优缺点，改进财务管理工作，事业单位应对会计报表进行分析。

编制会计报表的目的是为了会计报表使用者获取有关事业单位一定时期财务状况和收支情况的信息，以帮助与事业单位有关利害关系者做出正确的决策。然而，会计报表所提供的财务信息是一种历史性数据，而信息使用者的决策则是立足现在、面向未来的，历史信息本身并不能直接用于决策。同时，事业单位会计报表中的数字本身并不完全具有比较明确的含义。在许多情况下，如果孤立地去看报表上所列的各类项目的金额，可能对报表使用者的经济决策没有多大的意义。对于报表使用者而言，比较重要的资料是数字与数字之间的关系，以及这些数字所体现的一些指标的变动趋势。所以，会计信息的使用者要做出正确的经济决策，还须对财务报告（主要是会计报表）所提供的历史数据做进一步加工，进行比较、分析、评价和解释。

二、财务分析的方法

财务分析主要是指会计报表的分析，即根据报表的资料，深入进行调查研究，以国家的有关方针、政策为指导，以批准的部门预算为依据，分析检查预算任务的完成情况及原因，并做出合理评价。常用的分析方法有比较分析法、平衡分析法和结构分析法。

(一)比较分析法

比较分析法是将两个或两个以上相关指标(可比指标)进行对比，测算出相互间的差异，从中进行分析、比较，找出产生差异的主要原因的一种分析方法。运用这一方法，要注意指标的计算口径、时间等的可比性。这种方法主要从以下三个方面进行分析：

1. 本期实际执行与本期计划、预算指标进行对比，检查预算执行情况，找出超额完成计划或未完成计划的原因。

2. 本期实际与历史同期进行比较。通过比较，可以了解本期与过去时期的增减变化情况，研究其发展趋势，分析原因，找出改进工作的方向。

3. 本期实际执行与同类单位先进水平进行比较。将本单位与其他同类型单位的有关指标的完成情况进行对比。如将各项开支标准的实际执行情况，在同类型单位之间加以比较，从而发现与先进单位的差距，有利于取长补短，挖掘潜力，将事业单位的工作提高一步。

(二)平衡分析法

平衡分析法是指通过使用单位会计报表中某些经济指标之间相互依存、相互对应的平衡关系，来测定这些指标变动对另一指标变动影响程度的一种分析方法。例如，事业单位的各项专用基金都限定用途，其资金收支存在一定的协调平衡关系，通过这种关系来分析资金使用是否合理，是否做到专款专用，并进一步研究各个因素的发展变化和影响程度，可以了解单位经济活动中的关键问题和薄弱环节。

(三)结构分析法

结构分析法是指对事业单位经济活动中各因素的结构或比重进行分析的一种方法。通过结构分析法，可以找出各个因素的变化规律，评价这些因素变化的合理性。例如，分析各项明细支出在总支出中所占的比重以及这些比重的变化趋势，可以了解事业单位活动是否按照业务计划执行，是否符合国家的方针、政策和财经制度。

三、财务分析的内容

事业单位会计报表分析的主要内容包括对事业计划完成情况的分析、对预算收支执行情况的分析、对财务状况的分析、对资产使用情况的分析、对成本开支的分析等。

(一)对事业计划完成情况的分析

对事业计划完成情况的分析，主要是分析考查事业计划完成的原因，针对存在的问题，加以改进和解决，进一步挖掘单位内部潜力，并且为编制下期计划提供资料。

对事业计划完成情况进行分析时，应根据各类事业的特点确定分析的项目及其重点。例如，对科学研究机构的事业计划执行情况进行分析时，应着重对机构、职工及其中科技人员情况，科学研究成果应用、推广及科研课题的年初数、年末数和平均数进行分析，考查其是否符合计划的要求。又如，对各类学校的事业计划执行情况进行分析时，应着重对年初招生人数、毕业生人数及年末学生人数、教工人数及其教师人数、全年开支工资及助学金数是否符合教育事业发展计划和定员定额的要求等进行分析。

(二)对预算收支执行情况的分析

对事业单位预算收入执行情况的分析，主要应对单位应缴预算收入是否符合政策和及时、定额地收缴，有无拖欠挪用的现象进行分析。

由于事业单位一般收入较少、支出较多，因此，对事业单位预算执行情况的分析，重点应该是对预算支出执行情况进行分析。

事业单位的各项数字，是根据事业计划、机构体制、人员配备以及规定的各项定额和开支标准确定的。预算执行的情况，反映资金使用的情况，反映资金使用的效果。对预算收入的分析，主要分析单位的应缴预算收入是否按规定及时、定额地收缴。单位预算会计报表分析，重点是分析“事业支出”，这一分析应根据“收入支出情况表”和有关材料，与单位的计划任务、机构、定员、定额和各项开支标准联系起来，分析资金使用效果。

在对单位预算支出执行情况进行分析时，应先根据单位会计报表及有关资料，编制单位预算支出情况分析表，然后再逐项进行分析。

(三)对事业单位资产使用情况和财务状况的分析

对事业单位资产使用情况及财务状况的分析主要包括以下几方面的内容：

对固定资产的增加、减少和结存情况进行分析，主要是分析固定资产的增加及其资金来源是否符合国家规定、固定资产的减少是否合理和经过正常的审批、固定资产使用是否充分有效、有无长期闲置和保养不善等情况。

对材料的增加情况进行分析，主要是分析各种材料的结构和定额执行情况，有无长期积压和浪费、损失的现象。

对资金流转情况进行分析，主要分析事业单位有无保障其业务活动的资金(主要是货币资金)、资金的流转情况如何。

对往来款项的余额进行分析，应分析各种应收应付款的形成及未结算原因，有无长期不清、挂账、呆账等问题，要查明原因，及时处理。

对拨入经费的变化情况进行分析，应通过分析，考查拨入经费的期末数比年初数增加或减少的原因。

对预算资金的使用进行分析，应考查有无铺张浪费等违纪行为。

对现金及银行存款的运用进行分析，应考查是否符合现金管理和银行结算制度。

四、财务分析指标

按照《事业单位财务规则》的规定，财务分析评价指标包括经费自给率、人员支出与公用支出占事业支出比率、资产负债率等。事业单位可以根据本单位的业务特点增加分析指标。

(一)经费自给率

经费自给率是衡量事业单位组织收入的能力和收入满足经常性支出程度的指标，是综合反映事业单位财务收支状况的重要的分析评价指标之一。它既是国家有关部门对事业单位制定相关政策的重要指标，也是财政部门确定财政补助数额的依据，同时也是财政部门和主管部门确定事业单位收支结余提取职工福利基金比例的依据。因此，事业单位必须正确计算经费自给率。其计算公式如下：

$$经费自给率=\frac{事业收入+附属单位上缴收入+经营收入+其他收入}{事业支出+经营支出\times 100\%}$$

公式中，各项收入不包括财政补助收入和上级补助收入；支出内容反映的是事业单位的经常性支出。需要注意的问题是，为了使经费自给率具有可比性和连续性，在具体计算经费自给率时，有些临时性、一次性等特殊支出因素，造成经费自给率波动较大的，要予以扣除，如一次性专项资金安排的设备购置支出等。《事业单位财务规则》规定，在计算经费自给率时，支出中因特殊原因需要扣除项目，应报经财政部门批准。这样可以保证支出扣除的合理性，使经费自给率的计算更加准确。

【例 9—1】 某事业单位全年财政补助收入 280 万元（其中专项补助收入 100 万元），上级补助收入 50 万元，事业收入 300 万元，经营收入 150 万元，附属单位上缴收入 20 万元，其他收入 10 万元；事业支出 590 万元（其中专项支出 70 万元），经营支出 80 万元。计算该事业单位的经费自给率如下：

$$经费自给率=\frac{(300+150+20+10)}{(590-70+80)}\times 100\%=80\%$$

（二）人员支出、公用支出占事业支出比率

人员支出是指事业支出中用于人员开支的部分，包括工资、补助工资、职工福利费、社会保障费和助学金。公用支出是指事业支出中用于公用开支的部分，包括公务费、业务费、设备购置费、修缮费和其他费用。

人员支出、公用支出占事业支出的比率是衡量事业单位事业支出结构的指标。其计算公式如下：

$$人员支出比率=\frac{人员支出}{事业支出}\times 100\%$$

$$公用支出比率=\frac{公用支出}{事业支出}\times 100\%$$

分析人员支出和公用支出占事业支出的比率，可以了解事业支出结构是否合理。事业单位类型很多，工作领域也有很大不同，有一些单位如中小学校，由于工作性质，人员经费即教职员工的工资、补贴和福利费、社会保障费等日常人员支出较多，而设备购置和业务费用等支出相对较少，体现在总支出中，人员经费所占比重就比较高；另一些单位如自然科学研究单位及医疗单位等，其业务费支出要多得多，在支出中公用支出所占比重就较大。以一个绝对标准比例来分析评价不同类型事业单位的支出结构是否合理是不科学的。但是，这并不是说人员支出、公用支出占事业支出比率这一指标没有多大意义。事业单位可以首先根据自己的业务特点和人员状况，通过与以前年度的比较，分析本单位支出结构变化及发展趋势是否合理；其次还可以与同类型的事业单位进行横向比较，了解本单位与先进单位的差距。从总体上看，人员支出占事业支出的比例不宜过高。事业单位要通过各种努力，逐步调整支出结构，尽可能提高公用支出占总支出的比重，否则，事业单位有限的资金大部分被用于人员开支，可用于开展业务的资金就难以保证，最终不利于事业的发展。

（三）资产负债率

资产负债率是衡量事业单位利用债权人提供的资金开展业务活动的能力，以及反映债权人提供资金的安全保障程度。其计算公式如下：

$$资产负债率=\frac{负债总额}{资产总额}\times 100\%$$

从债权人的角度看，资产负债率是反映借贷给事业单位款项的安全程度的；从债务人角度看，资产负债率说明事业单位利用债权人提供的资金进行业务经营活动的能力。从事业单位的性质上看，资产负债率保持在一个较低的比例较为合适。

按照《事业单位财务规则》的规定，事业单位可根据本单位的事业特点增加财务分析和评价指标。我们理解可以根据事业单位管理的不同需要增加两类指标：一类是各事业单位基本通用的分析指标，如人均组织收入数、人均开支数、收支结余率、设备利用率等；另一类是体现单位特点的财务分析指标，如学校为分析生均业务费支出是否达到国家有关政策要求，可以增加生均业务费指标和生均业务费增长速度等指标，分析学校教职工与学生比例是否合理，可以增加教职工（或专任教师）与学生的比例等指标，从而构成事业单位完整的财务分析指标体系。

复习思考题

1. 什么是事业单位会计报表？事业单位会计报表内容及其作用主要有哪些？
2. 编制会计报表的要求有哪些？
3. 简述年终清理的内容。
4. 事业单位如何进行年终结账？
5. 资产负债表主要提供哪些信息？
6. 什么是报表附注？如何编写？
7. 怎样对事业单位会计报表进行审核和汇总？
8. 事业单位会计报表分析的方法有哪些？如何进行分析？
9. 结账前的资产负债表和结账后的资产负债表在具体内容上有什么不同？

业务题

（一）目的：练习资产负债表的编制。

（二）资料：某事业单位 2015 年 12 月 31 日各总分类账户余额如下：

单位：元

账 户	余 额	账 户	余 额
库存现金	300	短期款项	50 000
银行存款	13 700	应付账款	5 300
应收账款	76 000	事业基金	120 000
存 货	120 000	非流动资产基金	340 000
固定资产	340 000	事业收入	174 700
事业支出	180 000	经营收入	80 000
经营支出	40 000		
合 计	770 000	合 计	770 000

该单位年终结余分配情况为：按经营结余的 25%缴纳所得税，并按 30%的比例提取职工福利基金。

（三）要求：根据上述资料编制年终结账前的资产负债表（年初数略）、年终转账的会计分录，以及年终结账后的资产负债表。

第十章　行政单位会计概述

第一节　行政单位会计的概念、任务和特点

一、行政单位会计的适用范围

中华人民共和国财政部制定并颁布，2014 年 1 月 1 日起施行的《行政单位会计制度》规定："本制度适用于各级各类国家机关、政党组织(以下统称行政单位)。"具体地说，包括以下单位或组织：

1. 国家权力机关，即各级人民代表大会及其常务委员会。
2. 各级行政机关，即中央政府、地方政府、基层政府的各级机关及国家的派出机构。
3. 各级审判机关和检察机关，即各级人民法院和各级人民检察院。
4. 政党组织，包括中国共产党、各民主党派以及共青团、妇联等组织。
5. 国家规定的其他单位或组织。

二、行政单位会计的概念和组织系统

行政单位会计是国家各级行政单位以货币为计量单位，对其自身发生的经济业务或者事项进行全面、系统、连续地核算、反映和监督的一门专业会计。

按照预算管理权限，行政单位的会计组织系统分为下列级次：

1. 向同级财政部门申报预算的行政单位，为一级预算单位；
2. 向上一级预算单位申报预算并有下级预算单位的行政单位，为二级预算单位；
3. 向上一级预算单位申报预算，且没有下级预算单位的行政单位，为基层预算单位。

一级预算单位有下级预算单位的，为主管预算单位。

三、行政单位会计的特点

行政单位会计是预算会计的重要组成部分，但它同财政总预算会计和事业单位会计相比，具有如下特点：

1. 行政单位业务活动的目的是为了满足社会公共需要，具有明显的非营利性。
2. 行政单位会计不需要进行成本核算。
3. 行政单位收支核算必须服从预算管理的要求。

4. 行政单位会计核算一般采用收付实现制，特殊经济业务和事项应当按照《行政单位会计制度》的规定采用权责发生制核算。

四、行政单位财务管理的主要任务

行政单位会计的主要职责是进行会计核算，实行会计监督，参与财务管理。其基本任务如下：

1. 科学、合理编制预算，严格预算执行，完整、准确、及时编制决算，真实反映单位财务状况；

2. 建立健全财务管理制度，实施预算绩效管理，加强对行政单位财务活动的控制和监督；

3. 加强资产管理，合理配置、有效利用、规范处置资产，防止国有资产流失；

4. 定期编制财务报告，进行财务活动分析；

5. 对行政单位所属并归口行政财务管理的单位的财务活动实施指导、监督；

6. 加强对非独立核算的机关后勤服务部门的财务管理，实行内部核算办法。

第二节　行政单位会计的会计要素及科目

一、行政单位会计的会计要素

为了全面了解行政单位会计，必须先了解行政单位会计核算的具体对象。根据《行政单位会计制度》的规定，行政单位会计核算应当以行政单位发生的各项经济业务为对象，记录和反映行政单位自身的各项经济活动。行政单位的各项资金和财产均应纳入行政单位会计核算。行政单位会计核算对象即行政单位会计的会计要素，具体可以分为5类：资产、负债、净资产、收入和支出。

(一)资产

资产是指行政单位占有或者使用的、能以货币计量的经济资源，包括流动资产、固定资产、在建工程、无形资产等。由行政单位直接支配，供社会公众使用的政府储备物资、公共基础设施等，也属于行政单位核算的资产。

1. 流动资产是指可以在一年内变现或者耗用的资产，包括现金、银行存款、零余额账户用款额度、应收及暂付款项、存货等。

2. 非流动资产是相对于流动资产而言的，是指行政单位占有或者使用的、能以货币计量的除流动资产以外的经济资源。涉及的科目有固定资产、累计折旧、在建工程、无形资产、累计摊销、待处理财产损溢、政府储备物资、公共基础设施、受托代理资产。

3. 固定资产是指使用期限超过一年，单位价值在1 000元以上(其中专用设备单位价值在1 500元以上)，并且在使用过程中基本保持原有物质形态的资产。单位价值虽未达到规定标准，但是耐用时间在一年以上的大批同类物资，作为固定资产管理。

固定资产一般分为六类：房屋及构筑物，通用设备，专用设备，文物和陈列品，图书、档案，家具、用具、装具及动植物。

行政单位对固定资产、公共基础设施是否计提折旧应按财政部有关规定，按照规定对固定资产、公共基础设施计提折旧的，折旧金额应当根据固定资产、公共基础设施原价和折旧年限确定。

行政单位对符合《行政单位会计制度》第十八条资产定义的经济资源，应当在取得对其相关的权利并且能够可靠地进行货币计量时确认。符合资产定义并确认的资产项目，应当列入资产负债表。

4. 在建工程是指已经发生必要支出，但尚未达到交付使用状态的建设工程。在建工程达到交付使用状态时，应当按照规定办理工程竣工财务决算和资产交付使用。

5. 无形资产是指不具有实物形态而能为使用者提供某种权利的资产，包括著作权、土地使用权等。

行政单位应当按照《行政单位会计制度》的规定对无形资产进行摊销；对无形资产计提摊销的金额，应当根据无形资产原价和摊销年限确定。

（二）负债

负债是指行政单位所承担的能以货币计量、需要以资产等偿还的债务。行政单位的负债按照流动性，分为流动负债和非流动负债。

1. 流动负债，是指预计在1年内（含1年）偿还的负债，包括应缴财政款、应交税费、应付职工薪酬、应付及暂存款项、应付政府补贴款等。

（1）应缴财政款是指行政单位按照规定取得的应当上缴财政的款项。

（2）应交税费是指行政单位按照国家税法等有关规定应当缴纳的各种税费。

（3）应付职工薪酬是指行政单位按照有关规定应付的职工工资、津贴、补贴等。

（4）应付及暂存款项是指行政单位在开展业务活动中发生的各项债务，包括应付账款、其他应付款等。

（5）应付政府补贴款是指负责发放政府补贴的行政单位，按照有关规定应付给政府补贴接受者的各种政府补贴款。

2. 非流动负债，是指流动负债以外的负债。行政单位的非流动负债包括长期应付款。

长期应付款是指行政单位发生的偿还期限超过1年（不含1年）的应付款项。

行政单位对符合负债定义的债务，应当在确定承担偿债责任并且能够可靠地进行货币计量时确认。符合负债定义并确认的负债项目，应当列入资产负债表；行政单位承担或有责任（偿债责任需要通过未来不确定事项的发生或不发生予以证实）的负债，不列入资产负债表，但应当在报表附注中披露。

（三）净资产

净资产是指行政单位资产扣除负债后的余额。行政单位的净资产包括财政拨款结转、财政拨款结余、其他资金结转结余、资产基金、待偿债净资产等。

1. 财政拨款结转是指行政单位当年预算已执行但尚未完成，或因故未执行，下一年度需要按照原用途继续使用的财政拨款滚存资金。

2. 财政拨款结余是指行政单位当年预算工作目标已完成，或因故终止，剩余的财政拨款滚存资金。

3. 其他资金结转结余是指行政单位除财政拨款收支以外的各项收支相抵后剩余的滚存资金。

4. 资产基金是指行政单位的非货币性资产在净资产中占用的金额。

5. 待偿债净资产是指行政单位因发生应付账款和长期应付款而相应需在净资产中冲减

的金额。

(四)收入

收入是指行政单位依法取得的非偿还性资金,包括财政拨款收入和其他收入。

1. 财政拨款收入是指行政单位从同级财政部门取得的财政预算资金。

2. 其他收入是指行政单位依法取得的除财政拨款收入以外的各项收入。

行政单位的收入一般应当在收到款项时予以确认,并按照实际收到的金额进行计量。

(五)支出

支出是指行政单位为保障机构正常运转和完成工作任务所发生的资金耗费和损失。行政单位的支出包括经费支出和拨出经费。经费支出是指行政单位自身开展业务活动使用各项资金发生的基本支出和项目支出。拨出经费是指行政单位纳入单位预算管理、拨付给所属单位的非同级财政拨款资金。

行政单位的支出一般应当在支付款项时予以确认,并按照实际支付金额进行计量。采用权责发生制确认的支出,应当在其发生时予以确认,并按照实际发生额进行计量。

二、行政单位会计的会计科目

行政单位会计的会计科目见表10—1。

表10—1　　行政单位会计的会计科目

序号	科目编号	会计科目名称
一、资产类		
1	1001	库存现金
2	1002	银行存款
3	1011	零余额账户用款额度
4	1021	财政应返还额度
	102101	财政直接支付
	102102	财政授权支付
5	1212	应收账款
6	1213	预付账款
7	1215	其他应收款
8	1301	存货
9	1501	固定资产
10	1502	累计折旧
11	1511	在建工程
12	1601	无形资产
13	1602	累计摊销
14	1701	待处理财产损溢
15	1801	政府储备物资
16	1802	公共基础设施
17	1901	受托代理资产

序号	科目编号	会计科目名称
二、负债类		
18	2001	应缴财政款
19	2101	应交税费
20	2201	应付职工薪酬
21	2301	应付账款
22	2302	应付政府补贴款
23	2305	其他应付款
24	2401	长期应付款
25	2901	受托代理负债
三、净资产类		
26	3001	财政拨款结转
27	3002	财政拨款结余
28	3101	其他资金结转结余
29	3501 350101 350111 350121 350131 350141 350151 350152	资产基金 预付款项 存货 固定资产 在建工程 无形资产 政府储备物资 公共基础设施
30	3502	待偿债净资产
四、收入类		
31	4001	财政拨款收入
32	4011	其他收入
五、支出类		
33	5001	经费支出
34	5101	拨出经费

1. 行政单位会计的适用范围是什么？
2. 行政单位会计的特点有哪些？
3. 行政单位会计的任务有哪些？
4. 行政单位会计核算的一般原则是什么？
5. 简述行政单位会计的会计要素的内容和会计科目的组成。

第十一章 行政单位资产的核算

第一节 库存现金和银行存款的核算

一、库存现金的核算

行政单位为了完成任务，在预算执行过程中经常发生现金的收付，如从银行提取现金发放工资、其他收入现金、代管或应付的现金、出差结算缴回的现金，以及用小额现金购置物品或支付费用等，应通过“库存现金”科目核算。现金收付和保管应遵循现金管理规定。

(一)现金管理原则

1. 坚持“钱账分管，互相牵制”的原则

行政单位出纳和会计要分别设置，须设专职或兼职的出纳员管理现金。会计和出纳人员要明确分工，各负其责，互相牵制。

2. 按国家规定的范围使用现金

行政单位要按照国家规定的范围使用现金，包括：

(1)支付给职工个人的工资、奖金、津贴；

(2)支付给个人的劳动报酬；

(3)根据国家规定颁发给个人的科学、技术、文化、教育、卫生、体育等各种奖金；

(4)各种劳保、福利费用以及国家规定对个人的其他支出；

(5)向个人收购农副产品和其他物资的价款；

(6)支付出差人员必须随身携带的差旅费；

(7)结算起点以下的零星支出；

(8)中国人民银行规定需要支付现金的其他支出。

3. 严格遵守银行核定的库存现金的限额

行政单位为了办理日常业务所需的零星开支，需要保持一定数量的库存备用金，但为了防止现金积压，控制货币发行，中国人民银行规定要进行限额管理。各行政单位的库存现金，必须经过开户银行核定，除核定的库存限额以外，其余必须存入开户银行，不得自行保留。库存现金限额由单位提出计划，报开户银行审查批准，需要调整库存现金限额时，应再向开户银行申请报批。

4. 不准坐支现金

坐支是指以本单位收入的现金直接支付本单位的支出。按照银行制度规定，行政单位每天收入的现金，必须当天送存银行，不允许坐支。由于特殊原因需要坐支现金的，应事先报经开户银行审查批准，由开户银行核定坐支范围和限额，坐支单位应定期向银行报送坐支金额和使用情况。

5. 现金收支业务必须根据有关凭证办理

行政单位办理任何现金收支，都必须以合法的原始凭证为依据。出纳员付出现金后应当在原始交易凭证上加盖"现金付讫"戳记，并在当天入账。不准以借据抵现金、不入账。收到现金后，属于各项收入的现金，都应当给对方开具符合票据管理规定的收款收据，加盖"现金收讫"戳记。库存现金不准借给私人，不准以白条抵库，不准套取现金，对收付现金的各种原始单据，应统一保管。在现金收付业务中，严密手续，防止漏洞。

6. 如实反映库存现金，保证账款相符

行政单位的现金收支业务应及时记账，出纳员应于每日业务终了后结清当天账务，结清当日现金收支及余额，并将账面库存现金余额和实际库存现金进行核对。若发现长款或短款，应及时查明原因，做出处理，做到账实相符。

(二)库存现金的账务处理

1. 从银行等金融机构提取现金，按照实际提取的金额借记"库存现金"科目，贷记"银行存款""零余额账户用款额度"等科目；将现金存入银行等金融机构，借记"银行存款"，贷记本科目；将现金退回单位零余额账户，借记"零余额账户用款额度"科目，贷记本科目。

2. 因支付内部职工出差等原因所借的现金，借记"其他应收款"科目，贷记本科目；出差人员报销差旅费时，按照应报销的金额，借记有关科目，按照实际借出的现金金额，贷记"其他应收款"科目，按照其差额，借记或贷记"库存现金"科目。

3. 因开展业务或其他事项收到现金，借记"库存现金"科目，贷记有关科目；因购买服务、商品或者其他事项支出现金，借记有关科目，贷记"库存现金"科目。

4. 收到受托代理的现金时，借记本科目，贷记"受托代理负债"科目；支付受托代理的现金时，借记"受托代理负债"科目，贷记本科目。

【例 11－1】 某行政单位 6 月份发生如下现金收支业务：

(1)6 月 1 日，开出"财政授权支付凭证"，提取库存现金 5 000 元备用。

借：库存现金　　5 000

　　贷：零余额账户用款额度　　5 000

(2)6 月 8 日，工作人员王晓燕因公出差预支现金 500 元。

借：其他应收款　　500

　　贷：库存现金　　500

(3)6 月 12 日，用现金 800 元购买办公用品。

借：经费支出　　800

　　贷：库存现金　　800

(4)6 月 15 日，王晓燕报销差旅费 350 元，退回现金 150 元。

借：经费支出　　350

　　库存现金　　150

　　贷：其他应收款　　500

(5)6 月 25 日，将本日超库存现金 450 元送交银行。

借:银行存款　450
　　贷:库存现金　450

(6)6月30日,收到广华公司交来的对本单位患病职工张成的捐助款现金20 000元,存入银行。

借:库存现金　20 000
　　贷:受托代理负债　20 000
借:银行存款　20 000
　　贷:库存现金　20 000

行政单位应当设置"现金日记账",由出纳人员根据收付款凭证,按照业务发生顺序逐笔登记。每日终了,应当计算当日的现金收入合计数、现金支出合计数和结余数,并将结余数与实际库存数核对,做到账款相符。

每日终了结算现金收支,核对库存现金时发现有待查明原因的现金短缺或溢余,应通过"待处理财产损溢"科目核算。属于现金短缺的,应当按照实际短缺的金额,借记"待处理财产损溢"科目,贷记"库存现金"科目;属于现金溢余的,应当按照实际溢余的金额,借记"库存现金"科目,贷记"待处理财产损溢"科目。待查明原因后作如下处理:

1. 如为现金短缺,属于应由责任人赔偿或向有关人员追回的部分,借记"其他应收款"科目,贷记"待处理财产损溢"科目。

2. 如为现金溢余,属于应支付给有关人员或单位的,借记"待处理财产损溢"科目,贷记"其他应付款"科目。

【例11—2】 某行政单位盘点库存现金时,发现如下会计事项:

(1)盘点库存现金,发现库存数比账面数短少180元,因暂时无法查明原因,先转入"待处理财产损溢"科目。

借:待处理财产损溢　180
　　贷:库存现金　180

(2)经查明,短少的现金是由于出纳员支付李某核销款时多付了180元,应予以追回。

借:其他应收款——李某　180
　　贷:待处理财产损溢　180

(3)盘点库存现金,发现库存的账面数多10元,暂时无法查明原因,先转入"待处理财产损溢"科目。

借:库存现金　10
　　贷:待处理财产损溢　10

(4)经查明,多余的现金不属本单位所有,也没找到失主,经领导批准作无主款处理,转作预算款上缴。

借:待处理财产损溢　10
　　贷:其他收入　10

行政单位有外币现金的,应当分别按照人民币、外币种类设置"现金日记账"进行明细核算。行政单位发生外币业务的,应当按照业务发生当日或当期期初的即期汇率,将外币金额折算为人民币金额记账,并登记外币金额和汇率。

期末,各种外币账户的期末余额,应当按照期末的即期汇率折算为人民币,作为外币账户期末人民币余额。调整后的各种外币账户人民币余额与原账面余额的差额,作为汇兑损益,计入当期支出。

二、银行存款的核算

银行存款是指行政单位存入银行和其他金融机构的货币资金。我国法律规定，一切行政单位的货币资金，除了保留少量的备用现金用于现金收支的款项外，其余现金应该存入银行结算账户内，其余款项结算通过银行账户转账。行政单位为了办理货币资金的收付和结算，应该在银行开立存款账户。在银行办理存款和转账业务时，行政单位必须遵守现金管理办法和结算制度的规定。预算经费必须在同级财政部门指定的国家银行开户，禁止多头开户，禁止自行转移资金。有外币的行政单位，可在银行开立外币存款户。

(一)银行存款核算使用的会计账户

行政单位应设置“银行存款”账户，核算行政单位存入银行及其他金融机构的各种款项。该账户属于资产类账户，其借方登记收入的存款数额，贷方登记付出的存款数额，期末借方余额表示行政单位银行存款的结余数额。

(二)银行存款核算的账务处理

行政单位将款项存入银行或其他金融机构时，借记“银行存款”账户，贷记“库存现金”等有关账户；提取和支出存款时，借记“库存现金”等有关账户，贷记“银行存款”账户。

【例 11—3】 外单位租借本单位礼堂，收到租金收入 3 000 元，其中应缴税费 150 元。

	借方	贷方
借：银行存款	3 000	
贷：应缴税费		150
应缴财政款		2 850

(2)发放许可证照，收取工本费、手续费 13 620 元，款项已送存银行。

	借方	贷方
借：银行存款	13 620	
贷：应缴财政款——行政性收费收入		13 620

(3)填列“缴款书”，将上述款项上缴国库。

	借方	贷方
借：应缴财政款——行政性收费收入	13 620	
贷：银行存款		13 620

(3)1 月 12 日，收到甲单位转来的受托代理资金 200 000 元。

	借方	贷方
借：银行存款	200 000	
贷：受托代理负债 ——甲单位		200 000

(4)1 月 13 日，用非同级财政资金拨给下属单位专项资金 60 000 元。

	借方	贷方
借：拨出经费——项目支出	60 000	
贷：银行存款		60 000

(5)1 月 15 日，收到海外友人赞助资金 500 000 元人民币，存入银行。

	借方	贷方
借：银行存款	500 000	
贷：其他收入		500 000

(6)1 月 18 日，以普通支票转账方式购置文件柜、纸、笔、书桌等办公用品，共计 3 000 元。

	借方	贷方
借：经费支出	3 000	
贷：银行存款		3 000

(7)1 月 25 日，修缮房屋，按合同规定以转账支票方式支付预付款 60 000 元。

	借方	贷方
借：经费支出	60 000	

贷:银行存款　　60 000

借:预付账款 60 000

贷:资产基金——预付款项　　60 000

(三)外币存款的核算

外币泛指外国货币。根据我国外汇管理的有关规定,外币在国内不能流通和使用,持有外币的行政单位,必须按规定向当地中国银行申请开立"银行存款——××外币户",并严格按照国家外汇管理的有关规定使用。

行政单位发生外币业务的,应当按照业务发生当日或当期期初的即期汇率,将外币金额折算为人民币金额记账,并登记外币金额和汇率。

期末,各种外币账户的期末余额应当按照期末的即期汇率折算为人民币,作为外币账户期末人民币余额。调整后的各种外币账户人民币余额与原账面余额的差额,作为汇兑损益计入当期支出。

1. 以外币购买物资、劳务等,按照购入当日或当期期初的即期汇率将支付的外币或应支付的外币折算为人民币金额,借记有关科目,贷记"银行存款"、"应付账款"等科目的外币账户。

2. 以外币收取相关款项等,按照收入确认当日或当期期初的即期汇率将收取的外币或应收取的外币折算为人民币金额,借记"银行存款"、"应收账款"等科目的外币账户,贷记有关科目。

3. 期末,以各外币账户按期末汇率调整后的人民币余额与原账面人民币余额的差额作为汇兑损益,借记或贷记"银行存款"、"应收账款""应付账款"等科目,贷记或借记"经费支出"等科目。

【例 11-4】 某行政单位 2015 年发生如下外币会计事项:

(1)3 月 5 日,收到海外华侨美元捐款 200 000 美元,开立美元账户,存入银行,当日美元对人民币的即期汇率为 1 美元兑换6.124 4元人民币。

折算为人民币:200 000×6.124 4=1 224 880(元)

借:银行存款——美元账户　　1 224 880

贷:其他收入　　1 224 880

(2)3 月 31 日,美元对人民币的即期汇率为 1 美元兑换 6.081 4 元人民币,经计算,美元账户余额＄200 000 元折合人民币￥1 216 280 元,与已记账金额相比,发生汇兑损失￥8 600 元。

计算过程为:200 000×6.081 4-200 000×6.124 4=-8 600(元)

借:经费支出　　8 600

贷:银行存款——美元账户　　8 600

(3)4 月 30 日,美元对人民币的即期汇率为 1 美元兑换 6.155 1 元人民币,经计算,美元账户余额＄200 000 元折合人民币￥1 231 020 元,与已记账金额相比,发生汇兑收益￥14 740 元。

计算过程为:200 000×6.155 1-200 000×6.081 4=14 740(元)

借:银行存款——美元账户　　14 740

贷:经费支出　　14 740

行政单位应当按开户银行或其他金融机构、存款种类及币种等,分别设置"银行存款日记账",由出纳人员根据收付款凭证,按照业务的发生顺序逐笔登记,每日终了应结出余额。"银行存款日记账"应定期与"银行对账单"核对,至少每月核对一次。月度终了,行政单位账面余额与银行对账单余额之间如有差额，必须逐笔查明原因并进行处理，按月编制“银行存款余额调节表”，调节相符。

第二节　零余额账户用款额度和财政应返还额度的核算

“零余额账户用款额度”和“财政应返还额度”这两个科目，是国库集中收付制度下产生的新的会计科目。

一、国库集中收付制度

国库集中收付制度一般也称为国库单一账户制度，包括国库集中支付制度和收入收缴管理制度，是指由财政部门代表政府设置国库单一账户体系，所有的财政性资金均纳入国库单一账户体系收缴、支付和管理的制度。财政收入通过国库单一账户体系，直接缴入国库；财政支出通过国库单一账户体系，以财政直接支付和财政授权支付的方式，将资金支付到商品和劳务供应者或用款单位，即预算单位使用资金但见不到资金；未支用的资金均保留在国库单一账户，由财政部门代表政府进行管理运作，降低政府筹资成本，为实施宏观调控政策提供可选择的手段。

国库集中支付制度是国库集中收付制度的重要组成部分，它以计算机网络技术为依托，以提高财政资金使用效率为目的，由国库集中支付机构在指定银行开设国库集中支付专户，将所有财政资金存入国库集中支付专户，单位在需要购买商品或支付劳务款项时提出申请，经国库集中支付机构审核后，将资金直接从集中支付专户支付给收款人的国库资金管理制度。

（一）国库单一账户体系的构成与各账户的功能

1. 财政部门在中国人民银行开设国库单一账户，按收入和支出设置分类账，收入账按预算科目进行明细核算，支出账按资金使用性质设立分账册，用于记录、核算、反映纳入预算管理的财政收入和支出活动，并用于与财政部门在商业银行开设的零余额账户进行清算，实现支付。

2. 财政部门按资金使用性质在商业银行开设财政零余额账户，用于财政直接支付和与国库单一账户支出清算；开设预算单位零余额账户，用于财政授权支付和清算。

3. 财政部门在商业银行开设预算外资金财政专户，按收入和支出设置分类账，用于记录、核算和反映预算外资金的收入和支出活动，并用于预算外资金日常收支清算。

4. 财政部门在商业银行为预算单位开设单位零余额账户，用于记录、核算和反映预算单位的零星支出活动，并用于授权支付方式下单位与国库单一账户清算。

5. 经国务院和省级人民政府批准或授权财政部门开设的特殊过渡性专户（简称特设专户），用于记录、核算和反映预算单位的特殊专项支出活动，并用于与国库单一账户清算。

（二）国库集中支付方式的分类

根据支付主体的不同，国库集中支付方式分为财政直接支付和财政授权支付两种方式。前者由财政部门签发支付指令；后者由预算单位根据财政部门的授权，在批准的用款额度内，自行向代理银行签发支付令。财政直接支付和财政授权支付的流程分别如图 11－1 和图 11－2所示。

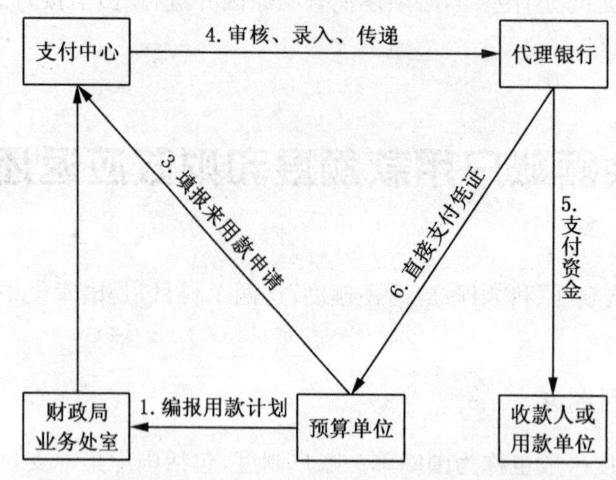

图 11—1　财政直接支付流程

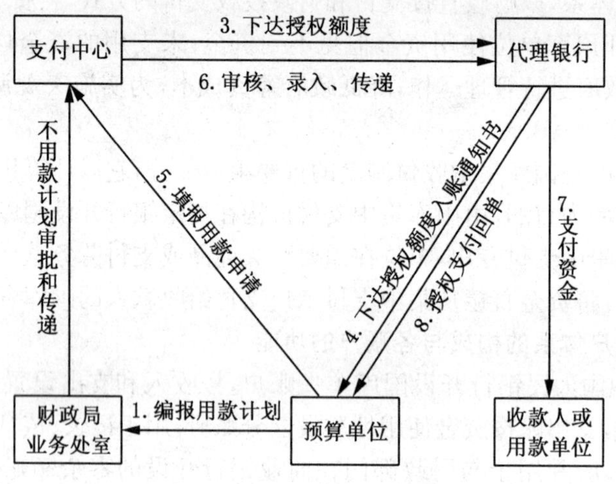

图 11—2　财政授权支付流程

二、零余额账户用款额度的核算

(一)零余额账户用款额度的概念

实行国库集中支付的行政单位授权支付的资金，根据财政部门批复的用款计划收到和支用零余额账户用款额度时，应通过“零余额账户用款额度”科目核算。本科目一般情况下无须进行明细核算，期末借方余额反映行政单位尚未支用的零余额账户用款额度。年度终了未使用的额度由财政部门注销后，本科目应无余额。

(二)零余额账户用款额度的主要账务处理

1. 收到“财政授权支付额度到账通知书”时，根据通知书所列数额，借记“零余额账户用款额度”科目，贷记“财政拨款收入”科目。

2. 按规定支用额度时，借记“经费支出”等科目，贷记“零余额账户用款额度”科目。

3. 从零余额账户提取现金时，借记“库存现金”科目，贷记“零余额账户用款额度”科目。

4. 年末，根据代理银行提供的对账单作银行注销额度的相关账务处理，借记“财政应返还额度——财政授权支付”科目，贷记“零余额账户用款额度”科目。如单位本年度财政授权支付预算指标数大于财政授权支付额度下达数，应根据两者间的差额，借记“财政应返还额度——财政授权支付”科目，贷记“财政拨款收入”科目。

下年度年初，行政单位根据代理银行提供的“额度恢复到账通知书”作恢复额度的相关账务处理，借记“零余额账户用款额度”科目，贷记“财政应返还额度——财政授权支付”科目。行政单位收到财政部门批复的上年末下达零余额账户用款额度时，借记“零余额账户用款额度”科目，贷记“财政应返还额度——财政授权支付”科目。

【例 11－5】 收到代理银行盖章的“财政授权支付额度到账通知书”，本月财政支付额度为 30 000 元。

借：零余额账户用款额度 30 000

　　贷：财政拨款收入——财政授权支付(基本支出拨款) 30 000

【例 11－6】 开出授权支付凭证，购买办公用品 450 元。

借：经费支出——基本支出(公用支出)(办公费) 450

　　贷：零余额账户用款额度 450

【例 11－7】 财政局将某行政单位年终未使用完的零余额账户剩余额度 300 000 元注销。

借：财政应返还额度——财政授权支付 300 000

　　贷：零余额账户用款额度 300 000

【例 11－8】 下年初，行政单位根据代理银行提供的“额度恢复到账通知书”，恢复额度 300 000元。

借：零余额账户用款额度 300 000

　　贷：财政应返还额度——财政授权支付 300 000

三、财政应返还额度的核算

(一)财政应返还额度的概念

实行国库集中收付制度的行政单位应收财政返还的资金额度，通过“财政应返还额度”科目核算。本科目应当设置“财政直接支付”“财政授权支付”两个明细科目进行明细核算，期末借方余额反映行政单位应收财政返还的资金额度。

(二)财政应返还额度的主要账务处理

1. 年末国库集中支付尚未使用资金额度的账务处理

(1)财政直接支付。年末，行政单位根据本年度财政直接支付预算指标数与财政直接支付实际支出数的差额，借记“财政应返还额度——财政直接支付”科目，贷记“财政拨款收入”科目。

(2)财政授权支付。年末，财政授权支付尚未使用资金额度的账务处理，参见“零余额账户用款额度”科目。

2. 下年初恢复以前年度财政资金额度及使用该额度资金时的账务处理

(1)财政授权支付情况下，收到“额度恢复到账通知书”时，参见“零余额账户用款额度”科目，使用时与支付正常额度一样，不需特殊处理。

(2)财政直接支付情况下，年初恢复额度时不做处理，在使用以前年度财政资金额度时，借记“经费支出”科目，贷记“财政应返还额度——财政直接支付”科目。

【例 11－9】 某行政单位年末有未使用的零余额账户额度 50 000 元，直接支付预算指标剩余 110 000 元，财政部门给予注销。

借：财政应返还额度——财政授权支付　　50 000
　　　　　　　　　——财政直接支付　　110 000
　贷：零余额账户用款额度　　50 000
　　　财政拨款收入——财政直接支付　　110 000

【例 11－10】 某行政单位使用上年度财政返还的直接支付额度支付取暖费 34 000 元。

借：经费支出——财政直接支付　　34 000
　贷：财政应返还额度——财政直接支付　　34 000

第三节　应收及预付账款的核算

一、应收账款的核算

(一)应收账款的概念

应收账款是指行政单位出租资产、出售物资等应当收取的款项，应通过"应收账款"科目核算。行政单位因为未设置"应收票据"科目，收到的商业汇票也通过此科目核算。此科目应当按照购货、接受服务单位(或个人)或开出、承兑商业汇票的单位等进行明细核算。应收账款的核算遵循权责发生制原则，应当在资产已出租或物资已出售且尚未收到款项时确认。

本科目期末余额在借方，反映行政单位尚未收回的应收账款。

(二)应收账款的主要账务处理

1. 出租资产发生的应收账款

出租资产尚未收到款项时，按照应收未收金额，借记"应收账款"科目，贷记"其他应付款"科目。收回应收账款时，借记"银行存款"等科目，贷记"应收账款"科目；同时，借记"其他应付款"科目，按照应缴的税费贷记"应缴税费"科目，按照扣除应缴税费后的净额贷记"应缴财政款"科目。

2. 出售物资发生的应收账款

物资已发出并到达约定状态且尚未收到款项时，按照应收未收金额，借记"应收账款"科目，贷记"待处理财产损溢"科目。收回应收账款时，借记"银行存款"等科目，贷记"应收账款"科目。

3. 收到商业汇票发生的应收账款

出租资产收到商业汇票时，按照商业汇票的票面金额，借记"应收账款"科目，贷记"其他应付款"科目；出售物资收到商业汇票时，按照商业汇票的票面金额，借记"应收账款"科目，贷记"待处理财产损溢"科目；商业汇票到期收回款项时，借记"银行存款"等科目，贷记"应收账款"科目。其中，出租资产收回款项的，还应当同时借记"其他应付款"科目，按照应缴的税费贷记"应缴税费"科目，按照扣除应缴税费后的净额贷记"应缴财政款"科目。

行政单位应当设置"商业汇票备查簿"，逐笔登记每一张应收商业汇票的种类、号数、出票日期、到期日、票面金额、交易合同号等相关信息资料。商业汇票到期结清票款或退票后，应当在备查簿内逐笔注销。

【例 11-11】 某行政单位发生如下业务：

(1)1 月 4 日，将一楼闲置办公室出租，租期一年，合同约定租金 30 000 元，租金尚未收到。

借：应收账款　　30 000

　　贷：其他应付款　　30 000

(2)2 月 1 日，收到上述办公室租金 30 000 元，其中应缴税费 1 800 元，其余 28 200 元按规定上缴同级财政国库。

借：银行存款　　30 000

　　贷：应收账款　　30 000

借：其他应付款　　30 000

　　贷：应缴税费　　1 800

　　　　应缴财政款　　28 200

(3)2 月 10 日，出售房屋拆除后的废旧材料，收到商业汇票一张，金额 12 500 元。

借：应收账款　　12 500

　　贷：待处理财产损溢　　12 500

(4)3 月 10 日，商业汇票到期，收回款项 12 500 元存入银行。

借：银行存款　　12 500

　　贷：应收账款　　12 500

4. 逾期应收账款

逾期 3 年或以上、有确凿证据表明确实无法收回的应收账款，按规定报经批准后予以核销。核销的应收账款应在备查簿中保留登记。

(1)转入待处理财产损溢时，按照待核销的应收账款金额，借记“待处理财产损溢”科目，贷记“应收账款”科目。

(2)已核销的应收账款在以后收回的，借记“银行存款”科目，贷记“应缴财政款”等科目。

二、预付账款的核算

(一)预付账款的概念

行政单位按照购货、服务合同规定预付给供应单位(或个人)的款项，应通过“预付账款”科目核算。行政单位依据合同规定支付的定金，也通过本科目核算。需要说明的是，行政单位支付可以收回的订金，不通过本科目核算，应当通过“其他应收款”科目核算。本科目应当按照供应单位(或个人)进行明细核算。本科目期末余额在借方，反映行政单位实际预付但尚未结算的款项。

预付账款遵循权责发生制原则，应当在已支付款项且尚未收到物资或服务时确认。

(二)预付账款的主要账务处理

1. 发生预付账款时，借记“预付账款”科目，贷记“资产基金——预付款项”科目；同时，借记“经费支出”科目，贷记“财政拨款收入”“零余额账户用款额度”“银行存款”等科目。

2. 收到所购物资或服务时，按照相应预付账款金额，借记“资产基金——预付款项”科目，贷记“预付账款”科目；发生补付款项的，按照实际补付的款项，借记“经费支出”科目，贷记“财政拨款收入”“零余额账户用款额度”“银行存款”等科目。收到物资的，同时按照收到所购物资的成本，借记有关资产科目，贷记“资产基金”及相关明细科目。

3. 发生当年预付账款退回的，借记“资产基金——预付款项”科目，贷记“预付账款”科目；同时，借记“财政拨款收入”“零余额账户用款额度”“银行存款”等科目，贷记“经费支出”科目。

4. 发生以前年度预付账款退回的，借记“资产基金——预付款项”科目，贷记“预付账款”科目；同时，借记“财政应返还额度”“零余额账户用款额度”“银行存款”等科目，贷记“财政拨款结转”“财政拨款结余”“其他资金结转结余”等科目。

【例 11－12】 某行政单位发生如下有关预付账款业务：

(1)1 月 3 日，单位采购电脑一批，合同价款 135 000 元，按合同约定预先支付总价款的 60%计 81 000 元。用财政直接支付方式付款。

借：预付账款　　81 000
　贷：资产基金——预付款项　　81 000
借：经费支出　　81 000
　贷：财政拨款收入　　81 000

(2)1 月 20 日，收到采购的电脑，用财政直接支付方式支付剩余款项 54 000 元。

借：资产基金——预付款项　　81 000
　贷：预付账款　　81 000
借：经费支出　　54 000
　贷：财政拨款收入　　54 000
借：固定资产　　135 000
　贷：资产基金——固定资产　　135 000

(3)1 月 22 日，单位 4 月份订购的办公桌椅到货，发现质量不合格，供货商同意退货，并将已预付的货款 50 000 元退回财政直接支付账户。

借：资产基金——预付款项　　50 000
　贷：预付账款　　50 000
借：财政拨款收入　　50 000
　贷：经费支出　　50 000

(4)1 月 25 日，单位订购的 A 材料因供货商所在地发生地震，材料毁损无法履行合同，于是合同终止，供货商将我方上年 10 月份已预付的货款 20 000 元按原渠道退回银行存款账户。经查，此笔业务使用的是上级单位补助资金。

借：资产基金——预付款项　　20 000
　贷：预付账款　　20 000
借：银行存款　　20 000
　贷：其他资金结转结余　　20 000

5. 逾期 3 年或以上、有确凿证据表明确实无法收到所购物资和服务，且无法收回的预付账款，按照规定报经批准后予以核销。核销的预付账款应在备查簿中保留登记。

(1)转入待处理财产损溢时，按照待核销的预付账款金额，借记“待处理财产损溢”科目，贷记“预付账款”科目。

(2)已核销的预付账款在以后期间又收回的，借记“零余额账户用款额度”“银行存款”等科目，贷记“财政拨款结转”“财政拨款结余”“其他资金结转结余”等科目。

【例 11－13】 某行政单位清理往来款项时，经确认，3 年前一笔 11 000 元预付账款，合同事项并未履行，对方单位已撤销，按规定报经批准后予以核销。

转入待处理财产损溢时：

借：待处理财产损溢 11 000

贷：预付账款 11 000

报经批准予以核销时：

借：资产基金——预付款项 11 000

贷：待处理财产损溢 11 000

上笔已核销预付账款转由其接收单位负责，又得以追回，转入零余额账户。经查，当时预付款项是用财政拨款支付，已转入财政拨款结余。

借：零余额账户用款额度 11 000

贷：财政拨款结余 11 000

三、其他应收款的核算

（一）其他应收款的概念

行政单位除应收账款、预付账款以外的其他各项应收及暂付款项，如职工预借的差旅费、拨付给内部有关部门的备用金、应向职工收取的各种垫付款项等，应通过“其他应收款”科目核算。本科目应当按照其他应收款的类别以及债务单位（或个人）进行明细核算。本科目期末借方余额反映行政单位尚未收回的其他应收款。

（二）其他应收款的主要账务处理

1. 发生其他应收及暂付款项时，借记“其他应收款”科目，贷记“零余额账户用款额度”“银行存款”等科目。

2. 收回或转销上述款项时，借记“银行存款”“零余额账户用款额度”或有关支出等科目，贷记“其他应收款”科目。

3. 行政单位内部实行备用金制度的，有关部门使用备用金以后，应当及时到财务部门报销并补足备用金。财务部门核定并发放备用金时，借记“其他应收款”科目，贷记“库存现金”等科目。根据报销数用现金补足备用金定额时，借记“经费支出”科目，贷记“库存现金”等科目，报销数和拨补数都不再通过“其他应收款”科目核算。

【例 11－14】 某行政单位发生如下经济业务：

（1）王涛出差，经批准借差旅费 3 000 元。

借：其他应收款——王涛 3 000

贷：库存现金 3 000

（2）王涛出差回来，报销差旅费 3 200 元，原借 3 000 元，补付差额。

借：经费支出——基本支出（公用支出）（差旅费） 3 200

贷：其他应收款——王涛 3 000

库存现金 200

4. 逾期 3 年或以上、有确凿证据表明确实无法收回的其他应收款，按规定报经批准后予以核销。核销的其他应收款应在备查簿中保留登记。

（1）转入待处理财产损溢时，按照待核销的其他应收款金额，借记“待处理财产损溢”科目，贷记“其他应收款”科目。

（2）已核销的其他应收款在以后期间又收回的，如属于在核销年度内收回的，借记“银行存款”等科目，贷记“经费支出”科目；如属于在核销年度以后收回的，借记“银行存款”等科目，贷记“财政拨款结转”“财政拨款结余”“其他资金结转结余”等科目。

第四节 存货的核算

一、存货的概念

行政单位在开展业务活动及其他活动中为耗用而储存的各种物资，包括材料、燃料、包装物和低值易耗品及未达到固定资产标准的家具、用具、装具等的实际成本，应通过“存货”科目核算。本科目应当按照存货的种类、规格和保管地点等进行明细核算。行政单位有委托加工存货业务的，应当在本科目下设置“委托加工存货成本”科目。出租、出借的存货，应当设置备查簿进行登记。“存货”科目的期末余额在借方，反映行政单位存货的实际成本。

存货应当在其到达存放地点并验收时确认。

需要说明的是，行政单位接受委托人指定受赠人的转赠物资，应当通过“受托代理资产”科目核算，不通过本科目核算；行政单位随买随用的零星办公用品等，可以在购进时直接列作支出，不通过本科目核算。

二、存货的主要账务处理

1. 存货在取得时，应当按照其实际成本入账。

(1)购入的存货，其成本包括购买价款、相关税费、运输费、装卸费、保险费以及其他使得存货达到目前场所和状态所发生的支出。

购入的存货验收入库时，按照确定的成本，借记“存货”科目，贷记“资产基金——存货”科目；同时，按照实际支付的金额，借记“经费支出”科目，贷记“财政拨款收入”“零余额账户用款额度”“银行存款”等科目；对于尚未付款的，应当按照应付未付的金额，借记“待偿债净资产”科目，贷记“应付账款”科目。

(2)置换换入的存货，其成本按照换出资产的评估价值，加上支付的补价或减去收到的补价，加上为换入存货支付的其他费用(运输费等)确定。

换入的存货验收入库，按照确定的成本，借记“存货”科目，贷记“资产基金——存货”科目；同时，按实际支付的补价、运输费等金额，借记“经费支出”科目，贷记“财政拨款收入”“零余额账户用款额度”“银行存款”等科目。

(3)接受捐赠、无偿调入的存货，其成本按照有关凭据注明的金额加上相关税费、运输费等确定；没有相关凭据可供取得，但依法经过资产评估的，其成本应当按照评估价值加上相关税费、运输费等确定；没有相关凭据可供取得也未经评估的，其成本比照同类或类似存货的市场价格加上相关税费、运输费等确定；没有相关凭据也未经评估，其同类或类似存货的市场价格无法可靠取得的，该存货按照名义金额入账。

接受捐赠、无偿调入的存货验收入库，按照确定的成本，借记“存货”科目，贷记“资产基金——存货”科目；同时，按实际支付的相关税费、运输费等金额，借记“经费支出”科目，贷记“财政拨款收入”“零余额账户用款额度”“银行存款”等科目。

(4)委托加工的存货，其成本按照未加工存货的成本加上加工费用和往返运输费等确定。

委托加工的存货出库时，借记“存货”科目下的“委托加工存货成本”明细科目，贷记“存货”科目下的相关明细科目。支付加工费用和相关运输费等时，借记“经费支出”科目，贷记“财政拨款收入”“零余额账户用款额度”“银行存款”等科目；同时，按照相同的金额，借记“存货”科目下的“委托加工存货成本”明细科目，贷记“资产基金——存货”科目。委托加工完成的存货验收入库时，按照委托加工存货的成本，借记“存货”科目下的相关明细科目，贷记“存货”科目下的“委托加工存货成本”明细科目。

2. 存货发出时，应当根据实际情况采用先进先出法、加权平均法或者个别计价法确定发出存货的实际成本。计价方法一经确定，不得随意变更。

(1)开展业务活动等领用、发出存货时，按照领用、发出存货的实际成本，借记“资产基金——存货”科目，贷记“存货”科目。

(2)经批准对外捐赠、无偿调出存货时，按照对外捐赠、无偿调出存货的实际成本，借记“资产基金——存货”科目，贷记“存货”科目。

对外捐赠、无偿调出存货发生由行政单位承担的运输费等支出时，借记“经费支出”科目，贷记“财政拨款收入”“零余额账户用款额度”“银行存款”等科目。

(3)经批准对外出售、置换换出的存货，应当转入待处理财产损溢，按照相关存货的实际成本，借记“待处理财产损溢”科目，贷记“存货”科目。

3. 报废、毁损的存货，应当转入待处理财产损溢，按照相关存货的账面余额，借记“待处理财产损溢”科目，贷记“存货”科目。

4. 行政单位的存货应当定期进行清查盘点，每年至少盘点一次。对于发生的存货盘盈、盘亏，应当及时查明原因，按规定报经批准后进行账务处理。

(1)盘盈的存货，按照取得同类或类似存货的实际成本确定入账价值；没有同类或类似存货的实际成本，按照同类或类似存货的市场价格确定入账价值；同类或类似存货的实际成本或市场价格无法可靠取得的，按照名义金额入账。

盘盈的存货，按照确定的入账价值，借记“存货”科目，贷记“待处理财产损溢”科目。

(2)盘亏的存货，转入待处理财产损溢时，按照其账面余额，借记“待处理财产损溢”科目，贷记“存货”科目。

【例11－15】 某行政单位发生有关存货业务如下：

(1)从A公司购入的甲材料到货，验收入库。实际金额为6 500元(含税)，另付运费200元，开出授权支付凭证，通知代理银行付款。

借：经费支出——基本支出(公用支出)　　6 700
　　贷：零余额账户用款额度　　6 700
借：存货　　6 700
　　贷：资产基金——存货　　6 700

(2)从民意公司购进办公用品计2 600元，验收入库，约定30天后付款。

借：存货　　2 600
　　贷：资产基金——存货　　2 600
借：待偿债净资产　　2 600
　　贷：应付账款——民意公司　　2 600

(3)办公楼维修，从仓库领用维修材料100千克，加权平均单价10元。

借：资产基金——存货　　1 000

贷:存货——库存材料　　1 000

(4)月末盘点,发现甲材料盘亏5千克,单价20元,后经查明为正常损耗,经批准可列作支出。

借:待处理财产损溢　　100

贷:存货——库存材料　　100

借:资产基金——存货　　100

贷:待处理财产损溢　　100

(5)将库存的布料一批委托宏光公司代为加工成工作服,布料账面价值53 000元,宏光公司收取加工费12 000元,现工作服已验收入库,加工费用授权支付方式转账支付。

布料出库时:

借:存货——委托加工存货成本　　53 000

贷:存货——布料　　53 000

支付加工费用时:

借:经费支出　　12 000

贷:零余额账户用款额度　　12 000

借:存货——委托加工存货成本　　12 000

贷:资产基金——存货　　12 000

工作服验收入库时:

借:存货——工作服　　65 000

贷:存货——委托加工存货成本　　65 000

第五节　固定资产和累计折旧的核算

一、固定资产的核算

(一)固定资产的概念

固定资产是指使用期限超过1年(不含1年)、单位价值在规定标准以上,并在使用过程中基本保持原有物质形态的资产。单位价值虽未达到规定标准,但是耐用时间超过1年(不含1年)的大批同类物资应当作为固定资产,通过“固定资产”科目核算。本科目借方余额,反映行政单位固定资产的原价。

(二)固定资产的分类

固定资产一般分为六类:房屋及构筑物,通用设备,专用设备,文物和陈列品,图书、档案,家具、用具、装具及动植物。行政单位应当设置“固定资产登记簿”和“固定资产卡片”,按照固定资产类别、项目和使用部门等进行明细核算。出租、出借的固定资产,应当设置备查簿进行登记。

(三)固定资产核算的有关说明

1. 固定资产的各组成部分具有不同使用寿命、适用不同折旧率的,应当分别将各组成部分确认为单项固定资产。

2. 购入需要安装的固定资产，应当先通过“在建工程”科目核算，安装完毕交付使用时，再转入“固定资产”科目核算。

3. 行政单位的软件，如果其构成相关硬件不可缺少的组成部分，应当将该软件的价值包括在所属的硬件价值中，一并作为固定资产，通过“固定资产”科目进行核算；如果其不构成相关硬件不可缺少的组成部分，应当将该软件作为无形资产，通过“无形资产”科目核算。

4. 行政单位购建房屋及构筑物，不能够分清支付价款中的房屋及构筑物与土地使用权部分的，应当全部作为固定资产，通过“固定资产”科目核算。能够分清支付价款中的房屋及构筑物与土地使用权部分的，应当将其中的房屋及构筑物部分作为固定资产，通过“固定资产”科目核算；将其中的土地使用权部分作为无形资产，通过“无形资产”科目核算。境外行政单位购买具有所有权的土地，作为固定资产，通过“固定资产”科目核算。

5. 行政单位借入、以经营租赁方式租入的固定资产，不通过本科目核算，应当设置备查簿进行登记。

6. 行政单位应当根据固定资产的定义、有关主管部门对固定资产的统一分类，结合本单位的具体情况，制定适合本单位的固定资产目录、具体分类方法，作为进行固定资产核算的依据。

(四)固定资产的确认条件

1. 购入、换入、无偿调入、接受捐赠不需安装的固定资产，在固定资产验收合格时确认。

2. 购入、换入、无偿调入、接受捐赠需要安装的固定资产，在固定资产安装完成交付使用时确认。

3. 自行建造、改建、扩建的固定资产，在建造完成交付使用时确认。

(五)固定资产的主要账务处理

1. 取得固定资产

取得固定资产时，应当按照其成本入账。

(1)购入的固定资产，其成本包括实际支付的购买价款、相关税费、使固定资产交付使用前所发生的可归属于该项资产的运输费、装卸费、安装费和专业人员服务费等。

以一笔款项购入多项没有单独标价的固定资产，按照各项固定资产同类或类似固定资产市场价格的比例对总成本进行分配，分别确定各项固定资产的入账价值。

购入不需安装的固定资产时，按照确定的固定资产成本，借记“固定资产”科目，贷记“资产基金——固定资产”科目；同时，按照实际支付的金额，借记“经费支出”科目，贷记“财政拨款收入”“零余额账户用款额度”“银行存款”等科目。

购入需要安装的固定资产时，先通过“在建工程”科目核算。安装完工交付使用时，借记“固定资产”科目，贷记“资产基金——固定资产”科目；同时，借记“资产基金——在建工程”科目，贷记“在建工程”科目。

购入固定资产分期付款或扣留质量保证金的，在取得固定资产时，按照确定的固定资产成本，借记“固定资产”科目(不需安装)或“在建工程”科目(需要安装)，贷记“资产基金——固定资产、在建工程”科目；同时，按照已实际支付的价款，借记“经费支出”科目，贷记“财政拨款收入”“零余额账户用款额度”“银行存款”等科目；按照应付未付的款项或扣留的质量保证金等金额，借记“待偿债净资产”科目，贷记“应付账款”或“长期应付款”科目。

【例 11－16】 某行政单位 2015 年 1 月经批准，通过政府采购购置复印机一台，货款 21 000元，增值税为 3 570 元，验收后交付使用。款项由财政直接支付。

借:经费支出——基本支出(公用支出)(专用设备购置费)　　24 570
　　贷:财政拨款收入——财政直接支付(基本支出拨款)　　24 570
借:固定资产——专用设备　　24 570
　　贷:资产基金——固定资产　　24 570

(2)自行建造的固定资产,其成本包括建造该项资产至交付使用前所发生的全部必要支出。

固定资产的各组成部分需要分别核算的,按照各组成部分固定资产造价确定其成本;没有各组成部分固定资产造价的,按照各组成部分固定资产同类或类似固定资产市场造价的比例对总造价进行分配,确定各组成部分固定资产的成本。

工程完工交付使用时,按照自行建造过程中发生的实际支出,借记“固定资产”科目,贷记“资产基金——固定资产”科目;同时,借记“资产基金——在建工程”科目,贷记“在建工程”科目;已交付使用但尚未办理竣工决算手续的固定资产,按照估计价值入账,待确定实际成本后再进行调整。

(3)自行繁育的动植物,其成本包括在达到可使用状态前所发生的全部必要支出。

购入需要繁育的动植物,按照购入的成本,借记“固定资产”科目(未成熟动植物),贷记“资产基金——固定资产”科目;同时,按照实际支付的金额,借记“经费支出”科目,贷记“财政拨款收入”“零余额账户用款额度”“银行存款”等科目。

发生繁育费用时,按照实际支付的金额,借记“固定资产”科目(未成熟动植物),贷记“资产基金——固定资产”科目;同时,借记“经费支出”科目,贷记“财政拨款收入”“零余额账户用款额度”“银行存款”等科目。

动植物达到可使用状态时,借记“固定资产”科目(成熟动植物),贷记“固定资产”科目(未成熟动植物)。

(4)在原有固定资产基础上进行改建、扩建、修缮的固定资产,其成本按照原固定资产的账面价值(“固定资产”科目账面余额减去“累计折旧”科目账面余额后的净值)加上改建、扩建、修缮发生的支出,再扣除固定资产拆除部分账面价值后的金额确定。

将固定资产转入改建、扩建、修缮时,按照固定资产的账面价值,借记“在建工程”科目,贷记“资产基金——在建工程”科目;同时,按照固定资产的账面价值借记“资产基金——固定资产”科目,按照固定资产已计提折旧借记“累计折旧”科目,按照固定资产的账面余额贷记“固定资产”科目。

工程完工交付使用时,按照确定的固定资产成本,借记“固定资产”科目,贷记“资产基金——固定资产”科目;同时,借记“资产基金——在建工程”科目,贷记“在建工程”科目。

【例 11-17】 某政府机关为改善办公条件,决定对一栋旧房进行改建。

(1)该旧房原价 500 000 元,累计折旧 200 000 元。

借:资产基金——固定资产　　300 000
　　累计折旧　　200 000
　　贷:固定资产　　500 000
借:在建工程　　300 000
　　贷:资产基金——在建工程　　300 000

(2)为房屋改造分期购进各种材料(非政府采购)共计 124 000 元。

借:经费支出　　124 000

贷:零余额账户用款额度　　124 000

借:在建工程　　124 000

贷:资产基金——在建工程　　124 000

(3)支付人工费用共计18 000元。

借:经费支出　　18 000

贷:零余额账户用款额度　　18 000

借:在建工程　　18 000

贷:资产基金——在建工程　　18 000

(4)工程改造完成,交付使用,进行转账。

借:资产基金——在建工程　　432 000

贷:在建工程　　432 000

借:固定资产　　432 000

贷:资产基金——固定资产　　432 000

(5)置换取得的固定资产,其成本按照换出资产的评估价值加上支付的补价或减去收到的补价,加上为换入固定资产支付的其他费用(运输费等)确定,借记"固定资产"科目(不需安装)或"在建工程"科目(需要安装),贷记"资产基金——固定资产、在建工程"科目;按照实际支付的补价、相关税费、运输费等,借记"经费支出"科目,贷记"财政拨款收入""零余额账户用款额度""银行存款"等科目。

(6)接受捐赠、无偿调入的固定资产,其成本按照有关凭据注明的金额加上相关税费、运输费等确定;没有相关凭据可供取得,但依法经过资产评估的,其成本应当按照评估价值加上相关税费、运输费等确定;没有相关凭据可供取得、也未经评估的,其成本比照同类或类似固定资产的市场价格加上相关税费、运输费等确定;没有相关凭据也未经评估,其同类或类似固定资产的市场价格无法可靠取得的,所取得的固定资产应当按照名义金额入账。

接受捐赠、无偿调入的固定资产,按照确定的成本借记"固定资产"科目(不需安装)或"在建工程"科目(需要安装),贷记"资产基金——固定资产、在建工程"科目;按照实际支付的相关税费、运输费等,借记"经费支出"科目,贷记"财政拨款收入""零余额账户用款额度""银行存款"等科目。

【例11—18】 某文化局收到某著名书法家题写的书法作品一幅,以名义金额……元入账。

借:固定资产——文物和陈列品　　1

贷:资产基金——固定资产　　1

2. 按月计提固定资产折旧

行政单位按月计提固定资产折旧时,按照实际计提的金额,借记"资产基金——固定资产"科目,贷记"累计折旧"科目。

3. 与固定资产有关的后续支出

(1)为增加固定资产使用效能或延长其使用寿命而发生的改建、扩建或修缮等后续支出,应当计入固定资产成本,通过"在建工程"科目核算,完工交付使用时转入"固定资产"科目。有关账务处理参见"在建工程"科目。

(2)为维护固定资产正常使用而发生的日常修理等后续支出,应当计入当期支出但不计入固定资产成本,借记"经费支出"科目,贷记"财政拨款收入""零余额账户用款额度""银行存款"

等科目。

4. 出售、置换换出固定资产

经批准出售、置换换出的固定资产转入待处理财产损溢时，按照固定资产的账面价值借记“待处理财产损溢”科目，按照已计提折旧借记“累计折旧”科目，按照固定资产的账面余额贷记“固定资产”科目。

5. 无偿调出、对外捐赠固定资产

经批准无偿调出、对外捐赠固定资产时，按照固定资产的账面价值借记“资产基金——固定资产”科目，按照已计提折旧借记“累计折旧”科目，按照固定资产的账面余额贷记“固定资产”科目。

无偿调出、对外捐赠固定资产发生由行政单位承担的拆除费用、运输费等时，按照实际支付的金额，借记“经费支出”科目，贷记“财政拨款收入”“零余额账户用款额度”“银行存款”等科目。

6. 报废、毁损固定资产

报废、毁损的固定资产转入待处理财产损溢时，按照固定资产的账面价值借记“待处理财产损溢”科目，按照已计提折旧借记“累计折旧”科目，按照固定资产的账面余额贷记“固定资产”科目。

7. 盘盈、盘亏固定资产

行政单位的固定资产应当定期进行清查盘点，每年至少盘点一次。对于固定资产发生盘盈、盘亏的，应当及时查明原因，按照规定报经批准后进行账务处理。

(1)盘盈的固定资产，按照取得同类或类似固定资产的实际成本确定入账价值；没有同类或类似固定资产的实际成本的，按照同类或类似固定资产的市场价格确定入账价值；同类或类似固定资产的实际成本或市场价格无法可靠取得的，按照名义金额入账。

盘盈的固定资产，按照确定的入账价值，借记“固定资产”科目，贷记“待处理财产损溢”科目。

(2)盘亏的固定资产，按照盘亏固定资产的账面价值借记“待处理财产损溢”科目，按照已计提折旧借记“累计折旧”科目，按照固定资产账面余额贷记“固定资产”科目。

【例 11—19】 某行政单位经批准报废电视机一台，原价 3 100 元，累计折旧 3 000 元，残值收入 200 元，收进库存现金。

借：待处理财产损溢——待处理财产价值	100	
累计折旧	3 000	
贷：固定资产——通用设备		3 100
借：资产基金——固定资产	100	
贷：待处理财产损溢——待处理财产价值		100
借：库存现金	200	
贷：待处理财产损溢——处理净收入		200
借：待处理财产损溢——处理净收入	200	
贷：应交财政款		200

【例 11—20】 年末盘点，发现盘亏电脑一台，账面金额 3 600 元，未提折旧。

借：待处理财产损溢——待处理财产价值	3 600	
贷：固定资产——通用设备		3 600

二、累计折旧的核算

(一)累计折旧的概念

行政单位的固定资产、公共基础设施计提折旧是指在固定资产、公共基础设施预计使用寿命内,按照确定的方法对应折旧金额进行系统分摊。

固定资产、公共基础设施计提的累计折旧,应通过"累计折旧"科目核算。本科目应当按照固定资产、公共基础设施的类别、项目等进行明细核算。占有公共基础设施的行政单位,应当在本科目下设置"固定资产累计折旧"和"公共基础设施累计折旧"两个一级明细科目,分别核算对固定资产和公共基础设施计提的折旧。

本科目期末贷方余额,反映行政单位计提的固定资产、公共基础设施折旧累计数。

(二)行政单位不计提折旧的固定资产

行政单位不计提折旧的固定资产包括:文物及陈列品,图书、档案,动植物,以名义金额入账的固定资产,境外行政单位持有的能够与房屋及构筑物区分、拥有所有权的土地。

(三)计提累计折旧时应注意的问题

1. 行政单位应当根据固定资产、公共基础设施的性质和实际使用情况,合理确定其折旧年限。省级以上财政部门、主管部门对行政单位固定资产、公共基础设施折旧年限作出规定的,从其规定。

2. 行政单位一般应当采用年限平均法或工作量法计提固定资产、公共基础设施折旧。

3. 行政单位固定资产、公共基础设施的应折旧金额为其成本,计提固定资产、公共基础设施折旧不考虑预计净残值。

4. 行政单位一般应当按月计提固定资产、公共基础设施折旧。当月增加的固定资产、公共基础设施,当月不提折旧,从下月起计提折旧;当月减少的固定资产、公共基础设施,当月照提折旧,从下月起不提折旧。

5. 固定资产、公共基础设施提足折旧后,无论能否继续使用,均不再计提折旧;提前报废的固定资产、公共基础设施,也不再补提折旧;已提足折旧的固定资产、公共基础设施,可以继续使用的,应当继续使用、规范管理。

6. 固定资产、公共基础设施因改建、扩建或修缮等原因而提高使用效能或延长使用年限的,应当按照重新确定的固定资产、公共基础设施成本以及重新确定的折旧年限重新计算折旧额。

(四)累计折旧的主要账务处理

1. 按月计提固定资产、公共基础设施折旧时,按照应计提折旧金额,借记"资产基金——固定资产、公共基础设施"科目,贷记"累计折旧"科目。

2. 固定资产、公共基础设施处置时,按照所处置固定资产、公共基础设施的账面价值,借记"待处理财产损溢"科目(出售、置换换出、报废、毁损、盘亏)或"资产基金——固定资产、公共基础设施"科目(无偿调出、对外捐赠);按照固定资产、公共基础设施已计提折旧,借记"累计折旧"科目;按照固定资产、公共基础设施的账面余额,贷记"固定资产""公共基础设施"科目。

【例 11—21】 某行政单位有需计提折旧办公楼一栋,账面价值 12 000 000 元,折旧年限 20 年,请计算本月应计提折旧额并做出分录。

本月应计提折旧额=12 000 000÷20÷12=50 000(元)

借:资产基金——固定资产　　　　50 000

贷:累计折旧——固定资产累计折旧 50 000

【例 11-22】 某行政单位有需计提折旧公共广场一处,账面价值 3 600 000 元,折旧年限 30 年,请计算本月应计提折旧额并做出分录。

本月应计提折旧额=3 600 000÷30÷12=10 000(元)

借:资产基金——公共基础设施 10 000

贷:累计折旧——公共基础设施累计折旧 10 000

第六节 在建工程和基本建设项目并账的核算

一、在建工程的核算

(一)在建工程的概念

在建工程是指已经发生必要支出,但尚未达到交付使用状态的建设工程。在建工程达到交付使用状态时,应当按照规定办理工程竣工财务决算和资产交付使用手续。

行政单位通过"在建工程"科目核算行政单位已经发生必要支出,但尚未完工交付使用的各种建筑(包括新建、改建、扩建、修缮等)、设备安装工程和信息系统建设工程的实际成本。不能够增加固定资产、公共基础设施使用效能或延长其使用寿命的修缮、维护等,不通过本科目核算。

"在建工程"科目应当按照具体工程项目等进行明细核算;还需设置"待摊投资"明细科目,核算分摊计入不同工程项目的间接工程成本;设置"基建工程"明细科目,核算由基建账套并入的在建工程成本。本科目期末借方余额,反映行政单位尚未完工的在建工程的实际成本。

在建工程应当在属于在建工程的成本发生时确认。

(二)在建工程(非基本建设项目)的主要账务处理

1. 建筑工程

(1)将固定资产转入改建、扩建或修缮等时,按照固定资产的账面价值,借记"在建工程"科目,贷记"资产基金——在建工程"科目;同时,按照固定资产的账面价值借记"资产基金——固定资产"科目,按照固定资产已计提折旧借记"累计折旧"科目,按照固定资产的账面余额贷记"固定资产"科目。

(2)将改建、扩建或修缮的建筑部分拆除时,按照拆除部分的账面价值,没有固定资产拆除部分的账面价值的,比照同类或类似固定资产的实际成本或市场价格及其拆除部分占全部固定资产价值的比例确定,借记"资产基金——在建工程"科目,贷记"在建工程"科目。

改建、扩建或修缮的建筑部分拆除获得残值收入时,借记"银行存款"等科目,贷记"经费支出"科目;同时,借记"资产基金——在建工程"科目,贷记"在建工程"科目。

(3)根据工程进度支付工程款时,按照实际支付的金额,借记"经费支出"科目,贷记"财政拨款收入""零余额账户用款额度""银行存款"等科目;同时,按照相同的金额,借记"在建工程"科目,贷记"资产基金——在建工程"科目。

根据工程价款结算账单与施工企业结算工程价款时,按照工程价款结算账单上列明的金额(扣除已支付的金额),借记"在建工程"科目,贷记"资产基金——在建工程"科目。同时,按照实际支付的金额借记“经费支出”科目，贷记“财政拨款收入”“零余额账户用款额度”“银行存款”等科目，按照应付未付的金额借记“待偿债净资产”科目，贷记“应付账款”科目。

(4)支付工程价款结算账单以外的款项时，借记“在建工程”科目，贷记“资产基金——在建工程”科目；同时，借记“经费支出”科目，贷记“财政拨款收入”“零余额账户用款额度”“银行存款”等科目。

(5)工程项目结束，需要分摊间接工程成本的，按照应当分摊到该项目的间接工程成本借记“在建工程”科目(××项目)，贷记“在建工程”科目(待摊投资)。

(6)建筑工程项目完工交付使用时，按照交付使用工程的实际成本，借记“资产基金——在建工程”科目，贷记“在建工程”科目；同时，借记“固定资产”“无形资产”科目(交付使用的工程项目中有能够单独区分成本的无形资产)，贷记“资产基金——固定资产、无形资产”科目。

(7)建筑工程项目完工交付使用时扣留质量保证金的，按照扣留的质量保证金金额，借记“待偿债净资产”科目，贷记“长期应付款”等科目。

(8)为工程项目配套而建成的、产权不归属本单位的专用设施，将专用设施产权移交其他单位时，按照应当交付专用设施的实际成本，借记“资产基金——在建工程”科目，贷记“在建工程”科目。

(9)工程完工但不能形成资产的项目，应当按照规定报经批准后予以核销。转入待处理财产损溢时，按照不能形成资产的工程项目的实际成本，借记“待处理财产损溢”科目，贷记“在建工程”科目。

2. 设备安装

(1)购入需要安装的设备，按照购入的成本，借记“在建工程”科目，贷记“资产基金——在建工程”科目；同时，按照实际支付的金额，借记“经费支出”科目，贷记“财政拨款收入”“零余额账户用款额度”“银行存款”等科目。

(2)发生安装费用时，按照实际支付的金额，借记“在建工程”科目，贷记“资产基金——在建工程”科目；同时，借记“经费支出”科目，贷记“财政拨款收入”“零余额账户用款额度”“银行存款”等科目。

(3)设备安装完工交付使用时，按照交付使用设备的实际成本，借记“资产基金——在建工程”科目，贷记“在建工程”科目；同时，借记“固定资产”“无形资产”科目(交付使用的设备中有能够单独区分成本的无形资产)，贷记“资产基金——固定资产、无形资产”科目。

3. 信息系统建设

(1)发生各项建设支出时，按照实际支付的金额，借记“在建工程”科目，贷记“资产基金——在建工程”科目；同时，借记“经费支出”科目，贷记“财政拨款收入”“零余额账户用款额度”“银行存款”等科目。

(2)信息系统建设完成交付使用时，按照交付使用信息系统的实际成本，借记“资产基金——在建工程”科目，贷记“在建工程”科目；同时，借记“固定资产”“无形资产”科目，贷记“资产基金——固定资产、无形资产”科目。

4. 在建工程的毁损

毁损的在建工程成本，应当转入“待处理财产损溢”科目进行处理。转入待处理财产损溢时，借记“待处理财产损溢”科目，贷记“在建工程”科目。

【例 11－23】 某行政单位购入需安装设备一套，发生如下业务：

(1)用财政直接支付方式购入需安装设备一套，发票金额 170 000 元，运费 3 000 元从零余额账户支付,设备已收到。

借:在建工程 173 000

贷:资产基金——在建工程 173 000

借:经费支出 173 000

贷:财政拨款收入 170 000

零余额账户用款额度 3 000

(2)发生设备安装费5 000元,用授权支付方式转账支付。

借:在建工程 5 000

贷:资产基金——在建工程 5 000

借:经费支出 5 000

贷:零余额账户用款额度 5 000

(3)设备安装完毕,交付使用。

借:资产基金——在建工程 178 000

贷:在建工程 178 000

借:固定资产 178 000

贷:资产基金——固定资产 178 000

【例11—24】 某行政单位在对办公楼改、扩建过程中发生如下经济业务:

(1)办公楼账面金额7 000 000元,已提折旧2 800 000元,经批准转入改、扩建。

借:资产基金——固定资产 4 200 000

累计折旧 2 800 000

贷:固定资产 7 000 000

借:在建工程 4 200 000

贷:资产基金——在建工程 4 200 000

(2)改、扩建之前,将部分老旧设施拆除,拆除部分价值130 000元。

借:资产基金——在建工程 130 000

贷:在建工程 130 000

(3)为改、扩建工程购进各种材料(财政授权支付),共计300 000元。

借:经费支出 300 000

贷:零余额账户用款额度——财政授权支付 300 000

借:在建工程 300 000

贷:资产基金——在建工程 300 000

(4)合同约定,工程队施工费用共计120 000元,已支付110 000元(财政直接支付),其余10 000元为质量保证金,一年后无质量问题再进行支付。

借:经费支出 110 000

贷:财政拨款收入 110 000

借:在建工程 110 000

贷:资产基金——在建工程 110 000

借:待偿债净资产 10 000

贷:长期应付款 10 000

(5)因发生火灾,部分材料烧毁,造成损失40 000元,火灾发生原因为天气温度过高材料自燃，属不可抗力造成，经批准对损失予以核销。

转入待处理财产损溢时：

借：待处理财产损溢　　40 000

　　贷：在建工程　　40 000

批准核销时：

借：资产基金——在建工程　　40 000

　　贷：待处理财产损溢　　40 000

(6)工程竣工，计算在建工程成本为 4 440 000 元，质量保证金 10 000 元尚未支付，结转入固定资产。

借：资产基金——在建工程　　4 440 000

　　贷：在建工程　　4 440 000

借：固定资产　　4 450 000

　　贷：资产基金——固定资产　　4 450 000

二、基本建设项目的会计核算和并账处理

(一)基本规定

行政单位的基本建设投资项目，按国家的有关规定应单独设账核算，但现行的《行政单位会计制度》规定，行政单位应当在单独核算基本建设投资的同时，将基建账相关数据并入单位设置的会计账(以下简称“大账”)。现行制度设置了“在建工程”科目，行政单位应当在“在建工程”科目下设置“基建工程”明细科目，核算由基建账并入的在建工程成本。

行政单位应当至少按月将基建账中相关科目的发生额并入“大账”。

(二)基建账并账的处理方法

1.资产、负债、净资产类

根据“大账”科目和基建账科目的对应关系(见表 11－1)，按照基建账中相关科目本期发生额的借方净额借记“大账”中的对应科目，按照基建账中相关科目本期发生额的贷方净额贷记“大账”中的对应科目。

表 11－1　　行政单位“大账”和基建账会计科目对照表

“大账”科目		基建账科目	
编　号	名　称	编　号	名　称
一、资产类			
1001	库存现金	233	现金
1002	银行存款	232	银行存款
1011	零余额账户用款额度	234	零余额账户用款额度
1021	财政应返还额度	235	财政应返还额度
1212	应收账款	251	应收有偿调出器材及工程款
		253	应收票据

续表

"大账"科目		基建账科目	
编　号	名　称	编　号	名　称
1215	其他应收款	252	其他应收款
		261	拨付所属投资借款
		281	有价证券
1501	固定资产	201	固定资产
1502	累计折旧	202	累计折旧
1511	在建工程	101	建筑安装工程投资
		102	设备投资
		103	待摊投资
		104	其他投资
		211	器材采购
		212	采购保管费
		213	库存设备
		214	库存材料
		218	材料成本差异
		219	委托加工器材
		241	预付备料款
		242	预付工程款
1701	待处理财产损溢	203	固定资产清理
		271	待处理财产损失
二、负债类			
2001	应缴财政款	362	应交基建包干节余(应交财政部分)
		363	应交基建收入(应交财政部分)
		364	其他应交款(应交财政部分)
2101	应缴税费	361	应交税金
2201	应付职工薪酬	341	应付工资
		342	应付福利费
2301	应付账款	331	应付器材款
		332	应付工程款(1年以内偿还的)
		351	应付有偿调入器材及工程款
		353	应付票据

续表

"大账"科目		基建账科目	
编　号	名　称	编　号	名　称
2305	其他应付款	352	其他应付款
		364	其他应交款(非应交财政部分)
2401	长期应付款	332	应付工程款(超过 1 年偿还的)
		304	基建投资借款
		305	上级拨入投资借款
		306	其他借款
三、净资产类			
3001	财政拨款结转	301	基建拨款(贷方余额中归属于同级财政拨款结转的资金)
		301	基建拨款(本期借方发生额中属于交回同级财政的结余资金)
		401	留成收入(属于同级财政拨款形成的部分)
3002	财政拨款结余	301	基建拨款(本期借方发生额中属于交回同级财政的结余资金)
		401	留成收入(属于同级财政拨款形成的部分)
3101	其他资金结转结余	301	基建拨款(本期借方发生额中属于交回的非同级财政结余资金)
		401	留成收入(属于非同级财政拨款形成的部分)
3501 350121 350131	资产基金 固定资产 在建工程		根据相关科目分析计算
3502	待偿债净资产		根据相关科目分析计算
四、收入类			
4001	财政拨款收入	301	基建拨款(本期贷方发生额中属于同级财政拨款的部分)
4011	其他收入	301	基建拨款(本期贷方发生额中属于非同级财政拨款的部分)
		321	上级拨入资金
五、支出类			
5001	经费支出		根据相关科目分析计算

对于当期发生基本建设结余资金交回业务的,根据基建账中"基建拨款"科目本期借方发生额中归属于同级财政拨款的部分,借记"大账"中"财政拨款结转"或"财政拨款结余"科目,其余部分借记"大账"中"其他资金结转结余"科目。

2.收入、支出类

按照基建账中“基建拨款”科目本期贷方发生额中归属于同级财政拨款的部分，贷记“大账”中“财政拨款收入”科目，其余部分贷记“大账”中“其他收入”科目；按照基建账中“上级拨入资金”科目的本期贷方发生额，贷记“大账”中“其他收入”科目。

根据现行制度规定的支出确认原则，对基建账中相关科目的本期发生额进行分析计算，按照计算出的数额，借记“大账”中“经费支出”科目。

【例 11－25】 某行政单位 3 月份基建账各科目发生额净额如表 11－2 所示：

表 11－2

科目名称	本月发生额		发生额净额	
	借方	贷方	借方	贷方
现金	10 000	9 000	1 000	
银行存款	1 000 000	800 000	200 000	
建筑安装工程投资	640 000		640 000	
待摊投资	100 000		100 000	
库存材料	200 000	250 000		50 000
预付工程款	400 000		400 000	
应付工程款		320 000		320 000
应交税金		11 000		11 000
基建拨款	40 000	1 000 000		960 000
合　计	2 390 000	2 390 000	1 341 000	1 341 000

注：应付工程款 32 万元均为超过一年偿还的应付款；基建拨款借方发生额 4 万元为交回的财政拨款结余资金，贷方 100 万元中 80 万元为同级财政拨款，20 万元为上级补助拨款。

根据以上资料，将基建账发生额并入“大账”。

首先编制基建并账表(见表 11－3)，表中的“大账”科目“库存现金”“银行存款”“应缴税费”的发生额分别等于基建账中对应科目的发生额净额；“在建工程”科目的发生额等于基建账中“建筑安装工程投资”“待摊投资”“库存材料”“预付工程款”科目的发生额净额合计数，“资产基金——在建工程”科目的发生额等于“在建工程”科目的发生额；因为基建账中的“应付工程款”科目的发生额均为超过一年偿还的应付款，所以全部对应记入“大账”中的“长期应付款”科目；基建账中的“基建拨款”科目的借方发生额为交回的财政拨款结余资金，且工程尚未完工，所以记入“大账”中的“财政拨款结转”科目，“基建拨款”科目的贷方发生额中同级财政拨款的 80 万元记入“大账”中的“财政拨款收入”科目，上级补助拨款的 20 万元记入“大账”中的“其他收入”科目；按照《行政单位会计制度》中的支出确认原则，应付款项在偿付时才计入支出，所以将记入“在建工程”的金额中扣除基建账中“应付工程款”后的金额记入“大账”中的“经费支出”科目，将记入“大账”中“长期应付款”科目的金额同时记入“待偿债净资产”科目。

表 11—3 基建并账表

基建账科目	基建账发生额净额		"大账"科目	"大账"发生额	
	借方	贷方		借方	贷方
现金	1 000		库存现金	1 000	
银行存款	200 000		银行存款	200 000	
建筑安装工程投资	640 000		在建工程	1 090 000	
待摊投资	100 000				
库存材料		50 000			
预付工程款	400 000				
应付工程款		320 000	长期应付款		320 000
应交税金		11 000	应交税费		11 000
基建拨款	40 000	1 000 000	财政拨款结转	40 000	
			财政拨款收入		800 000
			其他收入		200 000
			经费支出	770 000	
			资产基金——在建工程		1 090 000
			待偿债净资产	320 000	
合　计	1 381 000	1 381 000		2 421 000	2 421 000

据上表编制并账的会计分录如下：

借：库存现金　1 000
　　银行存款　200 000
　　在建工程　1 090 000
　　财政拨款结转　320 000
　　经费支出　770 000
　　待偿债净资产　320 000
　贷：长期应付款　320 000
　　　应缴税费　11 000
　　　财政拨款收入　800 000
　　　其他收入　200 000
　　　资产基金——在建工程　1 090 000

第七节　无形资产及其他资产的核算

一、无形资产的核算

(一)无形资产的概念

行政单位的无形资产是指不具有实物形态而能为单位提供某种权利的非货币性资产，包括著作权、土地使用权、专利权、非专利技术等。行政单位购入的不构成相关硬件不可缺少组成部分的软件，应当作为无形资产核算。“无形资产”科目应当按照无形资产的类别、项目等进行明细核算。本科目期末借方余额反映行政单位无形资产的原价。

无形资产应当在完成对其权属的规定登记或其他证明单位取得无形资产时确认。

(二)无形资产的主要账务处理

1. 取得无形资产时，应当按照其实际成本入账。

(1)外购的无形资产，其成本包括实际支付的购买价款、相关税费以及可归属于该项资产达到预定用途所发生的其他支出。

购入的无形资产，按照确定的成本，借记“无形资产”科目，贷记“资产基金——无形资产”科目；同时，按照实际支付的金额，借记“经费支出”科目，贷记“财政拨款收入”“零余额账户用款额度”“银行存款”等科目。

购入无形资产尚未付款的，取得无形资产时，按照确定的成本，借记“无形资产”科目，贷记“资产基金——无形资产”科目；同时，按照应付未付的款项金额，借记“待偿债净资产”科目，贷记“应付账款”科目。

(2)委托软件公司开发软件，视同外购无形资产进行处理。

软件开发前按照合同约定预付开发费用时，借记“预付账款”科目，贷记“资产基金——预付款项”科目；同时，借记“经费支出”科目，贷记“财政拨款收入”“零余额账户用款额度”“银行存款”等科目。

软件开发完成交付使用，并支付剩余或全部软件开发费用时，按照软件开发费用总额，借记“无形资产”科目，贷记“资产基金——无形资产”科目；按照实际支付的金额，借记“经费支出”科目，贷记“财政拨款收入”“零余额账户用款额度”“银行存款”等科目；按照冲销的预付开发费用，借记“资产基金——预付款项”科目，贷记“预付账款”科目。

(3)自行开发并按法律程序申请取得的无形资产，按照依法取得时发生的注册费、聘请律师费等费用确定成本。

取得无形资产时，按照确定的成本，借记“无形资产”科目，贷记“资产基金——无形资产”科目；同时，按照实际支付的金额，借记“经费支出”科目，贷记“财政拨款收入”“零余额账户用款额度”“银行存款”等科目。

依法取得前所发生的研究开发支出，应当于发生时直接计入当期支出，但不计入无形资产的成本。借记“经费支出”科目，贷记“财政拨款收入”“零余额账户用款额度”“财政应返还额度”“银行存款”等科目。

(4)置换取得的无形资产，其成本按照换出资产的评估价值加上支付的补价或减去收到的补价，加上为换入无形资产支付的其他费用(登记费等)确定。

置换取得的无形资产，按照确定的成本，借记“无形资产”科目，贷记“资产基金——无形资产”科目；按照实际支付的补价、相关税费等，借记“经费支出”科目，贷记“财政拨款收入”“零余额账户用款额度”“银行存款”等科目。

(5)接受捐赠、无偿调入的无形资产，其成本按照有关凭据注明的金额加上相关税费确定；没有相关凭据可供取得，但依法经过资产评估的，其成本应当按照评估价值加上相关税费确定；没有相关凭据可供取得，也未经评估的，其成本比照同类或类似资产的市场价格加上相关税费确定；没有相关凭据也未经评估，其同类或类似无形资产的市场价格无法可靠取得的，所取得的无形资产应当按照名义金额入账。

接受捐赠、无偿调入无形资产时，按照确定的无形资产成本，借记“无形资产”科目，贷记“资产基金——无形资产”科目；按照发生的相关税费，借记“经费支出”科目，贷记“零余额账户用款额度”“银行存款”等科目。

2. 按月计提无形资产摊销时，按照应计提的金额，借记“资产基金——无形资产”科目，贷记“累计摊销”科目。

3. 与无形资产有关的后续支出，分以下情况处理：

(1)为增加无形资产使用效能而发生的后续支出，如对软件进行升级改造或扩展其功能等所发生的支出，应当计入无形资产的成本，借记“无形资产”科目，贷记“资产基金——无形资产”科目；同时，借记“经费支出”科目，贷记“财政拨款收入”“零余额账户用款额度”“银行存款”等科目。

(2)为维护无形资产的正常使用而发生的后续支出，如对软件进行的漏洞修补、技术维护等所发生的支出，应当计入当期支出但不计入无形资产的成本，借记“经费支出”科目，贷记“财政拨款收入”“零余额账户用款额度”“银行存款”等科目。

【例 11－26】 某行政单位委托软件公司开发软件一套，发生如下经济事项：

(1)合同签订日预付开发费用 30 000 元，由财政直接支付。

借：预付账款	30 000	
贷：资产基金——预付款项		30 000
借：经费支出	30 000	
贷：财政拨款收入		30 000

(2)软件开发完成交付使用时，补付剩余合同款 70 000 元。

借：经费支出	70 000	
贷：财政拨款收入		70 000
借：无形资产	100 000	
贷：资产基金——无形资产		100 000
借：资产基金——预付款项	30 000	
贷：预付账款		30 000

(3)因政策变动，单位对此软件进行技术升级，支付升级费用 20 000 元，同时进行了软件漏洞的修补，支付修补费用 3 000 元。

借：经费支出——其他资本性支出	20 000	
——商品服务支出	3 000	
贷：零余额账户用款额度		23 000
借：无形资产	20 000	
贷：资产基金——无形资产		20 000

4. 报经批准出售、置换换出无形资产转入待处理财产损溢时，按照待出售、置换换出无形资产的账面价值，借记“待处理财产损溢”科目；按照已计提摊销，借记“累计摊销”科目；按照无形资产的账面余额，贷记“无形资产”科目。

【例 11－27】 某行政单位将一项非专利技术出售，账面金额 50 000 元，已计提累计摊销 15 000 元，销售价款 60 000 元已存入银行。

准备出售时：

借：待处理财产损溢	35 000	

累计摊销　　　　15 000

贷:无形资产　　　　50 000

实现出售取得价款时:

借:资产基金——无形资产　　　　35 000

贷:待处理财产损溢　　　　35 000

借:银行存款　　　　60 000

贷:应缴财政款　　　　60 000

5. 报经批准无偿调出、对外捐赠无形资产,按照无偿调出、对外捐赠无形资产的账面价值,借记"资产基金——无形资产"科目;按照已计提摊销额,借记"累计摊销"科目;按照无形资产的账面余额,贷记"无形资产"科目。无偿调出、对外捐赠无形资产发生由行政单位承担的相关费用支出等,按照实际支付的金额,借记"经费支出"科目,贷记"财政拨款收入""零余额账户用款额度""银行存款"等科目。

6. 无形资产预期不能为行政单位带来服务潜力或经济利益的,应当按规定报经批准后,将无形资产的账面价值予以核销。

待核销的无形资产转入待处理财产损溢时,按照待核销无形资产的账面价值,借记"待处理财产损溢"科目;按照已计提摊销额,借记"累计摊销"科目;按照无形资产的账面余额,贷记"无形资产"科目。

二、累计摊销的核算

(一)累计摊销的概念

行政单位应当对无形资产进行摊销(以名义金额计量的无形资产除外)。摊销是指在无形资产使用寿命内,按照确定的方法对应摊销金额进行系统分摊。行政单位无形资产计提的累计摊销应通过"累计摊销"科目核算。本科目应当按照无形资产的类别、项目等进行明细核算。本科目期末贷方余额反映行政单位计提的无形资产摊销累计数。

(二)累计摊销的有关说明

1. 行政单位应当按照以下原则确定无形资产的摊销年限:

(1)法律规定了有效年限的,按照法律规定的有效年限作为摊销年限;

(2)法律没有规定有效年限的,按照相关合同或单位申请书中的受益年限作为摊销年限;

(3)法律没有规定有效年限、相关合同或单位申请书也没有规定受益年限的,按照不少于10年的期限摊销;

(4)非大批量购入、单价小于1 000元的无形资产,可以于购买的当期一次将成本全部摊销。

2. 行政单位应当采用年限平均法计提无形资产摊销额。

3. 行政单位无形资产的应摊销金额为其成本。

4. 行政单位应当自无形资产取得当月起,按月计提摊销;无形资产减少的当月,不再计提摊销。

5. 无形资产提足摊销后,无论能否继续带来服务潜力或经济利益,均不再计提摊销;核销的无形资产,如果未提足摊销,也不再补提摊销。

6. 因发生后续支出而增加无形资产成本的,应当按照重新确定的无形资产成本重新计算摊销额。

(三)累计摊销的主要账务处理

1. 按月计提无形资产摊销额时,按照应计提摊销金额,借记"资产基金——无形资产"科目,贷记"累计摊销"科目。

【例 11－28】 某行政单位有软件一套,价值 120 000 元,摊销年限为 10 年,请计算月摊销金额,并列出每月计提摊销的分录。

月摊销额＝120 000÷10÷12＝1 000(元)

	借方	贷方
借:资产基金——无形资产	1 000	
贷:累计摊销		1 000

2. 无形资产处置时,按照所处置无形资产的账面价值,借记"待处理财产损溢"科目[出售、置换换出、核销]或"资产基金——无形资产"科目[无偿调出、对外捐赠];按照已计提摊销额,借记"累计摊销"科目;按照无形资产的账面余额,贷记"无形资产"科目。

【例 11－29】 某行政单位因一项专利权已被新的技术取代,不能再给单位带来任何价值,按规定报经批准予以核销,该专利权账面金额 50 000 元,已累计摊销 30 000 元。

	借方	贷方
借:待处理财产损溢	20 000	
累计摊销	30 000	
贷:无形资产		50 000
借:资产基金——无形资产	20 000	
贷:待处理财产损溢		20 000

三、待处理财产损溢的核算

(一)待处理财产损溢的概念

行政单位财产的处理包括资产的出售、报废、毁损、盘盈、盘亏,以及货币性资产损失核销等。行政单位在处理财产时,应通过"待处理财产损溢"科目核算待处理财产的价值及财产处理收益或损失。

行政单位财产的处理,一般应当先记入"待处理财产损溢"科目,按照规定报经批准后及时进行相应的账务处理。年终结账前一般应处理完毕。本科目应当按照待处理财产项目进行明细核算;对于在财产处理过程中取得收入或发生相关费用的项目,还应当设置"待处理财产价值""处理净收入"明细科目进行明细核算。本科目期末如为借方余额,反映尚未处理完毕的各种财产的价值及净损失;期末如为贷方余额,反映尚未处理完毕的各种财产净溢余。年度终了,报经批准处理后,本科目一般应无余额。

(二)待处理财产损溢的主要账务处理

1. 按照规定报经批准处理无法查明原因的现金短缺或溢余

属于无法查明原因的现金短缺,报经批准核销后,借记"经费支出"科目,贷记"待处理财产损溢"科目。属于无法查明原因的现金溢余,报经批准后,借记"待处理财产损溢"科目,贷记"其他收入"科目。

2. 按照规定报经批准核销无法收回的应收账款、其他应收款

转入待处理财产损溢时,借记"待处理财产损溢"科目,贷记"应收账款""其他应收款"科目。报经批准对无法收回的其他应收款予以核销时,借记"经费支出"科目,贷记"待处理财产损溢"科目;对无法收回的应收账款予以核销时,借记"其他应付款"等科目,贷记"待处理财产损溢"科目。

3. 按照规定报经批准核销预付账款、无形资产

转入待处理财产损溢时，借记“待处理财产损溢”科目[核销无形资产的，还应借记“累计摊销”科目]，贷记“预付账款”“无形资产”科目。报经批准予以核销时，借记“资产基金——预付款项、无形资产”科目，贷记“待处理财产损溢”科目。

4. 出售、置换换出存货、固定资产、无形资产、政府储备物资等

转入待处理财产损溢时，借记“待处理财产损溢”科目(待处理财产价值)[出售、置换换出固定资产的，还应当借记“累计折旧”科目；出售、置换换出无形资产的，还应当借记“累计摊销”科目]，贷记“存货”“固定资产”“无形资产”“政府储备物资”等科目。实现出售、置换换出时，借记“资产基金”及相关明细科目，贷记“待处理财产损溢”科目(待处理财产价值)。

(1)出售、置换换出资产过程中收到价款、补价等收入，借记“库存现金”“银行存款”等科目，贷记“待处理财产损溢”科目(处理净收入)。

(2)出售、置换换出资产过程中发生相关费用时，借记“待处理财产损溢”科目(处理净收入)，贷记“库存现金”“银行存款”“应缴税费”等科目。

(3)出售、置换换出完毕并收回相关的应收账款后，按照处置收入扣除相关税费后的净收入，借记“待处理财产损溢”科目(处理净收入)，贷记“应缴财政款”科目。如果处置收入小于相关税费的，按照相关税费减去处置收入后的净支出，借记“经费支出”科目，贷记“待处理财产损溢”科目(处理净收入)。

5. 盘亏、毁损、报废各种实物资产

转入待处理财产损溢时，借记“待处理财产损溢”科目(待处理财产价值)[处置固定资产、公共基础设施的，还应当借记“累计折旧”科目]，贷记“存货”“固定资产”“在建工程”“政府储备物资”“公共基础设施”等科目。

报经批准予以核销时，借记“资产基金”及相关明细科目，贷记“待处理财产损溢”科目(待处理财产价值)。

毁损、报废各种实物资产过程中取得的残值变价收入、发生相关费用，以及取得的残值变价收入扣除相关费用后的净收入或净支出的账务处理，比照本科目有关出售资产进行处理。

6. 核销不能形成资产的在建工程成本

转入待处理财产损溢时，借记“待处理财产损溢”科目，贷记“在建工程”科目。报经批准予以核销时，借记“资产基金——在建工程”科目，贷记“待处理财产损溢”科目。

7. 盘盈存货、固定资产、政府储备物资等实物资产

转入待处理财产损溢时，借记“存货”“固定资产”“政府储备物资”等科目，贷记“待处理财产损溢”科目。报经批准予以处理时，借记“待处理财产损溢”科目，贷记“资产基金”及相关明细科目。

【例 11-30】 某行政单位发生有关待处理财产损溢业务如下：

(1)经盘点，发现库存现金短缺 50 元，无法查明原因。

发现短缺时：

借：待处理财产损溢	50	
贷：库存现金		50

无法查明原因予以核销时：

借：经费支出	50	
贷：待处理财产损溢		50

(2)经批准出售闲置固定资产一台，账面金额120 000元，已提折旧50 000元，售价60 000元，款项尚未收取。

转入待处理财产损溢时：

借：待处理财产损溢　70 000
　累计折旧　50 000
　　贷：固定资产　120 000

实现销售时：

借：资产基金——固定资产　70 000
　　贷：待处理财产损溢——资产价值　70 000

借：应收账款　60 000
　　贷：待处理财产损溢——处理净收入　60 000

(3)上述应收账款三年后确认无法收回，经批准予以核销。

借：待处理财产损溢——应收账款　60 000
　　贷：应收账款　60 000

借：待处理财产损溢——处理净收入　60 000
　　贷：待处理财产损溢——应收账款　60 000

(4)经清点，盘盈政府储备物资一批，价值1 000元，查实为出库时计量误差所致，报经批准后增加政府储备物资。

盘盈时：

借：政府储备物资　1 000
　　贷：待处理财产损溢　1 000

批准后：

借：待处理财产损溢　1 000
　　贷：资产基金——政府储备物资　1 000

四、政府储备物资的核算

(一)政府储备物资的概念

行政单位直接储存管理的各项政府应急或救灾储备物资等，不同于单位一般的存货，应通过“政府储备物资”科目核算。本科目应当按照政府储备物资的种类、品种、存放地点等进行明细核算。本科目期末借方余额，反映行政单位管理的政府储备物资的实际成本。

政府储备物资应当在其到达存放地点并验收时确认。

需要特别说明的是，负责采购并拥有储备物资调拨权力的行政单位(简称“采购单位”)将政府储备物资交由其他行政单位(简称“代储单位”)代为储存的，由采购单位通过本科目核算政府储备物资，代储单位将受托代储的政府储备物资作为受托代理资产核算。

(二)政府储备物资的主要账务处理

1. 取得政府储备物资时，应当按照其成本入账。

(1)购入的政府储备物资，其成本包括购买价款、相关税费、运输费、装卸费、保险费以及其他使政府储备物资达到目前场所和状态所发生的支出；单位支付的政府储备物资保管费、仓库租赁费等日常储备费用，不计入政府储备物资的成本。

购入的政府储备物资验收入库，按照确定的成本，借记“政府储备物资”科目，贷记“资产基金——政府储备物资”科目;同时,按实际支付的金额,借记“经费支出”科目,贷记“财政拨款收入”“零余额账户用款额度”“银行存款”等科目。

(2)接受捐赠、无偿调入的政府储备物资,其成本按照有关凭据注明的金额加上相关税费、运输费等确定;没有相关凭据可供取得,但依法经过资产评估的,其成本应当按照评估价值加上相关税费、运输费等确定;没有相关凭据可供取得,也未经评估的,其成本比照同类或类似政府储备物资的市场价格加上相关税费、运输费等确定。

接受捐赠、无偿调入的政府储备物资验收入库时,按照确定的成本,借记“政府储备物资”科目,贷记“资产基金——政府储备物资”科目;由行政单位承担运输费用等的,按实际支付的相关税费、运输费等金额,借记“经费支出”科目,贷记“财政拨款收入”“零余额账户用款额度”“银行存款”等科目。

2. 政府储备物资发出时,应当根据实际情况采用先进先出法、加权平均法或者个别计价法确定发出政府储备物资的实际成本。计价方法一经确定,不得随意变更。

(1)经批准对外捐赠、无偿调出政府储备物资时,按照对外捐赠、无偿调出政府储备物资的实际成本,借记“资产基金——政府储备物资”科目,贷记“政府储备物资”科目。

对外捐赠、无偿调出政府储备物资发生由行政单位承担的运输费等支出时,借记“经费支出”科目,贷记“财政拨款收入”“零余额账户用款额度”“银行存款”等科目。

(2)行政单位报经批准将不需储备的物资出售时,应当转入待处理财产损溢,按照相关储备物资的账面余额,借记“待处理财产损溢”科目,贷记“政府储备物资”科目。

(三)盘盈、盘亏或报废、毁损政府储备物资

行政单位管理的政府储备物资应当定期进行清查盘点,每年至少盘点一次。对于发生的政府储备物资盘盈、盘亏或者报废、毁损,应当及时查明原因,按规定报经批准后进行账务处理。

1. 盘盈的政府储备物资,按照取得同类或类似政府储备物资的实际成本确定入账价值;没有同类或类似政府储备物资的实际成本,按照同类或类似政府储备物资的市场价格确定入账价值。

盘盈的政府储备物资,按照确定的入账价值,借记“政府储备物资”科目,贷记“待处理财产损溢”科目。

2. 盘亏或者报废、毁损的政府储备物资,转入待处理财产损溢时,按照其账面余额,借记“待处理财产损溢”科目,贷记“政府储备物资”科目。

【例 11—31】 某县民政局发生如下经济业务:

(1)购入洪灾备用帐篷一批,通过政府采购支付买价 4 580 000 元,用授权支付方式支付运费等 6 000 元,帐篷已入库。

借:经费支出	4 586 000	
贷:财政拨款收入		4 580 000
零余额账户用款额度		6 000
借:政府储备物资	4 586 000	
贷:资产基金——政府储备物资		4 586 000

(2)调拨 2 000 顶帐篷给受灾的乡镇,账面金额 1 002 000 元。

借:资产基金——政府储备物资	1 002 000	
贷:政府储备物资		1 002 000

(3)储备的抗灾物资过期变质，账面金额5 000元，经批准予以核销。

借：待处理财产损溢　　5 000

　　贷：政府储备物资　　5 000

借：资产基金——政府储备物资　　5 000

　　贷：待处理财产损溢　　5 000

五、公共基础设施的核算

(一)公共基础设施的概念

由行政单位占有并直接负责维护管理、供社会公众使用的工程性公共基础设施资产，包括城市交通设施、公共照明设施、环保设施、防灾设施、健身设施、广场及公共构筑物等其他公共设施，应通过“公共基础设施”科目核算。本科目应当按照公共基础设施的类别和项目进行明细核算。本科目期末借方余额反映行政单位管理的公共基础设施的实际成本。

行政单位应当结合本单位的具体情况，制定适合于本单位管理的公共基础设施目录、分类方法，作为进行公共基础设施核算的依据。

公共基础设施应当在对其取得占有权利时确认。

注意：与公共基础设施配套使用的修理设备、工具器具、车辆等动产，作为管理公共基础设施的行政单位的固定资产核算，不通过本科目核算。

与公共基础设施配套、供行政单位在公共基础设施管理中自行使用的房屋构筑物等，能够与公共基础设施分开核算的，作为行政单位的固定资产核算，不通过本科目核算。

(二)公共基础设施的主要账务处理

1. 公共基础设施在取得时，应当按照其成本入账。

行政单位自行建设的公共基础设施，其成本包括建造该公共基础设施至交付使用前所发生的全部必要支出。

公共基础设施的各组成部分需要分别核算的，按照各组成部分公共基础设施造价确定其成本；没有各组成部分公共基础设施造价的，按照各组成部分公共基础设施同类或类似市场造价的比例对总造价进行分配，确定各组成部分公共基础设施的成本。

公共基础设施建设完工交付使用时，按照确定的成本借记“公共基础设施”科目，贷记“资产基金——公共基础设施”科目；同时，借记“资产基金——在建工程”科目，贷记“在建工程”科目。已交付使用但尚未办理竣工决算手续的公共基础设施，按照估计价值入账，待确定实际成本后再进行调整。

2. 接受其他单位移交的公共基础设施，其成本按照公共基础设施的原账面价值确认，借记“公共基础设施”科目，贷记“资产基金——公共基础设施”科目。

(三)公共基础设施的后续支出

与公共基础设施有关的后续支出，分以下情况处理：

1. 为增加公共基础设施使用效能或延长其使用寿命而发生的改建、扩建或大型修缮等后续支出，应当计入公共基础设施成本，通过“在建工程”科目核算，完工交付使用时转入“公共基础设施”科目。

2. 为维护公共基础设施的正常使用而发生的日常修理等后续支出，应当计入当期支出，借记有关支出科目，贷记“财政拨款收入”“零余额账户用款额度”“银行存款”等科目。

(四)公共基础设施的处置

行政单位管理的公共基础设施向其他单位移交、毁损、报废时,应当按照规定报经批准后进行账务处理。

1. 经批准向其他单位移交公共基础设施时,按照移交公共基础设施的账面价值,借记"资产基金——公共基础设施"科目;按照已计提折旧,借记"累计折旧"科目;按照公共基础设施的账面余额,贷记"公共基础设施"科目。

2. 报废、毁损的公共基础设施,转入待处理财产损溢时,按照待处理公共基础设施的账面价值,借记"待处理财产损溢"科目;按照已计提折旧,借记"累计折旧"科目;按照公共基础设施的账面余额,贷记"公共基础设施"科目。

【例 11-32】 某行政单位修建休闲广场共支出 350 000 元,用财政直接支付方式付款,广场已竣工投入使用。

建设过程中:

借:经费支出	350 000	
贷:财政拨款收入		350 000
借:在建工程	350 000	
贷:资产基金——在建工程		350 000

竣工投入使用时:

借:公共基础设施	350 000	
贷:资产基金——公共基础设施		350 000
借:资产基金——在建工程	350 000	
贷:在建工程		350 000

六、受托代理资产的核算

(一)受托代理资产的概念

行政单位接受委托方委托管理的各项资产,包括受托指定转赠的物资、受托储存管理的物资等,应通过"受托代理资产"科目核算。"受托代理资产"科目应当按照资产的种类和委托人进行明细核算;属于转赠资产的,还应当按照受赠人进行明细核算。本科目期末借方余额反映单位受托代理资产中实物资产的价值。

行政单位收到受托代理资产为现金和银行存款的,不通过本科目核算,应当通过"库存现金""银行存款"科目进行核算。

受托代理资产应当在行政单位收到受托代理的资产时确认。

(二)受托代理资产的主要账务处理

1. 受托转赠物资

(1)接受委托人委托需要转赠给受赠人的物资,其成本按照有关凭据注明的金额确定;没有相关凭据可供取得的,其成本比照同类或类似物资的市场价格确定。

接受委托转赠的物资验收入库时,按照确定的成本,借记"受托代理资产"科目,贷记"受托代理负债"科目;受托协议约定由行政单位承担相关税费、运输费等的,还应当按照实际支付的相关税费、运输费等金额,借记"经费支出"科目,贷记"银行存款"等科目。

(2)将受托转赠物资交付受赠人时,按照转赠物资的成本,借记"受托代理负债"科目,贷记"受托代理资产"科目。

(3)转赠物资的委托人取消对捐赠物资的转赠要求,且不再收回捐赠物资的,应当将转赠物资转为存货或固定资产,按照转赠物资的成本,借记"受托代理负债"科目,贷记"受托代理资产"科目;同时,借记"存货""固定资产"科目,贷记"资产基金——存货、固定资产"科目。

2. 受托储存管理物资

(1)接受委托人委托储存管理的物资,其成本按照有关凭据注明的金额确定。

接受委托储存的物资验收入库时,按照确定的成本,借记"受托代理资产"科目,贷记"受托代理负债"科目。

(2)支付由受托单位承担的与受托储存管理的物资相关的运输费、保管费等费用时,按照实际支付的金额,借记"经费支出"科目,贷记"银行存款"等科目。

(3)根据委托人要求交付受托储存管理的物资时,按照储存管理物资的成本,借记"受托代理负债"科目,贷记"受托代理资产"科目。

【例 11—33】 某政府机关收到民政部门拨来的救灾物资一批,调拨单金额为 160 000 元,物资已验收入库,填写授权支付凭证支付由本单位承担的运费为 2 300 元。

	借方	贷方
借:受托代理资产	160 000	
贷:受托代理负债		160 000
借:经费支出	2 300	
贷:零余额账户用款额度		2 300

将上述物资发放给灾民,发放物资金额为 155 000 元:

	借方	贷方
借:受托代理负债	155 000	
贷:受托代理资产		155 000

剩余物资经批准不再收回,留归本单位使用:

	借方	贷方
借:受托代理负债	5 000	
贷:受托代理资产		5 000
借:存货	5 000	
贷:资产基金——存货		5 000

复习思考题

1. 什么是国库集中收付制度?

2."财政应返还额度"科目在财政授权支付和财政直接支付两种方式下的使用方法有何不同?

3. 试述哪些资产类科目在使用时需要同时记录相关的净资产类科目,即需要做"双分录"。

4. 在实际操作中如何区别"应收账款""预付账款"和"其他应收款"?

5. 简述存货核算的一般方法及存货盘盈和盘亏业务的核算。

6. 什么是名义金额? 固定资产在什么情况下以名义金额入账?

7. 行政单位对固定资产增加、减少、修理、租赁、盘盈、盘亏及毁损如何进行核算?

8. 简述政府储备物资和受托代理资产的区别。

9. 简述行政单位计提累计折旧的资产范围。

10."在建工程"科目应设置哪些明细科目进行核算?

11. 如何区分固定资产和公共基础设施？

12. 试述哪些资产在什么情况下要通过“待处理财产损溢”科目核算？

业务题

☞ 业务一

(一)目的:练习行政单位流动资产的账务处理。

(二)资料:某行政单位发生如下经济业务:

1. 开出现金支票,从银行提取现金 2 800 元备用。

2. 购买办公用品一批,价款 7 780 元,通过财政授权方式支付。

3. 预付材料采购款 30 000 元,填写财政直接支付申请书支付。

4. 张晓红出差归来,报销差旅费 5 300 元,原借差旅费 6 000 元,余款当即交回。

5. 12 月 31 日,本年度财政授权支付年终结余资金为 300 000 元。

6. 购买办公用 A 材料 150 千克,单价 80 元;B 材料 500 千克,单价 20 元。材料已验收入库,通过银行转账支付材料款共计 22 000 元及运输费用 1 000 元。

7. 盘盈 A 材料 10 千克,计 800 元;盘亏 B 材料 20 千克,计 400 元。经查明,盘亏 A 材料全部系仓库保管员吴明的责任,应由其赔偿。

(三)要求:根据以上资料,为该行政单位编制有关的会计分录。

☞ 业务二

(一)目的:练习非流动资产业务的账务处理。

(二)资料:某行政单位发生下列经济业务:

1. 经批准将办公楼 1 幢进行改、扩建,办公楼原值 9 000 000 元,已提折旧 4 000 000 元。

2. 改、扩建过程中用银行存款支付各种费用 2 000 000 元,目前工程已竣工并交付使用。

3. 经上级主管部门批准,购入电脑 30 台,每台购价 5 000 元,计 150 000 元。款项以财政直接支付方式支付,电脑已验收交付使用。

4. 用专项资金以财政直接支付方式购买专用仪器一台,价款 170 000 元。仪器经技术部门验收合格,交付使用。

5. 收到上级主管部门无偿调拨的一台复印机,价值 24 000 元,并支付运输费 800 元。

6. 经批准将一辆小轿车作价出售,小轿车原账面价值为 650 000 元,已提折旧 300 000 元,售价为 320 000 元,收到款项后上缴国库。

7. 用专项资金采购防灾物资一批,价款 600 000 元,填写财政直接支付申请书支付,物资已验收入库。

8. 单位自行建造的公共广场竣工投入使用,建造成本 400 000 元。

9. 年终进行财产清查,盘盈一台专用设备,相同设备的账面价值为 1 860 元;盘亏一台电视机,原账面价值 3 810 元。经批准分别补账和注销固定资产。

(三)要求:根据上述资料,编制有关会计分录。

第十二章　行政单位负债的核算

第一节　流动负债的核算

行政单位的流动负债包括应缴财政款、应缴税费、应付职工薪酬、应付及暂存款项、应付政府补贴款等。

一、应缴财政款的核算

(一)应缴财政款的概念

行政单位取得的按规定应当上缴财政的款项，包括罚没收入、行政事业性收费、政府性基金、国有资产处置和出租收入等，应通过"应缴财政款"科目核算。行政单位按照国家税法等有关规定应当缴纳的各种税费，通过"应缴税费"科目核算，不在本科目核算。

"应缴财政款"科目应当按照应缴财政款项的类别进行明细核算，余额平时在贷方，反映行政单位应当上缴财政但尚未缴纳的款项。年终清缴后，此科目一般应无余额。

应缴财政款应当在收到应缴财政的款项时确认。

(二)应缴财政款的主要账务处理

1. 取得按照规定应当上缴财政的款项时，借记"银行存款"等科目，贷记"应缴财政款"科目。

2. 处置资产取得应当上缴财政的处置净收入的账务处理，参见"待处理财产损溢"科目。

3. 上缴应缴财政的款项时，按照实际上缴的金额，借记"应缴财政款"科目，贷记"银行存款"科目。

【例 12—1】 某市公安局收到治安罚款 50 000 元，并于当日上缴国库。

收到罚款时：

	借	贷
借：银行存款	50 000	
贷：应缴财政款		50 000

上缴国库时：

	借	贷
借：应缴财政款	50 000	
贷：银行存款		50 000

二、应缴税费的核算

(一)应缴税费的概念

行政单位按照税法等规定应当缴纳的各种税费，包括营业税、城市维护建设税、教育费附加、房产税、车船税、城镇土地使用税等，以及代扣代缴的个人所得税，通过“应缴税费”科目核算。本科目应当按照应缴纳的税费种类进行明细核算，期末贷方余额反映行政单位应缴未缴的税费金额。

应缴税费应当在产生缴纳税费义务时确认。

(二)应缴税费的主要账务处理

1. 因资产处置等发生营业税、城市维护建设税、教育费附加等缴纳义务的，按照税法等规定计算的应缴税费金额，借记“待处理财产损溢”科目，贷记“应缴税费”科目；实际缴纳时，借记“应缴税费”科目，贷记“银行存款”等科目。

2. 因出租资产等发生营业税、城市维护建设税、教育费附加等缴纳义务的，按照税法等规定计算的应缴税费金额，借记“应缴财政款”等科目，贷记“应缴税费”科目；实际缴纳时，借记“应缴税费”科目，贷记“银行存款”等科目。

3. 代扣代缴个人所得税，按照税法等规定计算的应代扣代缴的个人所得税金额，借记“应付职工薪酬”科目[从职工工资中代扣个人所得税]或“经费支出”科目[从劳务费中代扣个人所得税]，贷记“应缴税费”科目。实际缴纳时，借记“应缴税费”科目，贷记“财政拨款收入”“零余额账户用款额度”“银行存款”等科目。

【例 12－2】 某行政单位出租闲置办公室一间，收到租金 30 000 元，综合税率 5.5%，计算应缴税费并编制会计分录。

应缴税费＝30 000×5.5%＝1 650(元)

收到租金时：

借：银行存款	30 000	
贷：应缴税费		1 650
应缴财政款		28 350

实际缴纳税费时：

借：应缴税费	1 650	
贷：银行存款		1 650

三、应付职工薪酬的核算

(一)应付职工薪酬的概念

行政单位按照有关规定应付给职工及为职工支付的各种薪酬，包括基本工资、奖金、国家统一规定的津贴补贴、社会保险费、住房公积金等，应通过“应付职工薪酬”科目核算。此科目应当根据国家有关规定，按照“工资(离退休费)”“地方(部门)津贴补贴”“其他个人收入”以及“社会保险费”“住房公积金”等进行明细核算。此科目期末贷方余额，反映行政单位应付未付的职工薪酬。

应付职工薪酬应当在规定支付职工薪酬的时间确认。

(二)应付职工薪酬的主要账务处理

1. 发生应付职工薪酬时，按照计算出的应付职工薪酬金额，借记“经费支出”科目，贷记

"应付职工薪酬"科目。

2. 向职工支付工资、津贴补贴等薪酬时，按照实际支付的金额借记"应付职工薪酬"科目，贷记"财政拨款收入""零余额账户用款额度""银行存款"等科目。

从应付职工薪酬中代扣为职工垫付的水电费、房租等费用时，按照实际扣除的金额，借记"应付职工薪酬"科目(工资)，贷记"其他应收款"等科目。

从应付职工薪酬中代扣代缴个人所得税时，按照代扣代缴的金额，借记"应付职工薪酬"科目(工资)，贷记"应缴税费"科目。

从应付职工薪酬中代扣代缴社会保险费和住房公积金时，按照代扣代缴的金额，借记"应付职工薪酬"科目(工资)，贷记"其他应付款"科目。

3. 缴纳单位为职工承担的社会保险费和住房公积金时，借记"应付职工薪酬"科目(社会保险费、住房公积金)，贷记 "财政拨款收入""零余额账户用款额度""银行存款"等科目。

【例 12-3】 某行政单位 2 月份计算的职工薪酬为 832 526.23 元，其中应代扣代缴个人所得税 3 120.55 元，代扣代缴住房公积金 49 951.57 元，实发工资 779 454.11 元，财政以直接支付方式支付以上款项。

计算职工薪酬时：

	借方	贷方
借：经费支出	832 526.23	
贷：应付职工薪酬		832 526.23

计算代扣代缴个人所得税和住房公积金时：

	借方	贷方
借：应付职工薪酬——工资	832 526.23	
贷：应缴税费——个人所得税		3 120.55
其他应付款——住房公积金		49 951.57

实际支付时：

	借方	贷方
借：应缴税费——个人所得税	3 120.55	
其他应付款——住房公积金	49 951.57	
应付职工薪酬	779 454.11	
贷：财政拨款收入		832 526.23

四、应付账款的核算

(一)应付账款的概念

行政单位因购买物资或服务、工程建设等而应付的偿还期限在 1 年以内(含 1 年)的款项，通过"应付账款"科目核算。本科目应当按照债权单位(或个人)进行明细核算。期末贷方余额反映行政单位尚未支付的应付账款。

应付账款应当在收到所购物资或服务、完成工程时确认。

(二)应付账款的主要账务处理

1. 收到所购物资或服务、完成工程但尚未付款时，按照应付未付款项的金额，借记"待偿债净资产"科目，贷记"应付账款"科目。

2. 偿付应付账款时，借记"应付账款"科目，贷记"待偿债净资产"科目；同时，借记"经费支出"科目，贷记"财政拨款收入""零余额账户用款额度""银行存款"等科目。

3. 无法偿付或债权人豁免偿还的应付账款，应当按照规定报经批准后进行账务处理。经批准核销时，借记"应付账款"科目，贷记"待偿债净资产"科目。核销的应付账款应在备查簿中保留登记。

【例 12－4】 某行政单位基建工程完工，尚欠工程款 320 000 元。

借：待偿债净资产　　320 000
　　贷：应付账款　　320 000

偿付上欠工程款　　200 000

借：应付账款　　200 000
　　贷：待偿债净资产　　200 000

借：经费支出　　200 000
　　贷：财政拨款收入　　200 000

工程出现质量问题，双方协商确定豁免应付账款 50 000 元。

借：应付账款　　50 000
　　贷：待偿债净资产　　50 000

五、应付政府补贴款的核算

(一)应付政府补贴款的概念

负责发放政府补贴的行政单位，按照规定应当支付给政府补贴接受者的各种政府补贴款，在计算补贴金额和发放补贴款时，应通过“应付政府补贴款”科目核算。本科目应当按照应支付的政府补贴种类进行明细核算。行政单位还应当按照补贴接受者建立备查簿，进行相应明细核算。本科目期末贷方余额反映行政单位应付未付的政府补贴金额。

应付政府补贴款应当在规定发放政府补贴时确认。

(二)应付政府补贴款的主要账务处理

1. 发生应付政府补贴时，按照规定计算出的应付政府补贴金额，借记“经费支出”科目，贷记“应付政府补贴款”科目。

2. 支付应付的政府补贴款时，借记“应付政府补贴款”科目，贷记“零余额账户用款额度”“银行存款”等科目。

【例 12－5】 某镇政府按规定计算出本年应付农民良种补贴 22 600 000 元，并填制授权支付凭证，将补贴款转入农民银行卡。

借：经费支出　　22 600 000
　　贷：应付政府补贴款——良种补贴　　22 600 000

借：应付政府补贴款——良种补贴　　22 600 000
　　贷：零余额账户用款额度　　22 600 000

六、其他应付款的核算

(一)其他应付款的概念

行政单位除应缴财政款、应交税费、应付职工薪酬、应付政府补贴款、应付账款以外的其他各项偿还期在 1 年以内(含 1 年)的应付及暂存款项，如收取的押金、保证金、未纳入行政单位预算管理的转拨资金、代扣代缴职工社会保险费和住房公积金等，应通过“其他应付款”科目核算。本科目应当按照其他应付款的类别以及债权单位(或个人)进行明细核算。本科目期末贷方余额反映行政单位尚未支付的其他应付款。

(二)其他应付款的主要账务处理

1. 发生其他各项应付及暂存款项时，借记“银行存款”等科目，贷记“其他应付款”科目。

2. 支付其他各项应付及暂存款项时，借记“其他应付款”科目，贷记“银行存款”等科目。

3. 因故无法偿付或债权人豁免偿还的其他应付款项，应当按规定报经批准后进行账务处理。经批准核销时，借记“其他应付款”科目，贷记“其他收入”科目。核销的其他应付款应在备查簿中保留登记。

【例 12—6】 甲行政单位将一套设备出借给乙单位使用，收取保证金 3 000 元。

借：银行存款　　3 000

　　贷：其他应付款　　3 000

一个月后乙单位将设备归还，甲单位将保证金退还给乙单位。

借：其他应付款　　3 000

　　贷：银行存款　　3 000

第二节　长期应付款和受托代理负债的核算

一、长期应付款的核算

(一)长期应付款的概念

行政单位发生的偿还期限超过 1 年(不含 1 年)的应付款项，如跨年度分期付款购入固定资产的价款等，应通过“长期应付款”科目核算。本科目应当按照长期应付款的类别以及债权单位(或个人)进行明细核算。本科目期末贷方余额，反映行政单位尚未支付的长期应付款。长期应付款应当按照以下条件确认：

1. 因购买物资、服务等发生的长期应付款，应当在收到所购物资或服务时确认。

2. 因其他原因发生的长期应付款，应当在承担付款义务时确认。

(二)长期应付款的主要账务处理

1. 发生长期应付款时，按照应付未付的金额，借记“待偿债净资产”科目，贷记“长期应付款”科目。

2. 偿付长期应付款时，借记“经费支出”科目，贷记“财政拨款收入”“零余额账户用款额度”“银行存款”等科目；同时，借记“长期应付款”科目，贷记“待偿债净资产”科目。

3. 无法偿付或债权人豁免偿还的长期应付款，应当按照规定报经批准后进行账务处理。经批准核销时，借记“长期应付款”科目，贷记“待偿债净资产”科目。核销的长期应付款应在备查簿中保留登记。

【例 12—7】 2016 年 1 月 1 日，甲行政单位与 A 公司签订了一份融资租赁合同，合同约定：A 公司向甲行政单位提供设备一套，租赁价款 2 000 000 元，每年年末支付租金 500 000 元，4 年付清，租赁期满时，该设备归甲单位所有。甲单位自行负担该设备的运输费、保险费、安装调试费等费用共计 50 000 元，用银行存款支付。

借：固定资产　　2 050 000

　　贷：资产基金——固定资产　　2 050 000

借：经费支出　　50 000
　　贷：银行存款　　50 000
借：待偿债净资产　　2 000 000
　　贷：长期应付款　　2 000 000
每年末支付租金时：
借：长期应付款　　500 000
　　贷：待偿债净资产　　500 000
借：经费支出　　500 000
　　贷：财政拨款收入　　500 000

二、受托代理负债的核算

（一）受托代理负债的概念

行政单位接受委托，取得受托管理资产时形成的负债，应通过“受托代理负债”科目核算。

本科目应当按照委托人等进行明细核算；属于指定转赠物资和资金的，还应当按照指定受赠人进行明细核算。受托代理负债应当在行政单位收到受托代理资产并产生受托代理义务时确认。本科目期末贷方余额，反映行政单位尚未清偿的受托代理负债。

（二）受托代理负债的账务处理

1. 受托代理现金

收到受托代理的货币资金时，借记“库存现金”或“银行存款”科目，贷记“受托代理负债”科目；支付受托代理的现金时，借记“受托代理负债”科目，贷记“库存现金”或“银行存款”科目。

2. 受托转赠物资

（1）接受委托人委托需要转赠给受赠人的物资，其成本按照有关凭据注明的金额确定；没有相关凭据可供取得的，其成本比照同类或类似物资的市场价格确定。

（2）接受委托转赠的物资验收入库时，按照确定的成本时，借记“受托代理资产”科目，贷记“受托代理负债”科目；受托协议约定由行政单位承担相关税费、运输费等的，还应当按照实际支付的相关税费、运输费等金额，借记“经费支出”科目，贷记“银行存款”等科目。

（3）将受托转赠物资交付受赠人时，按照转赠物资的成本，借记“受托代理负债”科目，贷记“受托代理资产”科目。

（4）转赠物资的委托人取消对捐赠物资的转赠要求，且不再收回捐赠物资的，应当将转赠物资转为存货或固定资产，按照转赠物资的成本，借记“受托代理负债”科目，贷记“受托代理资产”科目；同时，借记“存货”“固定资产”科目，贷记“资产基金——存货、固定资产”科目。

3. 受托储存管理物资

（1）接受委托人委托储存管理的物资时，其成本按照有关凭据注明的金额确定。

（2）接受委托储存的物资验收入库时，按照确定的成本，借记“受托代理资产”科目，贷记“受托代理负债”科目。

（3）支付由受托单位承担的与受托储存管理的物资相关的运输费、保管费等费用时，按照实际支付的金额，借记“经费支出”科目，贷记“银行存款”等科目。

根据委托人要求交付受托储存管理的物资时，按照储存管理物资的成本，借记“受托代理负债”科目，贷记“受托代理资产”科目。

【例 12－8】 某民政局收到爱心企业赠送贫困居民的生活物资一批，物资已验收入库，价值 200 000 元。

借:受托代理资产　　200 000

　　贷:受托代理负债　　200 000

转交给受赠人时:

借:受托代理负债　　200 000

　　贷:受托代理资产　　200 000

复习思考题

1. 简述行政单位负债的内容。
2. 行政单位负债有哪些管理要求?
3. 试分析行政单位“应付账款”与“长期应付款”科目的区别与联系。
4. 什么是应缴财政款?如何对应缴财政款进行核算?
5. 什么是应付政府补贴款?如何对应付政府补贴款进行核算?
6. 什么是受托代理负债?行政单位为什么要设置“受托代理负债”科目?

业务题

(一)目的:练习负债业务的账务处理。

(二)资料:某行政单位发生有关负债的经济业务如下:

1. 收到罚没款项 12 800 元,存入银行存款户。

2. 经批准出售单位闲置存货,取得变价收入 11 700 元,其中含税款 1 700 元,款项存入银行存款户。

3. 收到行政性收费 26 000 元,存入银行存款户。

4. 月末,将本月应缴财政款项 48 800 元缴入国库。

5. 购入甲材料一批,货款 50 900 元,材料已验收入库,货款尚未支付。

6. 收到某单位交来的租入固定资产押金 95 000 元,存入银行存款户。

7. 以银行存款 50 900 元支付前欠的购买甲材料货款。

8. 租入固定资产单位在租赁期满时将固定资产退回,本单位扣除承租单位 55 000 元租金后,将其他款项退回。

9. 购入大型设备,扣留质保金 50 000 元,质保期两年。

10. 计算本月应付职工薪酬共计 550 000 元,其中,工资 350 000 元,地方津贴补贴 200 000元。从中代扣个人应缴的住房公积金 30 000 元,社会保险费 25 000 元,个人所得税 2 000 元。

11. 财政以统发工资方式发放本月工资,并代为缴纳个人应缴的住房公积金、社会保险费和个人所得税。

12. 按规定计算出本月应发放的某项政府补贴款 180 000 元,并在本月末发放。

13. 收到民政部门调拨来的本地区的赈灾物资一批,价值 450 000 元,物资已验收入库。

14. 将民政部门调拨来的部分赈灾物资发放给灾民,本次发放物资价值 300 000 元。

(三)要求:根据上述各项经济业务,编制有关会计分录。

第十三章　行政单位净资产的核算

第一节　财政拨款结转和财政拨款结余的核算

一、财政拨款结转的核算

(一)财政拨款结转的概念

行政单位滚存的财政拨款结转资金,应当设置“财政拨款结转”科目核算,包括基本支出结转、项目支出结转。本科目应当设置“基本支出结转”“项目支出结转”两个明细科目;在“基本支出结转”明细科目下按照“人员经费”和“日常公用经费”进行明细核算,在“项目支出结转”明细科目下按照具体项目进行明细核算;本科目还应当按照《政府收支分类科目》中“支出功能分类科目”的项级科目进行明细核算。有公共财政预算拨款、政府性基金预算拨款等两种或两种以上财政拨款的行政单位,还应当按照财政拨款种类分别进行明细核算。本科目还可以根据管理需要按照财政拨款结转变动原因,设置“收支转账”“结余转账”“年初余额调整”“归集上缴”“归集调入”“单位内部调剂”“剩余结转”等明细科目,进行明细核算。

本科目期末贷方余额,反映行政单位滚存的财政拨款结转资金数额。

(二)财政拨款结转的主要账务处理

1. 调整以前年度财政拨款结转

因发生差错更正、以前年度支出收回等原因需要调整财政拨款结转的,按照实际调增财政拨款结转的金额,借记有关科目,贷记“财政拨款结转”科目(年初余额调整);按照实际调减财政拨款结转的金额,借记“财政拨款结转”科目(年初余额调整),贷记有关科目。

2. 从其他单位调入财政拨款结余资金

按照规定从其他单位调入财政拨款结余资金时,按照实际调增的额度数额或调入的资金数额,借记“零余额账户用款额度”“银行存款”等科目,贷记“财政拨款结转”科目(归集调入)及其明细。

3. 上缴财政拨款结转

按照规定上缴财政拨款结转资金时,按照实际核销的额度数额或上缴的资金数额,借记“财政拨款结转”科目(归集上缴)及其明细,贷记“财政应返还额度”“零余额账户用款额度”“银行存款”等科目。

4. 单位内部调剂结余资金

经财政部门批准对财政拨款结余资金改变用途，调整用于其他未完成项目等，按照调整的金额，借记“财政拨款结余”科目（单位内部调剂）及其明细，贷记“财政拨款结转”科目（单位内部调剂）及其明细。

5. 结转本年财政拨款收入和支出

年末，将财政拨款收入本年发生额转入“财政拨款结转”科目，借记“财政拨款收入——基本支出拨款、项目支出拨款”科目及其明细，贷记“财政拨款结转”科目（收支转账——基本支出结转、项目支出结转）及其明细。

年末，将财政拨款支出本年发生额转入“财政拨款结转”科目，借记“财政拨款结转”科目（收支转账——基本支出结转、项目支出结转）及其明细，贷记“经费支出——财政拨款支出——基本支出、项目支出”科目及其明细。

6. 将完成项目的结转资金转入财政拨款结余

年末完成上述财政拨款收支转账后，对各项目执行情况进行分析，按照有关规定将符合财政拨款结余性质的项目余额转入财政拨款结余，借记“财政拨款结转”科目（结余转账——项目支出结转）及其明细，贷记“财政拨款结余”（结余转账——项目支出结余）科目及其明细。

7. 年末冲销有关明细科目余额

年末收支转账后，将”财政拨款结转”科目所属“收支转账”“结余转账”“年初余额调整”“归集上缴”“归集调入”“单位内部调剂”等明细科目余额转入“剩余结转”明细科目；结转后，“财政拨款结转”科目除“剩余结转”明细科目外，其他明细科目应无余额。

【例 13－1】 某行政单位发生以下经济业务：

(1)上年度购买办公设备一台支出 30 000 元，因质量问题退回，收到退还款 30 000 元存入银行。

借：银行存款　　30 000
　　贷：财政拨款结转　　30 000

(2)上年度发生记账错误，错将委托代管资金 50 000 元记入财政拨款收入。

借：财政拨款结转　　50 000
　　贷：委托代理负债　　50 000

(3)财政部门按照规定从其他单位调入上年结余资金，增加本单位零余额授权额度 100 000元。

借：零余额账户用款额度　　100 000
　　贷：财政拨款结转——归集调入　　100 000

(4)年末，“财政拨款收入”科目余额 13 200 000 元（其中，基本支出拨款 11 200 000 元，项目支出拨款 2 000 000 元）、“经费支出”科目余额中财政拨款支出 10 200 000 元（其中，基本支出9 200 000元，项目支出 1 000 000 元），转入“财政拨款结转”科目。

借：财政拨款收入——基本支出拨款　　11 200 000
　　　　　　　　——项目支出拨款　　2 000 000
　　贷：财政拨款结转——收支转账——基本支出结转　　11 200 000
　　　　　　　　　　——收支转账——项目支出结转　　2 000 000

借：财政拨款结转——收支转账——基本支出结转　　9 200 000
　　　　　　　　——收支转账——项目支出结转　　1 000 000
　　贷：经费支出——财政拨款支出——基本支出　　9 200 000

——财政拨款支出——项目支出　　1 000 000

(5)按规定将授权支付额度内的基本支出拨款剩余资金500 000元上缴财政。

借:财政拨款结转——归集上缴——基本支出结转　　500 000

贷:零余额账户用款额度　　500 000

(6)项目资金结转中30 000元为已完成项目,将款项转入财政拨款结余。

借:财政拨款结转——结余转账——项目支出结转　　30 000

贷:财政拨款结余——结余转账——项目支出结余　　30 000

(7)年末结算完毕,冲销财政拨款结转各相关明细科目余额,其中,"收支转账——基本支出结转"为贷方余额2 000 000元,"收支转账——项目支出结转"为贷方余额1 000 000元,"归集上缴——基本支出结转"为借方余额500 000元,"结余转账——项目支出结余"为借方余额30 000元。

借:财政拨款结转——收支转账——基本支出结转　　2 000 000

——收支转账——项目支出结转　　1 000 000

贷:财政拨款结转——剩余结转——基本支出结转　　2 000 000

——剩余结转——项目支出结转　　1 000 000

借:财政拨款结转——剩余结转——基本支出结转　　500 000

——剩余结转——项目支出结转　　30 000

贷:财政拨款结转——归集上缴——基本支出结转　　500 000

——结余转账——项目支出结转　　30 000

二、财政拨款结余的核算

(一)财政拨款结余的概念

行政单位滚存的财政拨款项目支出结余资金,应当设置"财政拨款结余"科目,用来对已完成项目结余资金的核算。本科目应当按照具体项目、《政府收支分类科目》中"支出功能分类科目"的项级科目等进行明细核算。有公共财政预算拨款、政府性基金预算拨款等两种或两种以上财政拨款的行政单位,还应当按照财政拨款的种类分别进行明细核算。本科目还可以根据管理需要按照财政拨款结余变动原因,设置"结余转账""年初余额调整""归集上缴""单位内部调剂""剩余结余"等明细科目,进行明细核算。本科目期末贷方余额,反映行政单位滚存的财政拨款结余资金数额。

(二)财政拨款结余的主要账务处理

1. 调整以前年度财政拨款结余

因发生差错更正、以前年度支出收回等原因,需要调整财政拨款结余的,按照实际调增财政拨款结余的金额,借记有关科目,贷记"财政拨款结余"科目(年初余额调整);按照实际调减财政拨款结余的金额,借记"财政拨款结余"科目(年初余额调整),贷记有关科目。

2. 上缴财政拨款结余

按照规定上缴财政拨款结余时,按照实际核销的额度数额或上缴的资金数额,借记"财政拨款结余"科目(归集上缴)及其明细,贷记"财政应返还额度""零余额账户用款额度""银行存款"等科目。

3. 单位内部调剂结余资金

经财政部门批准将本单位完成项目结余资金调整用于基本支出或其他未完成项目支出

时，按照批准调剂的金额，借记“财政拨款结余”科目（单位内部调剂）及其明细，贷记“财政拨款结转”科目（单位内部调剂）及其明细。

4. 将完成项目的结转资金转入财政拨款结余

年末，对财政拨款各项目执行情况进行分析，按照有关规定将符合财政拨款结余性质的项目余额转入“财政拨款结余”科目，借记“财政拨款结转”科目（结余转账——项目支出结转）及其明细，贷记“财政拨款结余”科目（结余转账——项目支出结余）及其明细。

5. 年末冲销有关明细科目余额

年末，将“财政拨款结余”科目所属“结余转账”“年初余额调整”“归集上缴”“单位内部调剂”等明细科目余额转入“剩余结余”明细科目；结转后，”财政拨款结转”科目除“剩余结余”明细科目外，其他明细科目应无余额。

【例 13—2】 某行政单位发生以下有关财政拨款结余业务：

(1)上年度已完工的A项目因质量问题退回工程款120 000元，因为当时是财政直接支付付款，所以按原渠道退回财政直接清算户。原项目资金收支已转至财政拨款结余。

借：财政应返还额度　　120 000

　　贷：财政拨款结余——年初余额调整——A项目　　120 000

(2)按规定将B项目结余资金50 000元上缴财政，该资金已下达到受权支付额度内。

借：财政拨款结余——归集上缴——B项目　　50 000

　　贷：零余额账户用款额度　　50 000

(3)经批准将A项目结余资金中的100 000元调剂为未完工的C项目使用。

借：财政拨款结余——单位内部调剂——A项目　　100 000

　　贷：财政拨款结转——单位内部调剂——C项目　　100 000

(4)年末结算完毕，冲销财政拨款结余有关明细科目余额，其中，“结余转账”科目贷方余额600 000元，“年初余额调整”科目贷方余额150 000元，“归集上缴”科目借方余额300 000元，“单位内部调剂”科目借方余额100 000元。

借：财政拨款结余——结余转账　　600 000

　　　　　　　　——年初余额调整　　150 000

　　贷：财政拨款结余——剩余结余　　750 000

借：财政拨款结余——剩余结余　　400 000

　　贷：财政拨款结余——归集上缴　　300 000

　　　　　　　　　　——单位内部调剂　　100 000

第二节　其他资金结转结余的核算

一、其他资金结转结余的概念

行政单位除财政拨款收支以外的其他各项收支相抵后剩余的滚存资金，通过“其他资金结转结余”科目进行核算。本科目应当设置“项目结转”和“非项目结余”明细科目，分别对项目资金和非项目资金进行明细核算。对于项目结转，还应当按照具体项目进行明细核算。本科目还可以根据管理需要按照其他资金结转结余变动原因，设置“收支转账”“年初余额调整”“结余调剂”“剩余结转结余”等明细科目，进行明细核算。本科目期末贷方余额，反映行政单位滚存的各项非财政拨款资金结转结余数额。

二、其他资金结转结余的主要账务处理

（一）调整以前年度其他资金结转结余

因发生差错更正、以前年度支出收回等原因，需要调整其他资金结转结余的，按照实际调增的金额，借记有关科目，贷记“其他资金结转结余”科目（年初余额调整）及其相关明细。按照实际调减的金额，借记“其他资金结转结余”科目（年初余额调整）及其相关明细，贷记有关科目。

（二）结转本年其他资金收入和支出

1. 年末，将其他收入中的项目资金收入本年发生额转入“其他资金结转结余”科目，借记“其他收入”科目及其明细，贷记“其他资金结转结余”科目（项目结转——收支转账）及其明细；将其他收入中的非项目资金收入本年发生额转入“其他资金结转结余”科目，借记“其他收入”科目及其明细，贷记“其他资金结转结余”科目（非项目结余——收支转账）。

2. 年末，将其他资金支出中的项目支出本年发生额转入“其他资金结转结余”科目，借记“其他资金结转结余”科目（项目结转——收支转账）及其明细，贷记“经费支出——其他资金支出”科目（项目支出）及其明细、“拨出经费”科目（项目支出）及其明细；将其他资金支出中的基本支出本年发生额转入“其他资金结转结余”科目，借记“其他资金结转结余”科目（非项目结余——收支转账），贷记“经费支出——其他资金支出”科目（基本支出）、“拨出经费”科目（基本支出）。

（三）缴回或转出项目结余

完成上述转账后，对本年末各项目执行情况进行分析，区分年末已完成项目和尚未完成项目，在此基础上，对完成项目的剩余资金根据不同情况进行账务处理：

需要缴回原项目资金出资单位的，按照缴回的金额，借记“其他资金结转结余”科目（项目结转——结余调剂）及其明细，贷记“银行存款”“其他应付款”等科目。

将项目剩余资金留归本单位用于其他非项目用途的，按照剩余的项目资金金额，借记“其他资金结转结余”科目（项目结转——结余调剂）及其明细，贷记“其他资金结转结余”科目（非项目结余——结余调剂）。

（四）用非项目资金结余补充项目资金

用非项目资金结余补充项目资金时，按照实际补充项目资金的金额，借记“其他资金结转结余”科目（非项目结余——结余调剂），贷记“其他资金结转结余”科目（项目结转——结余调剂）及其明细科目。

（五）年末冲销有关明细科目余额

年末收支转账后，将“其他资金结转结余”科目所属“收支转账”“年初余额调整”“结余调剂”等明细科目余额转入“剩余结转结余”明细科目；转账后，“其他资金结转结余”科目除“剩余结转结余”明细科目外，其他明细科目应无余额。

【例 13－3】 某行政单位发生如下有关其他资金结转结余业务：

（1）年末，将“其他收入”科目的本年发生额 1 300 000 元（其中，项目资金 700 000 元，非项目资金 600 000 元），“经费支出”科目中其他资金支出 900 000（其中，项目支出 400 000 元，非

项目资金支500 000元)进行结转。

借:其他收入——项目资金 700 000

贷:其他资金结转结余——项目结转——收支转账 700 000

借:其他收入——非项目资金 600 000

贷:其他资金结转结余——非项目结余——收支转账 600 000

借:其他资金结转结余——项目结转——收支转账 400 000

贷:经费支出——其他资金支出——项目支出 400 000

借:其他资金结转结余——非项目结余——收支转账 500 000

贷:经费支出——其他资金支出——非项目支出 500 000

(2)项目结余资金中有已完成项目结余资金20 000元,按规定返还上级单位。

借:其他资金结转结余——项目结转——结余调剂 20 000

贷:银行存款 20 000

(3)将"其他资金结转结余"科目所属明细科目余额进行结转。其中,"项目结转——收支转账"科目贷方余额300 000元,"项目结转"——结余调剂"科目借方余额20 000元,"非项目结余——收支转账"科目贷方余额100 000元。

借:其他资金结转结余——项目结转——收支转账 300 000

贷:其他资金结转结余——项目结转——剩余结转结余 300 000

借:其他资金结转结余——非项目结转——收支转账 100 000

贷:其他资金结转结余——非项目结余——剩余结转结余 100 000

借:其他资金结转结余——项目结转——剩余结转结余 20 000

贷:其他资金结转结余——项目结转——结余调剂 20 000

第三节 资产基金的核算

一、资产基金的概念

行政单位的预付账款、存货、固定资产、在建工程、无形资产、政府储备物资、公共基础设施等非货币性资产在净资产中占用的金额,应通过"资产基金"科目核算。本科目应当设置"预付款项""存货""固定资产""在建工程""无形资产""政府储备物资""公共基础设施"等明细科目,进行明细核算。本科目期末贷方余额反映行政单位非货币性资产在净资产中占用的金额。

二、资产基金的主要账务处理

1. 资产基金应当在发生预付账款,取得存货、固定资产、在建工程、无形资产、政府储备物资、公共基础设施时确认增加。

(1)发生预付账款时,按照实际发生的金额,借记"预付账款"科目,贷记"资产基金"科目(预付款项);同时,按照实际支付的金额,借记"经费支出"科目,贷记"财政拨款收入""零余额账户用款额度""银行存款"等科目。

(2)取得存货、固定资产、在建工程、无形资产、政府储备物资、公共基础设施等资产时,按照取得资产的成本，借记“存货”“固定资产”“在建工程”“无形资产”“政府储备物资”“公共基础设施”等科目，贷记“资产基金”科目（存货、固定资产、在建工程、无形资产、政府储备物资、公共基础设施）；同时，按照实际发生的支出，借记“经费支出”科目，贷记“财政拨款收入”“零余额账户用款额度”“银行存款”等科目。

2. 收到预付账款购买的物资或服务时，应当相应冲减资产基金。

收到预付账款购买的物资或服务时，按照相应的预付账款金额，借记“资产基金”科目（预付款项），贷记“预付账款”科目。

3. 领用和发出存货、政府储备物资时，应当相应冲减资产基金。

领用和发出存货、政府储备物资时，按照领用和发出存货、政府储备物资的成本，借记“资产基金”科目（存货、政府储备物资），贷记“存货”“政府储备物资”科目。

4. 计提固定资产折旧、公共基础设施折旧、无形资产摊销时，应当冲减资产基金。

计提固定资产折旧、公共基础设施折旧、无形资产摊销时，按照计提的折旧、摊销金额，借记“资产基金”科目（固定资产、公共基础设施、无形资产），贷记“累计折旧”“累计摊销”科目。

5. 无偿调出、对外捐赠存货、固定资产、无形资产、政府储备物资、公共基础设施时，应当冲减该资产对应的资产基金。

无偿调出、对外捐赠存货、政府储备物资时，按照存货、政府储备物资的账面余额，借记“资产基金”科目及其明细，贷记“存货”“政府储备物资”等科目。

无偿调出、对外捐赠固定资产、公共基础设施、无形资产时，按照相关固定资产、公共基础设施、无形资产的账面价值借记“资产基金”科目及其明细，按照已计提折旧、已计提摊销的金额借记“累计折旧”“累计摊销”科目，按照固定资产、公共基础设施、无形资产的账面余额贷记“固定资产”“公共基础设施”“无形资产”科目。

6. 通过“待处理财产损溢”科目核算的资产处置，有关本科目的账务处理参见“待处理财产损溢”科目。

【例 13－4】 某行政单位发生与资产基金相关的业务如下：

(1)签订采购合同，购买办公电脑一批，合同价款 500 000 元，签订合同日以授权支付方式预付货款 100 000 元。

借：经费支出	100 000	
贷：零余额账户用款额度		100 000
借：预付账款	100 000	
贷：资金基金——预付账款		100 000

(2)上述办公电脑到货，已验收完毕，填写直接支付申请书，支付其余货款 400 000 元。

借：经费支出	400 000	
贷：财政拨款收入		400 000
借：资产基金——预付账款	100 000	
贷：预付账款		100 000
借：固定资产	500 000	
贷：资产基金——固定资产		500 000

(3)下月末，按管理规定对上述电脑计提当月折旧 7 000 元。

借：资产基金——固定资产	7 000	
贷：累计折旧		7 000

第四节　待偿债净资产的核算

一、待偿债净资产的概念

行政单位因发生应付账款和长期应付款而相应需在净资产中冲减的金额，通过“待偿债净资产”科目核算。本科目期末借方余额，反映行政单位因尚未支付的应付账款和长期应付款而需相应冲减净资产的金额。

二、待偿债净资产的主要账务处理

1. 发生应付账款、长期应付款时，按照实际发生的金额，借记“待偿债净资产”科目，贷记“应付账款”“长期应付款”等科目。

2. 偿付应付账款、长期应付款时，按照实际偿付的金额，借记“应付账款”“长期应付款”等科目，贷记“待偿债净资产”科目；同时，按照实际支付的金额，借记“经费支出”科目，贷记“财政拨款收入”“零余额账户用款额度”“银行存款”等科目。

3. 因债权人原因，核销确定无法支付的应付账款、长期应付款时，按照报经批准核销的金额，借记“应付账款”“长期应付款”科目，贷记“待偿债净资产”科目。

【例 13－5】 某行政单位发生如下经济业务：

(1)购买大型设备一台，价款 150 000 元，设备已验收，款项未付。

	借方	贷方
借：固定资产	150 000	
贷：资产基金——固定资产	150 000	
借：待偿债净资产	150 000	
贷：应付账款		150 000

(2)一个月以后，填写财政直接支付凭证偿付该欠款 150 000 元。

	借方	贷方
借：应付账款	150 000	
贷：待偿债净资产		150 000
借：经费支出	150 000	
贷：财政拨款收入		150 000

1. 简述行政单位净资产的内容。
2. 行政单位净资产如何确认与计量？
3. 行政单位净资产有哪些管理要求？
4. 什么是资产基金？资产基金的明细核算都有哪些内容？
5. 行政单位都有哪些结转、结余科目，在使用时如何区分？
6. 待偿债净资产科目是哪两个科目的冲减科目？设置这样一个科目的意义是什么？

业务题

(一)目的:练习净资产的账务处理。

(二)资料:某行政单位发生如下经济业务:

1. 竣工职工宿舍楼一幢,造价 19 400 000 元,经验收合格已交付使用。

2. 经批准报废一辆汽车,价值 180 000 元,已提折旧 150 000 元。

3. 无偿调给本系统 A 单位一台办公设备,价值 39 000 元。

4. 收到捐赠图书一批,价值 760 000 元。

5. 购买大型会议室用桌椅一批,价值 400 000,桌椅已验收,款项未付。

6. 进行年终结账,本年度财政拨款收入 9 500 万元(其中,基本经费 8 000 万元,项目经费 1 500 万元),其他收入 200 万元(均为非专项资金);本年度经费支出 9 260 万元(其中,财政拨款的基本支出 7 900 万元,财政拨款的项目支出 1 200 万元,其他资金支出 160 万元),结余 440 万元(结余的财政拨款项目资金中有已完工项目结余 8 万元)。

(三)要求:根据上述资料,编制有关会计分录。

第十四章　行政单位收入的核算

第一节　财政拨款收入的核算

一、财政拨款收入的概念

行政单位从同级财政部门取得的财政预算资金，应通过“财政拨款收入”科目核算。本科目应当设置“基本支出拨款”和“项目支出拨款”两个明细科目，分别核算行政单位取得用于基本支出和项目支出的财政拨款资金；同时，按照《政府收支分类科目》中“支出功能分类科目”的项级科目进行明细核算；在“基本支出拨款”明细科目下按照“人员经费”和“日常公用经费”进行明细核算，在“项目支出拨款”明细科目下按照具体项目进行明细核算。有公共财政预算拨款、政府性基金预算拨款等两种或两种以上财政拨款的行政单位，还应当按照财政拨款的种类分别进行明细核算。年终结账后，本科目应无余额。

二、财政拨款收入的主要账务处理

1. 财政直接支付方式下，行政单位根据收到的“财政直接支付入账通知书”及相关原始凭证，借记“经费支出”科目，贷记“财政拨款收入”科目。

年末，行政单位根据本年度财政直接支付预算指标数与财政直接支付实际支出数的差额，借记“财政应返还额度——财政直接支付”科目，贷记“财政拨款收入”科目。

2. 财政授权支付方式下，行政单位根据收到的“财政授权支付额度到账通知书”，借记“零余额账户用款额度”等科目，贷记“财政拨款收入”科目。

年末，如行政单位本年度财政授权支付预算指标数大于财政授权支付额度下达数，根据两者间的差额，借记“财政应返还额度——财政授权支付”科目，贷记“财政拨款收入”科目。

3. 其他方式下，实际收到财政拨款收入时，借记“银行存款”等科目，贷记“财政拨款收入”科目。

4. 本年度财政直接支付的资金收回时，借记“财政拨款收入”科目，贷记“经费支出”等科目。

5. 年末，将“财政拨款收入”科目本年发生额转入财政拨款结转时，借记“财政拨款收入”科目，贷记“财政拨款结转”科目。

【例 14—1】 某行政单位12月份发生以下业务：

(1)根据经过批准的部门预算和用款计划，向财政部门申请支付宣传材料印刷费 11 000 元，财政部门审核后，采用财政直接支付方式为其向印刷厂支付。

借：经费支出　　11 000

　　贷：财政拨款收入　　11 000

(2)代理银行转来财政部门按照用款计划下达的财政授权支付额度到账通知书，下达用款额度 270 000 元。

借：零余额账户用款额度　　270 000

　　贷：财政拨款收入　　270 000

(3)年末对账时，财政直接支付预算指标数尚有 200 000 元未支出，财政授权支付预算指标数尚有 50 000 元额度未下达，均为基本经费。

借：财政应返还额度——财政直接支付　　200 000

　　　　　　　　——财政授权支付　　50 000

　　贷：财政拨款收入——基本支出拨款　　250 000

(4)本年财政拨入专项经费 4 000 000 元，基本经费 62 000 000 元，编制年末结转分录。

借：财政拨款收入——专项支出拨款　　4 000 000

　　　　　　　　——基本支出拨款　　62 000 000

　　贷：财政拨款结转——专项支出结转　　4 000 000

　　　　　　　　　　——基本支出结转　　62 000 000

第二节　其他收入的核算

一、其他收入的概念

行政单位取得的除财政拨款收入以外的其他各项收入，如从非同级财政部门、上级主管部门等取得的用于完成项目或专项任务的资金、库存现金溢余等，应当通过“其他收入”科目核算。行政单位从非同级财政部门、上级主管部门等取得指定转给其他单位，且未纳入本单位预算管理的资金，不通过本科目核算，应当通过“其他应付款”科目核算。年终结账后，本科目应无余额。

本科目应当按照其他收入的类别、来源单位、项目资金和非项目资金进行明细核算。对于项目资金收入，还应当按照具体项目进行明细核算。

二、其他收入的主要账务处理

1. 收到属于其他收入的各种款项时，按照实际收到的金额，借记“银行存款”“库存现金”等科目，贷记“其他收入”科目。

2. 年末，将“其他收入”科目本年发生额转入其他资金结转结余时，借记“其他收入”科目，贷记“其他资金结转结余”科目。

【例 14－2】　某行政单位收到银行转来利息收入票据，本月银行存款利息收入 200 元。

借：银行存款　　200

贷:其他收入——利息收入　　200

复习思考题

1. 财政拨款收入应当如何设置明细科目?

2. 其他收入的来源有哪些? 如何进行核算?

业务题

(一)目的:练习行政单位收入的核算。

(二)资料:某行政单位发生如下业务:

1. 代理银行转来财政部门按照用款计划下达的财政授权支付额度到账通知书,下达用款额度 500 000 元。

2. 根据经过批准的部门预算和用款计划,向财政部门申请支付办公楼取暖费 150 000 元,财政部门审核后,采用财政直接支付方式将款项支付给供热公司。

3. 收到本月的财政统发工资单,本月已计提的职工工资 620 000 元,已直接打入职工个人工资卡。

4. 上级主管部门拨来专项培训经费 200 000 元。

5. 有无法偿付的其他应付款一笔,金额 500 元,经批准留归本单位使用。

(三)要求:根据上述资料,编制有关会计分录。

第十五章　行政单位支出的核算

第一节　经费支出的核算

一、经费支出的概念

行政单位在开展业务活动中发生的各项支出，均通过“经费支出”科目核算。本科目应当分别按照“财政拨款支出”和“其他资金支出”、“基本支出”和“项目支出”等分类进行明细核算；并按照《政府收支分类科目》中“支出功能分类科目”的项级科目进行明细核算；“基本支出”和“项目支出”明细科目下，应当按照《政府收支分类科目》中“支出经济分类科目”的款级科目进行明细核算；同时，在“项目支出”明细科目下按照具体项目进行明细核算。有公共财政预算拨款、政府性基金预算拨款等两种或两种以上财政拨款的行政单位，还应当按照财政拨款的种类分别进行明细核算。年终结账后，本科目应无余额。

二、经费支出的主要账务处理

1. 计提单位职工薪酬时，按照计算出的金额，借记“经费支出”科目，贷记“应付职工薪酬”科目。

【例 15－1】 某行政单位月末计算提取本月的职工薪酬 220 000 元。

借：经费支出——财政拨款支出——基本支出——人员支出　　220 000

　　贷：应付职工薪酬　　220 000

2. 支付外部人员劳务费时，按照应当支付的金额借记“经费支出”科目，按照代扣代缴个人所得税的金额贷记“应缴税费”科目，按照扣税后实际支付的金额贷记“财政拨款收入”“零余额账户用款额度”“银行存款”等科目。

3. 支付购买存货、固定资产、无形资产、政府储备物资和工程结算的款项时，按照实际支付的金额，借记“经费支出”科目，贷记“财政拨款收入”“零余额账户用款额度”“银行存款”等科目；同时，按照采购或工程结算成本，借记“存货”“固定资产”“无形资产”“在建工程”“政府储备物资”等科目，贷记“资产基金”科目及其明细。

4. 发生预付账款的，按照实际预付的金额，借记“经费支出”科目，贷记“财政拨款收入”“零余额账户用款额度”“银行存款”等科目；同时，借记“预付账款”科目，贷记“资产基金——预付款项”科目。

5. 偿还应付款项时，按照实际偿付的金额，借记“经费支出”科目，贷记“财政拨款收入”“零余额账户用款额度”“银行存款”等科目；同时，借记“应付账款”“长期应付款”科目，贷记“待偿债净资产”科目。

6. 发生其他各项支出时，按照实际支付的金额，借记“经费支出”科目，贷记“财政拨款收入”“零余额账户用款额度”“银行存款”等科目。

7. 行政单位因退货等原因发生支出收回的，属于当年支出收回的，借记“财政拨款收入”“零余额账户用款额度”“银行存款”等科目，贷记“经费支出”科目；属于以前年度支出收回的，借记“财政应返还额度”“零余额账户用款额度”“银行存款”等科目，贷记“财政拨款结转”“财政拨款结余”“其他资金结转结余”等科目。

【例 15—2】 某行政单位购入办公耗材一批，价值 40 000 元，材料已入库，开出财政授权支付申请书支付货款 30 000 元，其余款项未付。

借：经费支出——财政拨款支出——基本支出——办公费　　30 000
　　贷：零余额账户用款额度　　30 000
借：应付账款　　10 000
　　贷：待偿债净资产　　10 000
借：存货——办公耗材　　40 000
　　贷：资产基金——存货　　40 000

一个月后用银行存款偿还应付账款 10 000 元。

借：经费支出——财政拨款支出——基本支出——办公费　　10 000
　　贷：银行存款　　10 000
借：待偿债净资产　　10 000
　　贷：应付账款　　10 000

使用中发现，所购入的办公耗材有部分存在质量问题，经协调，销货方同意退货，退回货款 5 000 元打入银行账户。

借：银行存款　　5 000
　　贷：经费支出——财政拨款支出——基本支出——办公费　　5 000
借：资产基金——存货　　5 000
　　贷：存货——办公耗材　　5 000

8. 年末，将“经费支出”科目本年发生额分别转入财政拨款结转和其他资金结转结余时，借记“财政拨款结转”“其他资金结转结余”科目，贷记“经费支出”科目。

第二节　拨出经费的核算

一、拨出经费的概念

行政单位向所属单位拨出的纳入单位预算管理的非同级财政拨款资金，如拨给所属单位的专项经费和补助经费等，通过“拨出经费”科目核算。本科目应当分别按照“基本支出”和“项目支出”进行明细核算，还应当按照接受拨出经费的具体单位和款项类别等分别进行明细核算。年终结账后，本科目应无余额。

二、拨出经费的主要账务处理

1. 向所属单位拨付非同级财政拨款资金等款项时，借记“拨出经费”科目，贷记“银行存款”等科目。

2. 收回拨出经费时，借记“银行存款”等科目，贷记“拨出经费”科目。

3. 年末，将“拨出经费”科目本年发生额转入其他资金结转结余时，借记“其他资金结转结余”科目，贷记“拨出经费”科目。

【例 15—3】 某行政单位向所属 A 单位拨出办公补助费 50 000 元，资金来源为非同级财政拨款。

借：拨出经费——基本支出——A 单位　　50 000
　　贷：银行存款　　50 000

【例 15—4】 某行政单位年末将“拨出经费”科目借方发生额 300 000 元结转。

借：其他资金结转结余——基本支出结余　　300 000
　　贷：拨出经费　　300 000

复习思考题

1. 什么是经费支出？经费支出明细科目如何设置？
2. 经费支出各明细科目年末时如何结转？
3. 什么是拨出经费？拨出经费如何核算？

业务题

☞ 业务一

(一)目的：练习行政单位经费支出的核算。

(二)资料：某行政单位发生如下支出业务：

1. 计算本月职工薪酬，工资表中有关资料如下：

应付基本工资 700 000 元，应付津贴补贴 400 000 元，共计 1 100 000 元，其中应代扣代缴社会保险费 50 000 元，应代扣代缴公积金 85 000 元，应代扣代缴个人所得税 3 000 元。

2. 维修暖气，应支付雇用工人劳务费 5 000 元，其中包含应代扣代缴的税款 300 元，扣除税款后，用财政授权方式支付给工人 4 700 元。

3. 收到银行付款通知，银行已代付上月电费 4 400 元。

4. 张晓红报销差旅费 3 800 元，退回现金 200 元。

5. 用财政专项拨款 300 000 元购入专用设备，款项已通过财政直接支付，设备已验收入库。

6. 用上级部门拨入的专项资金预付 A 项目设备定金 200 000 元，已通过银行转账支付。

7. 用财政拨入的基本经费支付欠付的办公材料货款 19 000 元，填写财政授权支付申请书支付。

8. 通过银行转账支付单位公务用车保险费 4 500 元。

9. 以现金支付临时工工资 21 000 元。

10. A 项目中设备的供应商因遇不可抗力不能履行合同，设备定金 200 000 元退回单位银行存款账户。

（三）要求：根据上述资料编制会计分录。

☞ **业务二**

（一）目的：练习行政单位拨出经费的核算。

（二）资料：某行政单位发生如下支出业务：

1. 用上级拨入的专项经费向下属的 A 单位拨出设备更新专款 280 000 元。

2. 用本单位预算中的其他收入资金拨付给下属 B 单位 60 000 元，用于补充其办公经费。

3. 年末，“拨出经费”科目借方发生额合计 750 000 元，其中，项目支出 650 000 元，基本支出 100 000 元，结转入净资产类科目。

（三）要求：根据上述资料编制会计分录。

第十六章　行政单位财务报表

第一节　财务报表概述

一、行政单位财务报表的概念与作用

(一)财务报表的概念

财务报表是反映行政单位财务状况和预算执行结果等的书面文件,由会计报表及其附注构成。会计报表包括资产负债表、收入支出表、财政拨款收入支出表等。

(二)定期编制会计报表的作用

第一,行政单位利用会计报表及其他有关资料,可以分析和检查单位预算的执行情况,发现预算管理和财务管理工作中存在的问题,以便采取有效措施,改进预算管理工作,提高财务管理水平。

第二,行政单位各级主管部门利用下级单位的会计报表,可以考核各单位执行国家有关方针政策的情况,督促各单位认真遵守财经制度与法规,维护财经纪律。主管部门对全系统的会计报表汇总后,还可以分析和检查全系统的预算执行情况,提高全系统的预算管理工作水平。

第三,财政机关利用行政单位上报的会计报表,便于掌握各行政单位的预算执行进度,正确地核算预算支出,还可以了解各行政单位执行预算的情况和存在的问题,指导和帮助各行政单位做好预算会计工作,提高预算管理质量。

二、财务报表列报的基本要求

为了充分发挥财务报告应有的作用,行政单位必须按照《行政单位会计制度》和财政部门统一规定的格式、内容和编制方法编制财务报告,做到数字真实、内容完整、报送及时。

(一)数字真实

财务报告必须真实可靠,数字准确,真实反映单位预算执行情况和收支情况。编报时应以核对无误的会计账簿数字为依据,不能以估计数、计划数填报,更不能弄虚作假、篡改和伪造会计数据,也不能由上级单位估计数代编。为此,各单位必须按期结账,一般不能为赶编报表而提前结账。编制报表前,要认真核对有关账目,切实做到账表相符、账证相符、账账相符和账实相符,保证财务报告的真实性。

(二)内容完整

财务报告必须内容完整，按照统一规定的报表种类、格式和内容编报齐全，不能漏报。规定的格式和栏次不论是表内项目还是补充资料，应填的项目、内容要填列齐全，不能任意取舍，不能随意改变有关数据的会计口径，要成为一套完整的指标体系，以满足会计报表在本部门、本地区以及全国的逐级汇总分析需要。

(三)报送及时

财务报表必须按国家规定的期限和程序，在保证报表真实、完整的前提下上报财政部门。如果一个单位的财务报告不及时报送，势必影响财政部门乃至全国的逐级汇总，影响全局对会计信息的分析。为此，应当科学合理地组织好日常的会计核算工作，加强会计部门内、外部间的协调与配合，以便工作并尽快地编制出会计报表，满足预算管理和财务管理的需要。

行政单位资产负债表、财政拨款收入支出表和附注应当至少按照年度编制，收入支出表应当按照月度和年度编制。

(四)签章齐全

财务报表应当由单位负责人和主管会计工作的负责人、会计机构负责人(会计主管人员)签名并盖章，缺少签章或未按规定履行签章程序的报表不得上报或存档。

三、财务报表的分类

1. 行政单位财务报表按反映的经济内容不同，由会计报表及其附注构成。会计报表包括资产负债表、收入支出表、财政拨款收入支出表等。

(1)资产负债表是反映行政单位在某一特定日期财务状况的报表。资产负债表应当按照资产、负债和净资产分类、分项列示。

(2)收入支出表是反映行政单位在某一会计期间全部预算收支执行结果的报表。收入支出表应当按照收入、支出的构成和结转结余情况分类、分项列示。

(3)财政拨款收入支出表是反映行政单位在某一会计期间财政拨款收入、支出、结转及结余情况的报表。

(4)附注是指对在会计报表中列示项目的文字描述或明细资料，以及对未能在会计报表中列示项目的说明等。

财务报表上述组成部分同等重要。

2. 会计报表按编报的时间不同，可分为月报、季报和年报。行政单位应当按财政部门或上级主管部门的规定报送月报、季报和年报。

(1)月报是反映行政单位截至报告月度预算资金活动和预算收支情况的报表，主要用于满足本单位预算和财务管理的需要，一般要求编报资产负债表、收入支出表。

(2)季报是分析、检查行政单位季度预算资金活动情况和经费收支执行情况的报表，应在月报的基础上较详细地反映单位经费收支执行的全貌。各单位的季报，一般要求在月报的基础上加报基本数字表等。

(3)年报又称年度决算，是全面反映行政单位年度预算资金活动和经费收支结果的报表。按照年报的编制财政部门和上级单位下达的有关单位决算编审规定组织执行。

3. 行政单位会计报表按编报的层次，又可分为本级报表和汇总报表。本级报表是反映各行政单位预算执行情况和资金活动情况的报表；汇总报表是各主管部门对本单位和所属单位的报表进行汇总后编制的报表。基层会计单位，只编报本级会计报表；二级单位和主管会计单位，要先编报本级报表，然后编报汇总的报表。

第二节 资产负债表

资产负债表是反映行政单位在某一特定日期（月末、季末、年末）财务状况的报表。资产负债表应当按照资产、负债和净资产分类、分项列示。现行制度的资产负债表内不包括收入和支出项目。

行政单位的资产负债表是反映行政单位在某一特定日期财务状况的报表，它向有关方面提供以下几方面的信息资料：

(1)行政单位某一日期所掌握的经济资源及这些资源的分布和结构；

(2)行政单位某一日期的负债及其结构；

(3)行政单位的净资产情况。

通过对资产负债表的分析，可以了解行政单位的财务实力、短期偿债能力和支付能力，若把前后期的资产负债表加以对照分析，还可以看出行政单位资产负债变化情况及财务状况的发展趋势。

一、资产负债表的结构

资产负债表的结构如表16－1所示。

表16－1　　资产负债表

会行政01表

编制单位：　　　　年　月　日　　　　单位：元

资　产	年初余额	期末余额	负债和净资产	年初余额	期末余额
流动资产：			**流动负债：**		
库存现金			应缴财政款		
银行存款			应交税费		
财政应返还额度			应付职工薪酬		
应收账款			应付账款		
预付账款			应付政府补贴款		
其他应收款			其他应付款		
存货			一年内到期的非流动负债		
流动资产合计			流动负债合计		
固定资产			**非流动负债：**		
固定资产原价			长期应付款		
减：固定资产累计折旧			受托代理负债		
在建工程			负债合计		

续表

资　产	年初余额	期末余额	负债和净资产	年初余额	期末余额
无形资产					
无形资产原价					
减:累计摊销					
待处理财产损溢			财政拨款结转		
政府储备物资			财政拨款结余		
公共基础设施			其他资金结转结余		
公共基础设施原价			其中:项目结转		
减:公共基础设施累计折旧			资产基金		
公共基础设施在建工程			待偿债净资产		
受托代理资产			净资产合计		
资产总计			**负债和净资产总计**		

二、资产负债表的编制方法

本表"年初余额"栏内各项数字,应当根据上年年末资产负债表"期末余额"栏内数字填列。如果本年度资产负债表规定的各个项目的名称和内容同上年度不相一致,应对上年年末资产负债表各项目的名称和数字按照本年度的规定进行调整,填入本表"年初余额"栏内。

本表"期末余额"栏各项目的内容和填列方法如下:

1. 资产类项目

(1)"库存现金"项目,反映行政单位期末库存现金的金额。本项目应当根据"库存现金"科目的期末余额填列;期末库存现金中有属于受托代理现金的,本项目应当根据"库存现金"科目的期末余额减去其中属于受托代理的现金金额后的余额填列。

(2)"银行存款"项目,反映行政单位期末银行存款的金额。本项目应当根据"银行存款"科目的期末余额填列;期末银行存款中有属于受托代理存款的,本项目应当根据"银行存款"科目的期末余额减去其中属于受托代理的存款金额后的余额填列。

(3)"财政应返还额度"项目,反映行政单位期末财政应返还额度的金额。本项目应当根据"财政应返还额度"科目的期末余额填列。

(4)"应收账款"项目,反映行政单位期末尚未收回的应收账款金额。本项目应当根据"应收账款"科目的期末余额填列。

(5)"预付账款"项目,反映行政单位预付给物资或者服务提供者款项的金额。本项目应当根据"预付账款"科目的期末余额填列。

(6)"其他应收款"项目,反映行政单位期末尚未收回的其他应收款余额。本项目应当根据"其他应收款"科目的期末余额填列。

(7)"存货"项目,反映行政单位期末为开展业务活动耗用而储存的存货的实际成本。本项目应当根据"存货"科目的期末余额填列。

(8)"固定资产"项目,反映行政单位期末各项固定资产的账面价值。本项目应当根据"固定资产”科目的期末余额减去“累计折旧”科目中“固定资产累计折旧”明细科目的期末余额后的金额填列。

“固定资产原价”项目，反映行政单位期末各项固定资产的原价。本项目应当根据“固定资产”科目的期末余额填列。

“固定资产累计折旧”项目，反映行政单位期末各项固定资产的累计折旧金额。本项目应当根据“累计折旧”科目中“固定资产累计折旧”明细科目的期末余额填列。

(9)“在建工程”项目，反映行政单位期末除公共基础设施在建工程以外的尚未完工交付使用的在建工程的实际成本。本项目应当根据“在建工程”科目中属于非公共基础设施在建工程的期末余额填列。

(10)“无形资产”项目，反映行政单位期末各项无形资产的账面价值。本项目应当根据“无形资产”科目的期末余额减去“累计摊销”科目的期末余额后的金额填列。

“无形资产原价”项目，反映行政单位期末各项无形资产的原价。本项目应当根据“无形资产”科目的期末余额填列。

“累计摊销”项目，反映行政单位期末各项无形资产的累计摊销金额。本项目应当根据“累计摊销”科目的期末余额填列。

(11)“待处理财产损溢”项目，反映行政单位期末待处理财产的价值及处理损溢。本项目应当根据“待处理财产损溢”科目的期末借方余额填列；如“待处理财产损溢”科目期末为贷方余额，则以“－”号填列。

(12)“政府储备物资”项目，反映行政单位期末储存管理的各种政府储备物资的实际成本。本项目应当根据“政府储备物资”科目的期末余额填列。

(13)“公共基础设施”项目，反映行政单位期末占有并直接管理的公共基础设施的账面价值。本项目应当根据“公共基础设施”科目的期末余额减去“累计折旧”科目中“公共基础设施累计折旧”明细科目的期末余额后的金额填列。

“公共基础设施原价”项目，反映行政单位期末占有并直接管理的公共基础设施的原价。本项目应当根据“公共基础设施”科目的期末余额填列。

“公共基础设施累计折旧”项目，反映行政单位期末占有并直接管理的公共基础设施的累计折旧金额。本项目应当根据“累计折旧”科目中“公共基础设施累计折旧”明细科目的期末余额填列。

(14)“公共基础设施在建工程”项目，反映行政单位期末尚未完工交付使用的公共基础设施在建工程的实际成本。本项目应当根据“在建工程”科目中属于公共基础设施在建工程的期末余额填列。

(15)“受托代理资产”项目，反映行政单位期末受托代理资产的价值。本项目应当根据“受托代理资产”科目的期末余额(扣除其中受托储存管理物资的金额)加上“库存现金”“银行存款”科目中属于受托代理资产的现金余额和银行存款余额的合计数填列。

2. 负债类项目

(16)“应缴财政款”项目，反映行政单位期末按规定应当上缴财政的款项(应缴税费除外)。本项目应当根据“应缴财政款”科目的期末余额填列。

(17)“应交税费”项目，反映行政单位期末应交未交的各种税费。本项目应当根据“应交税费”科目的期末贷方余额填列；如“应交税费”科目期末为借方余额，则以“－”号填列。

(18)“应付职工薪酬”项目，反映行政单位期末尚未支付给职工的各种薪酬。本项目应当根据“应付职工薪酬”科目的期末余额填列。

(19)“应付账款”项目，反映行政单位期末尚未支付的偿还期限在1年以内(含1年)的应付账款的金额。本项目应当根据“应付账款”科目的期末余额填列。

(20)“应付政府补贴款”项目，反映行政单位期末尚未支付的应付政府补贴款的金额。本项目应当根据“应付政府补贴款”科目的期末余额填列。

(21)“其他应付款”项目，反映行政单位期末尚未支付的其他各项应付及暂收款项的金额。本项目应当根据“其他应付款”科目的期末余额填列。

(22)“一年内到期的非流动负债”项目，反映行政单位期末承担的1年以内(含1年)到偿还期的非流动负债。本项目应当根据“长期应付款”等科目的期末余额分析填列。

(23)“长期应付款”项目，反映行政单位期末承担的偿还期限超过1年的应付款项。本项目应当根据“长期应付款”科目的期末余额减去其中1年以内(含1年)到偿还期的长期应付款金额后的余额填列。

(24)“受托代理负债”项目，反映行政单位期末受托代理负债的金额。本项目应当根据“受托代理负债”科目的期末余额(扣除其中受托储存管理物资对应的金额)填列。

3. 净资产类项目

(25)“财政拨款结转”项目，反映行政单位期末滚存的财政拨款结转资金。本项目应当根据“财政拨款结转”科目的期末余额填列。

(26)“财政拨款结余”项目，反映行政单位期末滚存的财政拨款结余资金。本项目应当根据“财政拨款结余”科目的期末余额填列。

(27)“其他资金结转结余”项目，反映行政单位期末滚存的除财政拨款以外的其他资金结转结余的金额。本项目应当根据“其他资金结转结余”科目的期末余额填列。

“项目结转”项目，反映行政单位期末滚存的非财政拨款未完成项目结转资金。本项目应当根据“其他资金结转结余”科目中“项目结转”明细科目的期末余额填列。

(28)“资产基金”项目，反映行政单位期末预付账款、存货、固定资产、在建工程、无形资产、政府储备物资、公共基础设施等非货币性资产在净资产中占用的金额。本项目应当根据“资产基金”科目的期末余额填列。

(29)“待偿债净资产”项目，反映行政单位期末因应付账款和长期应付款等负债而相应需在净资产中冲减的金额。本项目应当根据“待偿债净资产”科目的期末借方余额以“－”号填列。

行政单位按月编制资产负债表的，应当遵照以下规定编制：

第一，月度资产负债表应在资产部分“银行存款”项目下增加“零余额账户用款额度”项目。

第二，“零余额账户用款额度”项目，反映行政单位期末零余额账户用款额度的金额。本项目应当根据“零余额账户用款额度”科目的期末余额填列。

第三，“财政拨款结转”项目，应当根据“财政拨款结转”科目的期末余额，加上“财政拨款收入”科目本年累计发生额，减去“经费支出——财政拨款支出”科目本年累计发生额后的余额填列。

第四，“其他资金结转结余”项目，应当根据“其他资金结转结余”科目的期末余额，加上“其他收入”科目本年累计发生额，减去“经费支出——其他资金支出”科目本年累计发生额，再减去“拨出经费”科目本年累计发生额后的余额填列。

“项目结转”项目，应当根据“其他资金结转结余”科目中“项目结转”明细科目的期末余额，加上“其他收入”科目中项目收入的本年累计发生额，减去“经费支出——其他资金支出”科目中项目支出本年累计发生额，再减去“拨出经费”科目中项目支出本年累计发生额后的余额填列。

第五，月度资产负债表其他项目的填列方法与年度资产负债表的填列方法相同。

第三节　收入支出表

收入支出表是反映行政单位在某一会计期间全部预算收支执行结果的报表。收入支出表应当按照收入、支出的构成和结转结余情况分类、分项列示。

行政单位的收入支出表是一张时期报表，它可以让报表使用者了解行政单位一定时期的财政补助资金和其他资金的收支结余情况，从而判断该单位的预算执行情况是否合理。

一、收入支出表的结构

收入支出表的结构，如表16－2所示。

表16－2　　**收入支出表**

会行政02表

编制单位：　　年　月　日　　单位：元

项　目	本月数	本年累计数
一、年初各项资金结转结余		
(一)年初财政拨款结转结余		
1. 财政拨款结转		
2. 财政拨款结余		
(二)年初其他资金结转结余		
二、各项资金结转结余调整及变动		
(一)财政拨款结转结余调整及变动		
(二)其他资金结转结余调整及变动		
三、收入合计		
(一)财政拨款收入		
1. 基本支出拨款		
2. 项目支出拨款		
(二)其他资金收入		
1. 非项目收入		
2. 项目收入		
四、支出合计		

续表

项　目	本月数	本年累计数
(一)财政拨款支出		
1. 基本支出		
2. 项目支出		
(二)其他资金支出		
1. 非项目支出		
2. 项目支出		
五、本期收支差额		
(一)财政拨款收支差额		
(二)其他资金收支差额		
六、年末各项资金结转结余		
(一)年末财政拨款结转结余		
1. 财政拨款结转		
2. 财政拨款结余		
(二)年末其他资金结转结余		

二、收入支出表的编制说明

本表"本月数"栏反映各项目的本月实际发生数。在编制年度收入支出表时，应当将本栏改为"上年数"栏，反映上年度各项目的实际发生数；如果本年度收入支出表规定的各个项目的名称和内容同上年度不一致，应对上年度收入支出表各项目的名称和数字按照本年度的规定进行调整，填入本年度收入支出表的"上年数"栏。

本表"本年累计数"栏反映各项目自年初起至报告期末止的累计实际发生数。编制年度收入支出表时，应当将本栏改为"本年数"。

本表"本月数"栏各项目的内容和填列方法如下：

1."年初各项资金结转结余"项目及其所属各明细项目，反映行政单位本年初所有资金结转结余的金额。各明细项目应当根据"财政拨款结转""财政拨款结余""其他资金结转结余"及其明细科目的年初余额填列。本项目及其所属各明细项目的数额，应当与上年度收入支出表中"年末各项资金结转结余"中各明细项目的数额相等。

2."各项资金结转结余调整及变动"项目及其所属各明细项目，反映行政单位因发生需要调整以前年度各项资金结转结余的事项，以及本年因调入、上缴或交回等导致各项资金结转结余变动的金额。

(1)"财政拨款结转结余调整及变动"项目，根据"财政拨款结转""财政拨款结余"科目下的"年初余额调整""归集上缴""归集调入"明细科目的本期贷方发生额合计数减去本期借方发生额合计数的差额填列；如为负数，以"－"号填列。

(2)"其他资金结转结余调整及变动"项目，根据"其他资金结转结余"科目下的"年初余额调整""结余调剂"明细科目的本期贷方发生额合计数减去本期借方发生额合计数的差额填列；

如为负数，以“－”号填列。

3.“收入合计”项目，反映行政单位本期取得的各项收入的金额。本项目应当根据“财政拨款收入”科目的本期发生额加上“其他收入”科目的本期发生额的合计数填列。

(1)“财政拨款收入”项目及其所属明细项目，反映行政单位本期从同级财政部门取得的各类财政拨款的金额。本项目应当根据“财政拨款收入”科目及其所属明细科目的本期发生额填列。

(2)“其他资金收入”项目及其所属明细项目，反映行政单位本期取得的各类非财政拨款的金额。本项目应当根据“其他收入”科目及其所属明细科目的本期发生额填列。

4.“支出合计”项目，反映行政单位本期发生的各项资金支出金额。本项目应当根据“经费支出”和“拨出经费”科目的本期发生额的合计数填列。

(1)“财政拨款支出”项目及其所属明细项目，反映行政单位本期发生的财政拨款支出金额。本项目应当根据“经费支出——财政拨款支出”科目及其所属明细科目的本期发生额填列。

(2)“其他资金支出”项目及其所属明细项目，反映行政单位本期使用各类非财政拨款资金发生的支出金额。本项目应当根据“经费支出——其他资金支出”和“拨出经费”科目及其所属明细科目的本期发生额的合计数填列。

5.“本期收支差额”项目及其所属各明细项目，反映行政单位本期发生的各项资金收入和支出相抵后的余额。

(1)“财政拨款收支差额”项目，反映行政单位本期发生的财政拨款资金收入和支出相抵后的余额。本项目应当根据本表中“财政拨款收入”项目金额减去“财政拨款支出”项目金额后的余额填列；如为负数，以“－”号填列。

(2)“其他资金收支差额”项目，反映行政单位本期发生的非财政拨款资金收入和支出相抵后的余额。本项目应当根据本表中“其他资金收入”项目金额减去“其他资金支出”项目金额后的余额填列；如为负数，以“－”号填列。

6.“年末各项资金结转结余”项目及其所属各明细项目，反映行政单位截至本年末的各项资金结转结余金额。各明细项目应当根据“财政拨款结转”“财政拨款结余”“其他资金结转结余”科目的年末余额填列。

上述“年初各项资金结转结余”“年末各项资金结转结余”项目及其所属各明细项目，只在编制年度收入支出表时填列。

第四节　财政拨款收入支出表及会计报表附注

一、财政拨款收入支出表的编制

财政拨款收入支出表是反映行政单位在某一会计期间财政拨款收入、支出、结转及结余情况的报表。

因为行政单位的主要资金来源为财政拨款，为了详细了解财政资金的使用情况，《行政单位会计制度》设计了此报表。此表一般情况下每年度编报一次，遇特殊情况根据需要按要求编报。

(一)财政拨款收入支出表的结构

财政拨款收入支出表的结构,如表16—3所示。

表16—3 **财政拨款收入支出表**

会行政03表

编制单位: 年度 单位:元

项 目	年初财政拨款结转结余		调整年初财政拨款结转结余	归集调入或上缴	单位内部调剂		本年财政拨款收入	本年财政拨款支出	年末财政拨款结转结余	
	结转	结余			结转	结余			结转	结余
一、公共财政预算资金										
(一)基本支出										
1. 人员经费										
2. 日常公用经费										
(二)项目支出										
1. ××项目										
2. ××项目										
……										
二、政府性基金预算资金										
(一)基本支出										
1. 人员经费										
2. 日常公用经费										
(二)项目支出										
1. ××项目										
2. ××项目										
……										
总 计										

(二)财政拨款收入支出表的编制说明

本表"项目"栏内各项目,应当根据行政单位取得的财政拨款种类分项设置;其中"项目支出"下,根据每个项目设置;行政单位取得除公共财政预算拨款和政府性基金预算拨款以外的其他财政拨款的,应当按照财政拨款种类增加相应的资金项目及其明细项目。

本表各栏及其对应项目的内容和填列方法:

1."年初财政拨款结转结余"栏中各项目,反映行政单位年初各项财政拨款结转和结余的金额。各项目应当根据"财政拨款结转""财政拨款结余"及其明细科目的年初余额填列。本栏目中各项目的数额,应当与上年度财政拨款收入支出表中"年末财政拨款结转结余"栏中各项目的数额相等。

2."调整年初财政拨款结转结余"栏中各项目,反映行政单位对年初财政拨款结转结余的调整金额。各项目应当根据"财政拨款结转""财政拨款结余"科目中"年初余额调整"科目及其所属明细科目的本年发生额填列。如调整减少年初财政拨款结转结余,以"—"号填列。

3."归集调入或上缴"栏中各项目,反映行政单位本年取得主管部门归集调入的财政拨款结转结余资金和按规定实际上缴的财政拨款结转结余资金金额。各项目应当根据“财政拨款结转”“财政拨款结余”科目中“归集上缴”和“归集调入”科目及其所属明细科目的本年发生额填列。对归集上缴的财政拨款结转结余资金,以“－”号填列。

4.“单位内部调剂”栏中各项目,反映行政单位本年财政拨款结转结余资金在内部不同项目之间的调剂金额。各项目应当根据“财政拨款结转”和“财政拨款结余”科目中的“单位内部调剂”及其所属明细科目的本年发生额填列。对单位内部调剂减少的财政拨款结转结余项目,以“－”号填列。

5.“本年财政拨款收入”栏中各项目,反映行政单位本年从同级财政部门取得的各类财政预算拨款金额。各项目应当根据“财政拨款收入”科目及其所属明细科目的本年发生额填列。

6.“本年财政拨款支出”栏中各项目,反映行政单位本年发生的财政拨款支出金额。各项目应当根据“经费支出”科目及其所属明细科目的本年发生额填列。

7.“年末财政拨款结转结余”栏中各项目,反映行政单位年末财政拨款结转结余的金额。各项目应当根据“财政拨款结转”“财政拨款结余”科目及其所属明细科目的年末余额填列。

二、会计报表附注

附注是指对在会计报表中列示项目的文字描述或明细资料,以及对未能在会计报表中列示项目的说明等。

行政单位的报表附注应当至少披露下列内容:

(1)遵循《行政单位会计制度》的声明;

(2)单位整体财务状况、预算执行情况的说明;

(3)会计报表中列示的重要项目的进一步说明,包括其主要构成、增减变动情况等;

(4)重要资产处置、资产重大损失情况的说明;

(5)以名义金额计量的资产名称、数量等情况,以及以名义金额计量理由的说明;

(6)或有负债情况的说明、1年以上到期负债预计偿还时间和数量的说明;

(7)以前年度结转结余调整情况的说明;

(8)有助于理解和分析会计报表的其他需要说明事项。

复习思考题

1. 什么是行政单位财务报表?

2. 行政单位财务报表主要由哪几部分构成?

3. 行政单位资产负债表中哪些项目不能按照总账科目余额直接填列,而需要分析填列?

4. 收入支出表在编制年度报表时有哪些注意事项?

5. 试述财政拨款收入支出表应该在什么情况下编报?

业务题

(一)目的:练习资产负债表的编制。

(二)资料:某行政单位年末结账前各总账科目相关信息如表16－4所示:

表 16－4　　单位:元

科目名称	年初余额		年末余额	
	借方	贷方	借方	贷方
库存现金				
银行存款	500 000		310 000	
零余额账户用款额度				
财政应返还额度	700 000		3 000 000	
应收账款	58 000		90 000	
预付账款	400 000		250 000	
其他应收款	50 000		58 000	
存货	180 000		140 000	
固定资产	880 000 000		910 000 000	
累计折旧		320 000 000		410 000 000
在建工程	200 000		800 000	
无形资产	390 000		390 000	
累计摊销		150 000		150 000
待处理财产损溢				
政府储备物资	405 000		160 000	
公共基础设施	10 000 000		10 360 000	
受托代理资产	60 000			
应缴财政款				
应缴税费				
应付职工薪酬				
应付账款		120 000		80 000
应付政府补贴款				
其他应付款				10 000
长期应付款				220 000
受托代理负债		90 000		30 000
财政拨款结转		1 100 000		350 000
财政拨款结余		100 000		
其他资金结转结余		18 000		18 000
资产基金		571 485 000		511 950 000
待偿债净资产	120 000		300 000	
财政拨款收入				71 000 000
其他收入				1 400 000
经费支出			69 050 000	
拨出经费			300 000	
合　计	893 063 000	893 063 000	995 208 000	995 208 000

情况说明：

1. 银行存款年初余额中含受托代理资金 30 000 元，年末余额中含受托代理资金 30 000 元。

2. 累计折旧年初余额中含固定资产累计折旧 317 000 000 元，公共基础设施累计折旧 3 000 000元；年末余额中含固定资产累计折旧 406 000 000 元，公共基础设施累计折旧 4 000 000 元。

3. 在建工程年初余额中不含公共基础设施在建工程，年末余额中含公共基础设施在建工程 300 000 元。

4. 长期应付款年末余额中含一年内到期的应付款 50 000 元。

5. 其他资金结转结余年初和年末余额均为非项目结转结余。

6. 财政拨款收入年末余额中含基本支出拨款 55 000 000 元，项目支出拨款 16 000 000 元。

7. 其他收入年末余额中含项目收入 300 000 元，非项目收入 1 100 000 元。

8. 经费支出年末余额中含财政拨款基本支出 56 000 000 元，财政拨款项目支出 12 000 000元，其他资金支出 1 050 000 元，无非财政拨款项目支出。

9. 拨出经费年末余额为项目支出 300 000 元。

（三）要求：

1. 编制收支类科目年末结转分录。

2. 根据以上数据和年末结转情况，编制该行政单位的年度资产负债表。

第十七章　财政总预算会计概述

第一节　财政总预算会计的概念、特点及职能

一、财政总预算会计的概念

财政总预算会计是指各级政府财政核算、反映和监督政府一般公共预算资金、政府性基金预算资金、国有资本经营预算资金、社会保险基金预算基金以及财政专户管理资金、专用基金和代理资金等资金活动的专业会计。

(一)会计主体

财政总预算会计的会计主体是各级政府的财政部门，包括中央、省、自治区、直辖市，设区的市、自治州，县、自治县、不设区的市、市辖区，乡等各级财政部门。

财政总预算会计的核算对象是各级政府总预算执行过程中的预算(包括一般预算和基金预算)收入、支出和结余，以及在资金运动中所形成的资产、负债和净资产。总预算收入反映财政收入的规模和收入积累的水平，以及缴入国库的进度；总预算支出则反映财政支出的范围、方向和预算拨款的进度；收支结余反映预算收入和支出的差额。同时，在执行总预算的过程中所发生的各项资金运动，必然会形成各种资产、负债和相应的净资产。

(二)主要职责

财政总预算会计的主要职责是进行会计核算，反映预算执行情况，实行会计监督，参与预算管理，合理调度资金。

(三)会计期间

总预算会计应当按会计期间结算账目和编制会计报表。会计期间分为年度、季度和月份。会计年度、季度和月份以公历起讫日期为准。

年度终了后，可根据需要设置一定期限的上年决算清理期。清理期限和清理事项由各省、自治区、直辖市财政部门根据财政部规定的原则做出具体规定。

(四)记账方法

财政总预算会计采用借贷记账法。

(五)货币计量

总预算会计核算以人民币为记账本位币，以“元”为金额单位，元以下记至角、分。

发生外币业务，在登记外币金额的同时，一般应当按照业务发生当日中国人民银行公布的

汇率中间价，将有关外币金额折算为人民币金额记账。

期末，各种以外币计价或结算的资产负债项目，应当按照期末中国人民银行公布的汇率中间价进行折算。其中，货币资金项目因汇率变动产生的差额计入有关支出等科目；其他资产负债项目因汇率变动产生的差额计入有关净资产等科目。

二、财政总预算会计的特点

(一)政策性和计划性

首先，国家财政预算对国民收入的分配和再分配活动是根据国家的法律、法规要求有计划地进行的，是国家意志在财政分配上的集中体现。财政总预算会计在核算、反映和监督国家财政预算执行的过程中，始终贯彻执行国家法律、法规，政策性非常强。

其次，国家财政预算是与国民经济和社会发展计划相适应的分配计划，是国家的基本财政计划，与社会经济发展和进步密切相关的教育、科学、文化、卫生等所需的公共消费基金，主要是通过国家财政预算的再分配无偿提供的。国家财政预算经过全国人民代表大会审查批准后即具有法律效力，是具有强制力的国家收支计划。财政总预算会计是执行国家财政预算的专业会计，在实现其核算、反映和监督职能的过程中，始终紧紧围绕国家财政预算这个强制性计划进行，把促进增收节支、坚持财政预算收支平衡、保证各项事业发展计划和行政任务圆满完成作为其工作的目标。

再次，财政总预算会计处于非物质生产领域，其反映的效益主要表现为精神产品、服务质量、工作效率，不可能像企业会计那样对企业生产的物质产品进行精确、严密的成本核算，而是主要依靠计划管理提高经济效益和社会效益。因此，财政总预算会计属于计划管理型会计。

(二)统一性和广泛性

国家财政预算是全国统一的预算，财政总预算会计必须以国家财政预算执行为中心，组织一个全国集中统一的会计核算体系，否则，就无法定期、及时反映整个国家财政预算执行情况和报告年度国家决算与各级地方决算。众所周知，在年度财政预算执行过程中，国务院和各级地方人民政府需要定期、及时地掌握国家财政预算和地方各级财政总预算会计的收支执行情况，以便研究问题，有针对性地采取措施，指导工作。这就要求全国各级财政总预算会计统一行动，及时、准确、完整地逐级汇编国家财政预算执行的会计报表，再层层汇总上报国务院和各级地方人民政府。年度国家决算和各级地方决算的编审工作，也要上下统一组织、统一行动，才能完成财政总预算会计的工作任务。同时，财政总预算会计的收支分类核算指标体系也是全国统一的，即全国统一执行《政府预算收支科目》。财政总预算会计的广泛性特点，主要表现在：

(1)国家财政预算收支反映着社会再生产过程中生产、分配、交换、消费各环节的广泛而复杂的经济关系。如某一级财政总预算会计，既要反映非物质生产领域的预算收支执行情况，又要反映物质生产部门、企业经营单位的财务成果和上缴利税的情况，其核算、反映的内容延伸到社会再生产的各个环节。

(2)财政总预算会计分类核算体系涉及的范围广。凡是编制和执行国家财政预算的地区、部门和单位，其预算收支活动必然受到财政总预算会计核算科目分类体系的约束。这不仅包括众多的行政单位、财政系统、税务系统、国库系统等，而且按政府预算收支科目规定办理税款缴库手续的企业、个体经营者也不例外，都是财政总预算会计核算要涉及的范围。

(三)宏观性和社会性

财政总预算会计是执行国家财政预算的会计,而国家财政预算收支执行情况是国民经济和社会发展计划执行情况在财政上的集中反映。财政总预算会计在执行国家财政预算的收支分配中,通过经常、大量、连续的账务核算和情况反映,对国家财政预算的执行和国民经济活动情况起着“晴雨表”作用和宏观监督作用。例如,通过预算收入缴款的反映和分析,可以从宏观上掌握固定资产计划及事业发展计划完成情况;通过定期的财政总预算会计报表分析,可以了解财政收支总量及结构、产业结构、市场物价、经济增长速度等重要的宏观经济变动趋势,为领导机关宏观经济决策服务。

由于财政总预算会计具有操作主体的政府性、核算范围的宏观性和核算内容的综合性特点,从总体意义上讲,它具有社会总会计的特点,社会性特点明显。

三、财政总预算会计的职能

根据财政总预算会计的特点,可以将财政总预算会计的职能概括为核算、反映、监督和调控。其中,核算、反映和监督是基本职能,是财政总预算会计的日常工作内容,具有经常性、直接性特点;调控职能是从基本职能中派生出来的,属于辅助性职能,具有间接性特点。

财政总预算会计的核算和监督这两个基本职能,与《会计法》关于会计基本职能的规定是一致的,是所有会计的共性。财政总预算会计在管理国家财政预算收支活动的过程中,按照国家财政预算收支分类体系,对预算资金的筹集、分配和使用进行经常、大量地核算工作,并定期、及时汇编财政总预算会计报表。从核算的内容和目的看,与企业会计核算相比,财政总预算会计具有明显的政策性、宏观性等特点,其核算主体是各级财政部门所代表的同级政府。财政总预算会计的反映职能是以核算职能为前提的,也可以说是从核算职能中分离出来的,主要对国家财政预算收支执行情况进行总体的、趋势性的描述。在会计核算、反映的基础上,财政总预算会计根据所掌握的情况和信息,研究财政预算收支执行过程中出现的问题,就可以结合年度财政预算及国家有关财经法规、政策,有针对性地提出改进意见,发挥会计监督的职能作用,促进国家财政预算的圆满实现。

财政总预算会计是掌握各种财政预算资金来源和运用的“总阀门”,不仅要核算、反映和监督财政预算资金运动的全过程,而且还反映着国家运用财政政策、财政杠杆对各项社会经济事业发展的宏观调控过程。随着财政预算资金来源渠道、支出方式的不断变化,客观上需要一个对整个国家财政预算资金的筹集和分配过程进行协调控制的机制,以控制财政预算资金的构成、用途及流向,使之更符合国家分配政策和统一财政计划的要求。当然,财政总预算会计的调控只能是间接进行的,这项职能的发挥必须借助于财政机关内部有关的职能部门或政府的其他职能部门才能实现。

第二节 财政总预算会计的一般原则

会计原则是观察和处理会计问题的准绳,是进行会计工作所应遵循的准则和规范。为了规范会计核算行为,保证会计信息质量,使预算管理科学化、规范化和明晰化,新制度对总预算会计核算的一般原则做了明确规定。这些原则包括真实性原则、相关性原则、可比性原则、统一性原则、一贯性原则、及时性原则、明晰性原则、收付实现制原则、专款专用原则。

一、真实性原则

真实性原则，又称客观性原则。此项原则要求：首先，总预算会计核算应当以实际发生的经济业务为依据，如实反映财政收支执行情况和结果。其次，会计核算过程应当是真实客观的，每一项经济业务必须取得或填制书面凭证，做到明了可靠、内容真实、数字准确。再次，作为反映会计核算成果的会计报表应是真实的，应做到账表、账账、账实之间的相互一致。

真实性是对会计核算工作和会计信息的基本质量要求。会计首先作为一个信息系统，其提供的信息是国家宏观经济管理部门、企业内部经济管理部门及有关方面进行决策的依据，如果会计数据不能真实客观地反映各级政府预算执行的实际情况，势必无法满足各有关方面的要求。如果会计提供虚假和歪曲的会计信息，不仅不能发挥会计应有的作用，而且还将导致错误的经济决策。真实性原则要求会计核算的各个阶段必须符合会计真实性的要求，在确认会计事项时，必须依据真实的经济活动；会计的计量、记录和报告不得伪造；会计报告必须如实反映情况，不得掩饰等。

二、相关性原则

相关性原则是指总预算会计工作应当符合预算法的要求，适应国家宏观经济管理和上级财政部门及本级政府对财政管理的需要。

会计的目标就是要为有关方面提供信息，要充分发挥会计信息的作用，必须使提供的信息与各方面使用会计信息的要求相协调。如果这些信息不利于人们做出各种经济决策，与经济决策无关，会计工作也就失去了意义。因此，会计核算方法的选择和会计工作的组织，都要考虑满足各方面的需要。

三、可比性原则

可比性原则是指总预算会计核算应当按照规定的会计处理方法进行。

我国实行的是社会主义市场经济制度，国家为了组织国民经济的综合平衡及进行宏观经济管理和调控，有必要利用会计核算所提供的信息。这就决定了总预算会计核算必须使用类似的会计程序和会计方法，会计报表的编制要建立在相同的会计程序和会计方法上，以便不同的地区、部门和单位的会计信息相互可比。应当指出，会计报告只能提供预算完成情况的数字资料，而不能说明预算收支完成或未完成的具体原因，难以全面反映存在的问题。为了进一步总结预算管理工作的经验，提高会计核算水平，就必须以会计报告为主要依据，结合国民经济和社会发展计划完成情况以及有关资料，深入实际调查研究，以便对总预算收支执行情况进行分析对比。分析对比的核心就是力求会计报告提供的数字资料及有关会计信息具有可比性，如果没有可比性则会计信息也就没有利用价值。为此，总预算会计核算必须严格按照会计制度规定的会计处理方法进行，会计指标的口径应当一致，使会计信息具有可比性。

四、统一性原则

统一性原则是指财政部门管理的各项财政资金（包括一般预算资金、纳入预算管理的政府性基金、专用基金、财政周转金等）都应当纳入总预算会计核算管理。

长期以来，我国不少属于财政性资金的专用基金等分散在各部门、各单位，由其自收自支、自行管理，这样做显然不符合政府预算完整性和统一性原则，这些数额巨大的预算外资金归属于各部门、各单位征收和使用，是财政职能肢解、资金分散、分配秩序混乱和政府宏观调控财力不足的重要原因。有鉴于此，新颁布的总预算会计制度规定，财政部门管理的各项财政资金都应当纳入总预算会计核算管理。

五、一贯性原则

一贯性原则是指总预算会计的核算方法前后各期应当一致，不得随意变更。如确有必要变更，应将变更的情况、原因和对会计报表的影响在预算执行报告中说明。

在会计核算中坚持一贯性原则，前后会计期间采用相同的或基本相同的会计处理方法和程序，有利于提高会计信息的使用价值。同时，一贯性原则要求前后各期保持一致，不得随意变更已采用的会计核算方法和程序，这样可以防止会计主体通过会计方法、程序的变更，在会计核算上弄虚作假，粉饰会计核算报表资料。

会计核算的一贯性与可比性是两个不同的概念。一贯性原则要求同一会计主体在不同时期尽可能采用相同的会计处理方法和程序，便于不同时期的纵向比较；而可比性原则要求不同的单位尽可能使用统一的会计处理方法，以便于不同单位之间的横向比较。

六、及时性原则

及时性原则是指总预算会计核算应当及时进行，以便会计信息的及时利用，更好地发挥会计信息的效应。

及时性原则要求总预算会计核算工作要讲求时效，要求会计业务的处理必须及时进行，以便会计信息及时利用。具体来说，总预算会计对预算执行中的一切会计事项，如预算收入、国库存款、预算支出、往来款项、基金预算收支、财政周转金收支等会计事项都必须及时进行核算和记录，及时收集会计信息，对会计信息进行加工处理，及时传递会计信息，才能充分发挥会计信息的应有作用。

七、明晰性原则

明晰性原则是指总预算会计记录和会计报表应当清晰明了，便于理解；对于重要的经济业务，应当单独反映。会计信息的目的在于信息的使用，要使用会计信息首先就必须了解会计信息的内涵。这就要求会计核算所提供的信息简明、易懂。按照这一原则要求，会计记录应当准确、清晰，填制会计凭证和登记会计账簿必须做到记账依据完整、账户的对应关系明确、文字和金额准确，尽量避免记账错误。

八、以收付实现制为主，部分事项采用权责发生制原则

各级政府财政总预算会计，在会计核算上主要是以收付实现制原则为结账基础的。总预算会计是为政府预算服务的，必须准确地反映各级政府本期的预算收入、预算支出和预算结余。由于我国政府预算采用历年制，以本预算年度的收入维持本预算年度的支出，并坚持当年预算收支平衡、略有结余的方针，因此，总预算会计所反映的一般预算收入、基金预算收入都要以预算年度缴入国家基层金库的数额为准，所反映的一般预算支出和基金预算支出以按核定预算由国库拨付给用款单位的数额为准。这样，既可以迅速落实各级总预算的收支和结余，又可以加速各级总预算会计报表的编制，及时而准确地反映政府预算的执行情况。

以下特殊情况采用权责发生制原则：

1. 地方财政实施财政国库集中制度改革试点形成的年终预算结余资金的财政总预算会计，按规定实行个别事项的权责发生制财务处理。

2. 中央财政总预算会计部分事项以权责发生制为结账基础。为适应国库集中支付制度改革需要，财政部以"财库[2010]25 号"文件印发了《财政部关于财政总预算会计部分事项采用权责发生制核算有关问题的通知》，通知规定，中央财政总预算会计采用权责发生制核算的事项为：

(1)党中央确定的重大事项，在预算中已做安排，有具体项目名称和资金测算，当年应支未支的款项；

(2)国务院已批准动用，当年未实际支付的预备费项目；

(3)预算已经安排，当年应支未支的工资和社保资金；

(4)国库集中支付中，当年未支而需结转下一年度支付的款项(国库集中支付年终结余)；

(5)当年出口退税中应退而未退的出口退税收入；

(6)预算已经安排，根据国债余额管理有关规定形成的应发未发国债；

(7)国务院批准的其他特殊事项。

九、专款专用原则

专款专用原则是指凡是有指定用途的资金，必须按规定用途使用，不能擅自改变用途，挪作他用。

由财政部门或上级单位拨入的指定用途的资金，应当按规定用途使用，如国家拨入特大自然灾害救济费、科技三项费用以及各项基金预算所特定的收支等。这样硬性规定是为了保证国家各项事业能按计划顺利发展，同时，又可以提高资金使用效益。

第三节　财政总预算会计的科目设置与核算内容

一、财政总预算会计科目的设置原则

财政总预算会计科目，总的来说是根据统一性、适应性和简明性的要求设置的。根据财政总预算会计的具体情况，主要考虑了以下几点：

(1)一级科目必须统一，明细科目允许有一定的灵活性。一级科目(总账科目)及其编号统一由财政部制定和颁布施行，不需要的科目可以不用，但不得任意改变科目名称和编号。各地由于特殊需要，一般应通过设置二级科目解决。个别确需增设一级科目的，可在预留空号中设置科目，但在编报上级规定的报表时，仍应按财政部规定的口径报送。

(2)财政总预算会计的会计科目应与预算收支科目相适应，使会计记录和反映的结果能与预算相对应，便于分析和比较，更好地为预算管理服务。

(3)在保证预算管理需要和有利于核算的前提下力求简明，会计科目的名称和内容要力求准确，便于运用。

二、财政总预算会计科目及其核算内容

财政总预算会计科目设置及核算内容如表17—1所示。

表17—1 财政总预算会计科目及核算内容

序号	会计科目编号	会计科目分类和名称	核算内容
		一、资产类	
1	101	国库存款	核算各级总预算会计在国库的预算资金存款
2	102	其他财政存款	核算各级总预算会计未列入“国库存款”科目反映的各项财政性存款
3	103	*财政零余额账户存款	核算财政国库支付执行机构在银行办理财政直接支付的业务
4	104	有价证券	核算各级政府按国家统一规定用各项财政结余购买有价证券的库存数
5	105	在途款	核算决算清理期和库款报解整理期内发生的上下年度收入、支出业务及需要通过本科目过渡处理的资金数
6	109	*待发国债	核算为弥补中央财政预算收支差额，中央财政预计发行国债与实际发行国债之间的差额
7	111	暂付款	核算各级财政部门借给所属预算单位或其他单位临时急需的款项
8	112	与下级往来	核算与下级财政的往来款项
9	121	预拨经费	核算财政部门预拨给行政事业单位、尚未列为预算支出的经费
10	122	基建拨款	核算拨付给经办基本建设支出的专业银行或拨付基本建设财务管理部门的基本建设拨款和贷款数
11	131	财政周转金放款	核算财政有偿资金的拨出、贷付及收回情况
12	132	借出财政周转金	核算上级财政部门借给下级财政部门周转金的借出和收回情况
13	133	待处理财政周转金	核算经审核已经成为呆账，但尚未按规定程序报批核销的逾期财政周转金转入和核销情况
		二、负债类	
14	211	暂存款	核算各级财政临时发生的应付、暂收和收到不明性质的款项
15	212	与上级往来	核算与上级财政的往来结算款项
16	213	*已结报支出	核算财政国库资金已结清的支出数额
17	222	借入款	核算中央财政和地方财政按照国家法律、国务院规定向社会以发行债券方式举借的债务。上下级财政之间临时性借垫款，不通过本科目核算
18	223	借入财政周转基金	核算地方财政部门向上级财政部门借入有偿使用的财政周转金
		三、净资产类	
19	301	预算结余	核算各级财政预算收支的年终执行结果
20	305	基金预算结余	核算各级财政管理的政府性基金收支的年终执行结果

续表

序号	会计科目编号	会计科目分类和名称	核算内容
21	306	＊国有资本经营预算结余	核算各级财政部门管理的国有资本经营预算收支的年终执行结果
22	307	专用基金结余	核算总预算会计管理的专用基金收支的年终执行结果
23	315	＊预算稳定调节基金	核算预算稳定调节基金的增减变动
24	321	预算周转金	核算各级财政设置的用于平衡季节性预算收支差额周转使用的资金
25	322	财政周转基金	核算各级财政部门设置的有偿使用资金
26	323	＊财政专户管理资金结余	核算未纳入预算并实行财政专户管理的资金收支相抵形成的结余
		四、收入类	
27	401	一般预算收入	核算各级财政部门组织的纳入预算的各项收入
28	405	基金预算收入	核算各级财政部门管理的政府性基金预算收入
29	406	＊国有资本经营预算收入	核算各级财政部门管理的国有资本经营预算收入
30	407	专用基金收入	核算财政部门按规定设置或取得的专用基金收入
31	408	＊债务收入	核算省级财政部门作为债务主体，发行政府债券收到的发行收入等
32	409	＊债务转贷收入	核算省级以下财政部门（不含省级）收到的来自上级财政部门转贷的债务收入
33	411	补助收入	核算上级财政部门拨来的补助款。包括税收返还收入、按财政体制规定由上级财政补助的款项和上级财政对本级财政的专项补助及临时性补助
34	412	上解收入	核算下级财政上缴的预算上解款。包括按体制规定由国库在下级预算收入中直接划解给本级财政的款项，以及按体制结算后由下级财政补缴给本级财政的款项及各种专项上解款项
35	413	＊地区间援助收入	核算受援方政府财政部门收到援助方政府财政部门转来的可统筹使用的各类援助、捐赠等资金收入
36	414	调入资金	核算各级财政部门因平衡一般预算收支，从基金预算的地方财政税费附加收入结余以及其他渠道调入的资金
37	415	＊调入稳定调节基金	核算为弥补财政短收年份预算执行缺口，调用的预算稳定调节基金
38	423	＊财政专户管理资金收入	核算未纳入预算并实行财政专户管理的资金收入
39	425	财政周转金收入	核算财政周转金利息及占用费的收情况
		五、支出类	
40	501	一般预算支出	核算各级总预算会计办理的应由预算资金支付的各项支出
41	505	基金预算支出	核算各级财政部门用基金预算收入安排的支出
42	506	＊国有资本经营预算支出	核算各级财政部门用于国有资本经营预算安排的支出
43	507	专用基金支出	核算各级财政部门用专用基金收入安排的支出

续表

序号	会计科目编号	会计科目分类和名称	核算内容
44	508	*债务还本支出	核算各级财政部门发生的债务还本支出
45	509	*债务转贷支出	核算地方各级财政部门对下级财政部门转贷的债务支出
46	511	补助支出	核算本级财政对下级财政的补助支出。包括税收返还支出、按原财政体制结算应补助给下级财政的款项、专项补助或临时性补助
47	512	上解支出	核算解缴上级财政部门的款项，包括按体制由国库在本级预算收入中直接划解给上级财政的款项和按体制结算补解给上级财政包干体制的款项和各种专项上解款项
48	513	*地区间援助支出	核算援助方政府安排用于受援方政府财政部门统筹使用的各类援助、捐赠等资金支出
49	514	调出资金	核算各级财政部门从基金预算的地方财政税费附加收入结余中调出，用于平衡预算收支的资金
50	515	*安排预算稳定调节基金	核算从财政超收收入中安排的预算稳定调节基金
51	516	*国有资本经营预算调出资金	核算各级财政部门从国有资本经营预算收入中调出，用于一般预算支出的资金
52	523	*财政专户管理资金支出	核算用未纳入预算并实行财政专户管理的资金安排的支出
53	524	财政周转金支出	核算借入上级财政周转金支付的占用费及周转金管理使用过程中按规定开支的相关费用支出情况

说明：表中带“*”号的科目是1997年《财政总预算会计制度》实施以后根据管理需要新增设的会计科目。

复习思考题

1. 什么是财政总预算会计？财政总预算会计有何特点？
2. 财政总预算会计核算的一般原则有哪些？
3. 简述财政总预算会计科目的设置原则。

第十八章　财政资产的核算

财政总预算会计核算的资产是指政府财政占有或控制的能以货币计量的经济资源。由于财政属于分配领域，不同于企事业单位，不核算成本、商品、财产、物资等，因而其资产由流动资产和非流动资产两部分组成，没有实物资产。总会计核算的资产包括财政存款、有价证券、应收股利、借出款项、暂付及应收款项、预拨款项、应收转贷款和股权投资等。

第一节　财政性存款的核算

一、财政性存款的概念

财政性存款是财政部门代表政府所掌管的财政资金，财政部门对其拥有支配权。总预算会计根据同级人民代表大会通过的年度预算和财政有关职能部门根据上述预算核定的单位预算，具体支配库款，并负责管理、调度和统一收付。

财政性存款按财政资金存放的地点分为国库存款、国库现金管理存款以及其他财政存款和财政零余额账户存款。根据财政部有关规定，其他财政存款是指存放在指定的专业银行的各项财政性存款，主要包括财政周转金存款、未设国库的乡镇财政在专业银行的预算资金存款、部分由财政部指定存入专业银行的专用基金存款以及未纳入预算的财政专户存款等。

财政性存款的开户，一般采用“自开证明”的方式，即由财政机关开具证明，加盖机关公章，并提交印鉴卡到同级国库或指定的银行办理开户，待第一笔收入（预算收入或上级财政拨入）收到后，该户即成立。

二、财政性存款的管理原则

总预算会计在管理财政性存款中，应遵循以下原则：

（一）集中资金、统一调度

各种应由财政部门掌管的资金，都应纳入财政存款的有关存款户，由总预算会计统一收纳、支拨和管理。调度资金应按照事业进度和资金使用情况，保证满足计划内各项正常支出的需求，以便充分发挥资金效益，把资金用活用好。

（二）严格控制存款开户

财政部门的预算资金除财政部有明确规定以外，一律由总预算会计统一在国库或指定的银行开立存款账户，不得在国家规定之外将预算资金或其他财政性资金任意转存其他金融机构。

(三)执行预算、计划支拨

总预算会计应根据人民代表大会通过的年度预算和经财政有关职能部门批准的单位季度分月用款计划拨付资金,不得办理超预算、无计划的拨款,以保证财政预算和单位财务收支计划的实现。

(四)转账结算,不提现金

财政是分配财政资金的部门,不是具体的使用单位,不需要支付现金,所以总预算会计的各种支拨凭证都不得提取现金。不提现金不仅适应了总预算会计的实际情况,而且还保障了国库存款的安全。

(五)在存款余额内支付,不得透支

财政预算资金和银行信贷资金是两个不同资金筹集和分配的渠道。银行与存款客户双方是一种有偿信用关系。因此,财政的各项国库存款只能在存款余额内支取,不得透支。

三、财政性存款的核算

(一)国库存款

为了核算各级总预算会计在国库的预算资金存款,应设置"国库存款"账户,其借方登记国库存款的增加数,贷方登记国库存款的减少数,期末余额在借方,反映国库存款的结存数。总预算会计收到预算收入时,根据国库报来的预算收入日报表入账;收到上级预算补助时,根据国库转来的有关结算凭证入账;办理库款支付时,根据支付凭证回单入账。

"国库存款"按政府预算收支账户,分设"一般预算存款"和"基金预算存款"进行明细核算。

【例 18—1】 总预算会计收到国库转来预算收入日报表,本日共收 50 万元,其中,一般预算收入 35 万元,基金预算收入 15 万元。

借:国库存款——一般预算存款	350 000	
——基金预算存款	150 000	
贷:一般预算收入		350 000
基金预算收入		150 000

【例 18—2】 总预算会计根据财政有关职能部门的批准拨款数,拨付水利局农田水利经费 10 万元,收到国库"预算拨款凭证"回单。

借:一般预算支出	100 000	
贷:国库存款——一般预算存款		100 000

【例 18—3】 用基金预算结余购买国家指定由地方政府购买的国库券 60 万元,收到国库转来的预算拨款凭证回单和国库券。

借:有价证券	600 000	
贷:国库存款——基金预算存款		600 000

(二)其他财政存款

各级总预算会计为了核算未列入"国库存款"科目反映的各项财政性存款(包括未纳入预算的财政专户存款),应设置"其他财政存款"科目,其借方登记其他财政存款的增加数,贷方登记其他财政存款的减少数,期末余额在借方,反映其他财政存款的实际结存数。

总预算会计收到其他财政存款时,应根据经办行报来的收入日报表或银行收款通知入账;总预算会计支付其他财政存款时,应根据有关支付凭证的回单入账。

其他财政存款产生的利息收入,除规定作为专户资金收入外,其他都应缴入国库纳入一般公共预算管理。取得其他财政存款利息收入时，按照实际获得的利息金额，根据以下情况分别处理：

(1)按规定作为专户资金收入的，借记“国库存款”科目，贷记“应付代管资金”或有关收入科目。

(2)按规定应缴入国库的，借记“国库存款”科目，贷记“其他应付款”科目。将其他财政存款利息收入缴入国库时，借记“其他应付款”科目，贷记“国库存款”科目；同时，借记“国库存款”科目，贷记“一般公共预算本级收入”科目。

【例 18－4】 未设国库的某乡财政收到县财政拨来的应得的预算收入 8 万元。

借：其他财政存款——预算资金存款　　80 000

　　贷：一般预算收入　　80 000

【例 18－5】 未设国库的某乡财政拨付给乡农技站经费 1 万元。

借：一般预算支出　　10 000

　　贷：其他财政存款——预算资金存款　　10 000

(三)财政零余额账户存款

“财政零余额账户存款”科目用于核算财政国库支付执行机构在银行办理财政直接支付的业务。

财政国库支付执行机构未单设的地区不适用该科目。

财政零余额账户存款的主要账务处理如下：

1. 财政国库支付执行机构为预算单位直接支付款项时，借记有关预算支出科目，贷记本科目。

2. 财政国库支付执行机构每日将按部门分“类”“款”“项”汇总的预算支出结算清单等结算单与中国人民银行国库划款凭证核对无误后，送总会计结算资金，按照结算的金额，借记本科目，贷记“已结报支出”科目。

当日资金结算后，一般应无余额。

【例 18－6】 某县财政国库支付中心，依据预算单位上报的通过审核的财政直接支付申请，将设备采购款 80 000 元直接支付到供货商账户(用一般预算收入安排)。根据银行支付凭证回执联列报支出，会计分录为：

借：一般预算支出——财政直接支付　　80 000

　　贷：财政零余额账户存款　　80 000

【例 18－7】 某县财政国库支付中心，当日将《预算支出结算清单》与中国人民银行国库划款凭证核对无误后，将总预算会计结算资金 22 000 000 元记账，会计分录为：

借：财政零余额账户存款　　22 000 000

　　贷：已结报支出——财政直接支付　　22 000 000

第二节　有价证券的核算

一、有价证券的概念

财政总预算会计核算的有价证券是指中央政府以信用方式发行的国家公债。各级财政购买有价证券的资金来源于财政结余(包括预算结余和基金结余)。用财政结余购买有价证券,从资产角度来看,虽然是由国库存款或其他财政存款转化为有价证券,但由于有价证券能于约定的时期转化为国库存款或其他财政存款,因此在资产划分上仍将其与存款归为一类,视同货币资产进行管理。

二、有价证券的管理

总预算会计管理和核算有价证券的要求是:

第一,只能用各级财政结余资金(包括一般预算结余和基金预算结余)购买国家指定的有价证券。

第二,支付购买有价证券的资金不得列作支出。

第三,当期有价证券兑付的利息及转让有价证券取得的收入与账面成本的差额,应分别按购入有价证券时的资金来源作一般预算收入或基金预算收入等入账。

第四,购入的有价证券(包括债券收款单)要视同货币妥善保管,防止遗失。

三、有价证券的核算

为了进行有价证券的核算,财政总预算会计应设置"有价证券"账户,其借方登记购入有价证券增加的本金数,贷方登记到期兑付或提前转让有价证券减少的本金数,期末余额在借方,反映政府财政持有的有价证券金额。

有价证券按购券的资金来源设置"一般预算结余购入"和"基金预算结余购入"两个明细账,在持有多种有价证券时,还应进一步按有价证券种类进行明细核算。

【例 18-8】 某市财政用一般预算结余购买国库券 80 万元。

借:有价证券——一般预算结余购入	800 000	
贷:国库存款		800 000

【例 18-9】 某市将用基金预算结余购买的三年期国库券 20 万元,提前一年转让,取得转让净收入 22 万元。

借:国库存款	220 000	
贷:有价证券——基金预算结余购入		200 000
基金预算收入		20 000

【例 18-10】 某市持有的五年期国库券 70 万元到期兑付,其中用一般预算结余购入 40 万元,基金预算结余购入 30 万元,国库券的年利率为 10%。

借:国库存款	1 050 000	
贷:有价证券——一般预算结余购入		400 000
——基金预算结余购入		300 000
一般预算收入		200 000
基金预算收入		150 000

第三节　在途款的核算

一、在途款的概念

在途款是在决算清理期和库款报解整理期内发生的、跨年度收支业务需要过渡处理的资金。由于库款的报解需要一定的邮递时间，年终就会存在国库经收处或各级国库已在年前收纳，但尚未转划到支库或尚未报解到各该上级国库的各种收入。为了保证国库经收处当年收到的预算收入及时反映到当年的决算中去，就需要对资金活动发生在新年度，但会计事项却属于上一年度的这些上、下年度间的交接资金进行过渡处理。

二、在途款的核算

为了在年终决算中全面反映各级实际预算收入总额，解决上、下年度间的库款结算问题，应设置"在途款"账户。决算清理期内收到属于上年度收入时，借记本账户，贷记"一般预算收入""补助收入""上解收入"等收入账户；收回属于上年度拨款或支出时，借记本账户，贷记"预拨经费"或"一般预算支出"账户。冲转在途款时，在本年度账务中，借记"国库存款"科目，贷记本科目。本科目期末借方余额反映政府财政持有的在途款。

【例 18－11】　在决算清理期内收到国库报来预算的收入日报表列示所属上年度的一般预算收入 1.5 万元。

在上年度旧账上记：

借：在途款　　15 000

　　贷：一般预算收入　　15 000

在下年度新账上记：

借：国库存款　　15 000

　　贷：在途款　　15 000

【例 18－12】　财政局收到国库报来的收回上年度各单位预拨款 60 000 元。

在上年度旧账上记：

借：在途款　　60 000

　　贷：预拨经费　　60 000

在下年度新账上记：

借：国库存款　　60 000

　　贷：在途款　　60 000

第四节　待发国债的核算

一、待发国债的概念

待发国债是为了适应实行国债余额管理的需要，《财政部关于应发未发国债和预算稳定调节基金会计核算的通知》(财库〔2007〕117 号)中提出的概念，是指为弥补中央财政预算收支差额，中央财政预计发行国债与实际发行国债之间的差额。

二、待发国债的核算

为了核算中央财政预计发行国债与实际发行国债之间的差额，应设置“待发国债”科目。年度终了，实际发行国债收入用于债务还本支出后，小于为弥补中央财政预算收支差额中央财政预计发行国债时，按两者的差额借记“待发国债”科目，贷记相关科目；实际发行国债收入用于债务还本支出后，大于为弥补中央财政预算收支差额中央财政预计发行国债时，按两者的差额贷记“待发国债”科目，借记相关科目。

第五节　应收款项的核算

一、应收款项的概念

应收款项是指往来结算中形成的债权，包括在预算执行过程中上下级财政之间结算形成的债权以及对用款单位借垫款形成的债权。应收款项应按实际发生数记账，对已发生的应收款项，各级财政机关应按规定及时清理结算，不得长期挂账，年末原则上应无余额。

二、应收款项的核算

(一)与下级往来的核算

财政上下级之间由于财政资金周转调度的需要，以及补助、上解结算等事项而形成的应补未补、应解未解等待结算的资金，称为上下级往来。这种往来结算既可能是上级财政欠下级财政的款，也可能是下级财政欠上级财政的款，所以不论是与上级往来还是与下级往来都有可能形成债权，也都有可能形成债务。但在一般情况下，多数表现为下级财政对上级财政的欠款，因此，在财政总预算会计核算中，通常将与下级往来作为债权列在资产类，而将与上级往来作为债务列在负债类。

为了核算与下级财政的往来待结算款项，应设置“与下级往来”账户，其借方登记借给下级财政的款项及应由下级财政上缴的收入；贷方登记借款的收回，转作补助支出或体制结算应给下级财政的补助。期末如为借方余额，则反映为下级财政应归还本级财政的款项；期末如为贷方余额，则反映为本级财政欠下级财政的款项。此时在资产负债表上可用负数或红字反映。

本账户应按资金的性质和下级财政部门名称设置明细账。

与下级往来的主要账务处理如下：

1. 借给下级政府财政款项时，借记本科目，贷记“国库存款”科目。

2. 体制结算中应当由下级政府财政上缴的收入数，借记本科目，贷记“上解收入”科目。

3. 借款收回、转作补助支出或体制结算应当补助下级政府财政的支出，借记“国库存款”、“补助支出”等有关科目，贷记本科目。

4. 发生上解多缴应当退回的，按照应当退回的金额，借记“上解收入”科目，贷记本科目。

5. 发生补助多补应当退回的，按照应当退回的金额，借记本科目，贷记“补助支出”科目。

【例 18－13】 市财政局同意×县财政局的申请，借给临时周转金 25 万元。

借：与下级往来——×县财政　　250 000

　　贷：国库存款　　250 000

【例 18－14】 市财政局将借给×县的款项 10 万元转作对该县的补助。

借：补助支出　　100 000

　　贷：与下级往来——×县财政　　100 000

【例 18－15】 收到×县偿还市财政局借给的款项 15 万元。

借：国库存款　　150 000

　　贷：与下级往来——×县财政　　150 000

(二)其他应收款的核算

其他应收款是核算政府财政临时发生的其他应收、暂付、垫付款项。项目单位拖欠外国政府和国际金融组织贷款本息和相关费用导致相关政府财政履行担保责任，代偿的贷款本息费，也通过本科目核算。应当按照资金性质、债务单位等进行明细核算。本科目应及时清理结算，年终原则上应无余额。其主要账务处理如下：

1. 发生其他应收款项时，借记本科目，贷记“国库存款”“其他财政存款”等科目。

2. 收回或转作预算支出时，借记“国库存款”“其他财政存款”或有关支出科目，贷记本科目。

3. 政府财政对使用外国政府和国际金融组织贷款资金的项目单位履行担保责任，代偿贷款本息费时，借记本科目，贷记“国库存款”“其他财政存款”等科目。政府财政行使追索权，收回项目单位贷款本息费时，借记“国库存款”“其他财政存款”等科目，贷记本科目。政府财政最终未收回项目单位贷款本息费，经核准列支时，借记“一般公共预算本级支出”等科目，贷记本科目。

(三)应收地方政府债券转贷款

应收地方政府债券转贷款是核算本级政府财政转贷给下级政府财政的地方政府债券资金的本金及利息。“应收地方政府债券转贷款”科目应当设置“应收地方政府一般债券转贷款”和“应收地方政府专项债券转贷款”明细科目，其下分别设置“应收本金”和“应收利息”两个明细科目，并按照转贷对象进行明细核算。其主要账务处理如下：

1. 向下级政府财政转贷地方政府债券资金时，按照转贷的金额，借记“债务转贷支出”科目，贷记“国库存款”科目；根据债务管理部门转来的相关资料，按照到期应收回的转贷本金金额借记本科目，贷记“资产基金——应收地方政府债券转贷款”科目。

2. 期末确认地方政府债券转贷款的应收利息时，根据债务管理部门计算出的转贷款本期应收未收利息金额，借记本科目，贷记“资产基金——应收地方政府债券转贷款”科目。

3. 收回下级政府财政偿还的转贷款本息时，按照收回的金额，借记“国库存款”等科目，贷记“其他应付款”或“其他应收款”科目；根据债务管理部门转来的相关资料，按照收回的转贷款本金及已确认的应收利息金额，借记“资产基金——应收地方政府债券转贷款”科目，贷记本科目。

4. 扣缴下级政府财政的转贷款本息时，按照扣缴的金额，借记“与下级往来”科目，贷记“其他应付款”或“其他应收款”科目；根据债务管理部门转来的相关资料，按照扣缴的转贷款本金及已确认的应收利息金额借记“资产基金——应收地方政府债券转贷款”科目，贷记本科目。

(四)应收主权外债转贷款

应收主权外债转贷款是核算本级政府财政转贷给下级政府财政的外国政府和国际金融组织贷款等主权外债资金的本金及利息。“应收主权外债转贷款”科目应当设置“应收本金”和“应收利息”两个明细科目，并按照转贷对象进行明细核算。期末借方余额反映政府财政应收未收的主权外债转贷款本金和利息。其主要账务处理如下：

1. 本级政府财政向下级政府财政转贷主权外债资金，且主权外债最终还款责任由下级政府财政承担的，相关账务处理如下：

(1)本级政府财政支付转贷资金时，根据转贷资金支付相关资料，借记“债务转贷支出”科目，贷记“其他财政存款”科目；根据债务管理部门转来的相关资料，按照实际持有的债权金额借记本科目，贷记“资产基金——应收主权外债转贷款”科目。

(2)外方将贷款资金直接支付给用款单位或供应商时，本级政府财政根据转贷资金支付相关资料，借记“债务转贷支出”科目，贷记“债务收入”或“债务转贷收入”科目；根据债务管理部门转来的相关资料，按照实际持有的债权金额，借记本科目，贷记“资产基金——应收主权外债转贷款”科目；同时，借记“待偿债净资产”科目，贷记“借入款项”或“应付主权外债转贷款”科目。

2. 期末确认主权外债转贷款的应收利息时，根据债务管理部门计算出转贷款的本期应收未收利息金额，借记本科目，贷记“资产基金——应收主权外债转贷款”科目。

3. 收回转贷给下级政府财政主权外债的本息时，按照收回的金额，借记“其他财政存款”科目，贷记“其他应付款”或“其他应收款”科目；根据债务管理部门转来的相关资料，按照实际收回的转贷款本金及已确认的应收利息金额，借记“资产基金——应收主权外债转贷款”科目，贷记本科目。

4. 扣缴下级政府财政的转贷款本息时，按照扣缴的金额，借记“与下级往来”科目，贷记“其他应付款”或“其他应收款”科目；根据债务管理部门转来的相关资料，按照扣缴的转贷款本金及已确认的应收利息金额，借记“资产基金——应收主权外债转贷款”科目，贷记本科目。

第六节　预拨款项的核算

预拨款项是按规定拨给用款单位的待结算资金，包括预拨经费和基建拨款。

一、预拨经费

(一)预拨经费的概念

预拨经费是财政部门由于特殊情况预拨给行政事业单位而尚未列为预算支出的经费，包括两种情况：一是年度预算执行中，总预算会计用预算资金预拨给有关用款单位应在以后各期列支的款项；二是会计年度终了前预拨给用款单位的下年度经费。前者主要是有些用款单位距财政部门路途较远，且交通、通信不便，当期汇款不能及时到达，影响按时支付，需要上一个月即拨付下一个月的经费；后者如列入下年农田水利建设计划，但须在今年抓紧准备或施工，在此情况下，往往需要提前拨付，但又不能在本年度列为支出。

（二）预拨经费的管理

第一，预拨经费应掌握个别、特殊的原则，并控制在计划额度内，不得任意预拨。

第二，预拨经费应按照单位领报关系转拨，凡有上级主管部门的单位不能作为会计主管单位，直接与各级财政部门发生领报关系。

第三，预拨经费应在规定列支期间及时列支，不能长期挂账。

（三）预拨经费的核算

为了核算按规定预拨给用款单位的待结算资金，应设置"预拨经费"账户。其借方登记预拨给用款单位的款项，贷方登记用款单位交回的款项和转列支出的款项，期末余额在借方，反映尚待转列支出或尚待收回的预拨经费数。规定在当年列支的，余额不得跨年；规定在下年度列支的，年终余额结转下年。本账户应按接受拨款的单位设置明细账。

【例 18－16】 根据下年度计划和水利局申请预拨下年度农田水利经费 15 万元。

借：预拨经费——水利局——下年度水利经费	150 000	
贷：国库存款		150 000

【例 18－17】 承例 18－16，下年度转作一般预算支出。

借：一般预算支出	150 000	
贷：预拨经费——水利局——下年度水利经费		150 000

【例 18－18】 因有些学校位于偏远山区，县财政预拨给县教育局下月份经费 5 万元。

借：预拨经费——县教育局	50 000	
贷：国库存款		50 000

【例 18－19】 据批准的教育局"预算经费请拨单"应拨教育事业费 85 万元，扣除已预拨的 5 万元转列支出，实际拨出 80 万元。

借：一般预算支出	850 000	
贷：预拨经费——县教育局		50 000
国库存款		800 000

二、基建拨款

（一）基建拨款的概念

基建拨款是指财政部门按照基本建设计划拨付给经办基建支出的专业银行或基本建设财务管理部门的基本建设款项。为了强化预算管理，原来通过建设银行办理的基本建设资金，现已收回财政部门管理。财政部门设基本建设财务管理部门专管此项工作。

由于基本建设支出以财政机关基本建设财务管理部门或经办基本建设支出的专业银行拨付建设单位数列报支出，当财政总预算会计拨给基本建设财务管理部门或经办基本建设支出的专业银行时，支出数尚未形成，因此基建拨款表现为债权。

（二）基建拨款的核算

为了核算财政总预算会计拨给受委托经办基本建设支出的专业银行或财政基本建设财务

管理部门的基建资金，应设置“基建拨款”账户。其借方登记拨给基本建设财务管理部门或受委托的专业银行的基建资金，贷方登记基本建设财务管理部门或受委托的专业银行报来的已拨付给建设单位的基建资金和缴回财政的基建资金。期末余额在借方，反映尚未列报基本建设支出的基建资金。本账户应按拨款单位设置明细账。

【例 18－20】 市总预算会计根据基本建设计划拨给市财政局基建财务处基本建设款 200 万元。

借：基建拨款——基建财务处　　2 000 000
　　贷：国库存款　　2 000 000

【例 18－21】 承例 18－20，根据基建财务处报来的基本建设拨款报表转列为一般预算支出 190 万元。余额交回财政。

借：一般预算支出　　1 900 000
　　国库存款　　100 000
　　贷：基建拨款——基建财务处　　2 000 000

第七节　财政周转金债权的核算

一、财政周转金的概念

财政周转金是指财政部门设置的以信用方式有偿周转使用的资金。它是财政资金的一个组成部分，是财政支出分配的一种辅助形式。

财政周转金作为财政有偿使用资金不同于银行信贷，它只是为了提高财政支出的使用效益，运用信用手段发挥财政管理职能的一种改革尝试。其特点是：

第一，从资金来源看，财政周转金的资金来源是财政安排的预算资金，不是社会上筹集、吸收的资金。它一般是地方财政本身可动用的财力，是地方财政资金的体外循环，而不是银行信贷资金的体外循环。

第二，从资金运用看，财政周转金的有偿使用只是预算支出方式的改变，即将本来属于无偿拨款的支出形式改为有偿周转使用形式，并不改变其使用方向和使用目的。由于改变为有偿使用，使用款单位对资金更加重视，从而更能发挥资金的使用效益。

第三，从社会资金活动方向看，财政周转金是国民经济计划和银行信贷计划的补充，是计划范围内支持生产、流通，培养挖掘财源，提高财政资金社会效益和经济效益的一种拾遗补阙的做法。

第四，从分配数量上看，财政周转金近几年来虽然使用规模有较大发展，但在整个预算支出中所占比重仍然很小，仅限定为一定范围的几个指定项目，并不改变财政资金无偿分配为主、有偿使用为辅的分配原则。

二、财政周转金的管理原则

(一)控制规模

控制规模是指要把财政周转金的规模控制在一定的指标之内。这个指标是指一级财政的周转金总量占本级可用资金的百分比。其具体数额或比率由上级财政周转金的管理部门逐级核定。

(二)限制投向

投向是指财政周转金的投入方向和使用范围。限制投向就是对财政周转金投入的方向加以限定,财政周转金的投向应与无偿分配的预算资金投向一致,不能投向炒股、房地产等非财政项目。

(三)健全制度

健全制度是指财政周转金的管理办法和会计制度必须统一和规范,应按照财政部制定的《地方财政周转金管理暂行办法》的规定,统一管理,统一计划,统一开户,统一核算。

(四)加强监督

加强监督就是建立相应的制约机制,对财政周转金的运行过程进行监督。把财政周转金会计制度纳入总预算会计范畴,要求总预算会计把周转金视同预算资金管起来,实际上也是强化预算管理和监督的一项措施。

财政总预算会计制度对财政周转金分别在资金类、负债类、净资产类、收入类和支出类设置了相应科目进行核算。其中,财政周转金放款、借出财政周转金和待处理财政周转金作为财政周转金债权,属于资产类,将在本节着重介绍;借入财政周转金、财政周转基金、财政周转金收入、财政周转金支出等项核算内容,将在负债、净资产、收入、支出等章节加以叙述。

三、财政周转金放款

(一)财政周转金放款的管理

财政周转金放款是指财政直接贷放给用款单位的财政有偿资金。一般采用统一核算、分口管理的办法。统一核算就是由总预算会计或指定的专门机构办理所有核算事项;分口管理就是有关放款项目的调查、审定、贷放数额和期限的确定、合同的鉴定、放款的回收等,由财政部门相应的职能机构分别承担,并进行明细核算。

财政总预算会计或指定的管理机构在财政周转金放款拨付时,应注意掌握以下几点:

第一,审查放款项目是否符合限定的投向和该职能部门的业务范围,数额是否在核定的额度之内。

第二,审查合同的填写是否正确,各项手续是否完备。

第三,审查财政周转金的存款额度是否可能,不能将一般预算存款和基金预算存款移用于财政周转金放款。

(二)财政周转金放款的核算

为了核算财政有偿资金的拨出、贷付及收回情况,应设置"财政周转金放款"账户。其借方登记财政有偿资金贷给用款单位的款项,贷方登记财政有偿资金的收回数,期末余额在借方,反映总预算会计掌握的财政有偿资金放款数。本账户应按拨(放)款的对象及放款期限设置明细账。在周转金放款业务较多的地区,可由总预算会计或周转金管理机构进行总分类核算,财政有关业务部门进行明细核算。

【例 18—22】 根据放款合同和农业财政部门签发的放款申请书,贷付某用款单位菜地建设金 12 万元,收到银行支付凭证回单。

借:财政周转金放款——菜地建设资金——×单位　　120 000

　　贷:其他财政存款　　120 000

【例 18－23】 用款单位归还上述周转金 12 万元。

借:其他财政存款　　　　120 000

　　贷:财政周转金放款——菜地建设资金——×单位　　　　120 000

四、借出财政周转金

(一)借出财政周转金的管理

借出财政周转金是指上级财政部门借给下级财政部门用于周转使用的有偿资金。这里我们应该注意两个区别:

第一,借出、借入财政周转金属于财政周转金在上下级财政之间的融通,并不是周转金实际投入用款单位,应注意与财政周转金放款的区别。

第二,借出财政周转金不论是切块借给下级财政,还是带项目借给下级财政,都是有偿使用的资金,不同于预算资金在上下级财政间的融通,因此,应注意与"与下级往来"和"与上级往来"核算的区别。

(二)借出财政周转金的核算

为了核算上级财政部门借给下级财政部门周转金的借出和收回情况,应设置"借出财政周转金"账户。其借方登记借给下级财政部门的周转金,贷方登记下级财政部门归还的周转金,期末余额在借方,反映借出财政周转金尚未收回数。本账户应按借款的下级财政部门设置明细账。

【例 18－24】 市财政借给所属某县财政工业类财政周转金 400 万元。

借:借出财政周转金　　　　4 000 000

　　贷:其他财政存款　　　　4 000 000

【例 18－25】 市财政收到某县财政部门汇还一部分前借工业周转金 100 万元。

借:其他财政存款　　　　1 000 000

　　贷:借出财政周转金　　　　1 000 000

五、待处理财政周转金

(一)待处理财政周转金的概念

待处理财政周转金是指财政周转金放款超过约定的还款期限,一般在 1 年以上,经审查已成呆账,但尚未按规定程序报批的财政周转金放款。设置"待处理财政周转金"科目的目的在于一方面使财政周转金放款账户的余额可以真实地反映放款正常运行的情况,另一方面便于加强对逾期的周转金放款进行催收和管理。此外,财政周转基金减去待处理财政周转金,还可以反映财政周转金的实际规模。待处理财政周转金的处理结果可能有两种,一是收回一部分资金,二是经批准核销。

(二)待处理财政周转金的核算

为了核算经审核已成呆账,但尚未按规定程序报批核销的逾期财政周转金转入和核销情况,应设置"待处理财政周转金"账户。其借方登记逾期未还的周转金放款经批准转入数,贷方登记清理中收回的周转金和经批准作坏账核销的周转金放款。期末余额在借方,反映尚待核销的待处理资金数。本账户应按欠款单位名称设置明细账。

【例 18－26】 某项目周转金放款 50 万元,逾期未能收回,经审查已成呆账,批准作为待处理财政周转金处理。

借:待处理财政周转金　　500 000

　　贷:财政周转金放款　　500 000

【例 18—27】 承例 18—26,该项目经清理后收回部分放款 10 万元,其余部分经批准作坏账予以核销。

借:其他财政存款　　100 000

　财政周转基金　　400 000

　　贷:待处理财政周转金　　500 000

复习思考题

1. 财政总预算会计中的资产包括哪些内容?
2. 什么是财政性存款?财政性存款应遵循哪些管理原则?
3. 进行财政性存款核算应设置哪几个账户?它们分别核算什么内容?
4. 什么是有价证券?其核算与管理的要求是什么?
5. 在途款是如何形成的?应如何核算?
6. 与下级往来是如何形成的?应如何核算?
7. 什么是预拨款项?它包括哪些内容?各应如何管理和核算?
8. 什么是财政周转金?其管理原则是什么?
9. 财政周转金放款和借出财政周转金各应如何核算?

业务题

(一)目的:练习财政总预算会计资产的核算。

(二)资料:某市财政 2015 年度发生的部分经济业务如下:

1. 将一年前用基金预算结余资金购入的 3 年期、年利率 4%的一批购买成本为 200 000 元的国库券以 205 500 元的价格售出。

2. 年终清理期,发现所属 A 县尚欠一笔 900 000 元的一般预算款未缴。该款经过催缴后于清理期末收回。

3. 省财政根据本市财政的临时借款申请,将 500 000 元基金预算资金借给该市用作平衡预算(从上、下级两方面处理)。

4. 收到国库转来的预算收入日报表,上列明当日一般预算收入 200 000 元、基金预算收入 100 000 元。

5. 市民政局于 2015 年 10 月向财政申请借入 200 000 元用于修缮校宿的资金。此笔资金在年初预算时未列入本月计划,只能临时借入。财政经审核批准并下拨。

6. 根据预算,将 2 000 万元某大型工程的建设款项拨付建行。5 天后收到建行的拨款报表。

(三)要求:根据以上资料编制会计分录。

第十九章　财政负债的核算

财政总预算会计核算的负债是指一级财政所承担的能以货币计量、需以资产偿付的债务。财政虽然是分配资金的部门，但在预算执行过程中，上、下级财政之间，财政与预算单位之间，因资金调度也存在着“人欠”、“欠人”的事项，再加上中央及地方预算依法举借的债务，就形成了财政的负债事项。

财政总预算会计核算的负债。按照流动性，分为流动负债和非流动负债。流动负债是指预计在 1 年内(含 1 年)偿还的负债；非流动负债是指流动负债以外的负债。总会计核算的负债具体包括应付国库集中支付结余、暂收及应付款项、应付政府债券、借入款项、应付转贷款、其他负债、应付代管资金等。

第一节　应付及暂收款项的核算

一、应付及暂收款项的概念

应付及暂收款项是指往来结算中形成的债务，包括在预算执行过程中上、下级财政之间结算形成的债务以及财政与其他部门结算中发生的暂存款和收到其他性质不明的款项等。应付及暂收款项应当及时清理结算。

二、应付及暂收款项的核算

(一)与上级往来的核算

与上级往来的核算是指下级财政与上级财政往来待结算款项。由于在一般情况下，这种往来结算通常表现为下级财政对上级财政的欠款，因此财政总预算会计将其作为债务列为负债类核算。

为了核算与上级财政往来待结算的款项，应设置“与上级往来”账户，其贷方登记从上级财政借入的款项或体制结算中发生的应上缴上级财政的款项；借方登记借入款项的偿还或转作上级补助的收入，以及体制结算中应由上级财政补给的款项。期末余额一般在贷方，反映本级财政欠上级财政的款项；如在借方、则反映上级财政欠本级财政的款项，在编制资产负债表时，应以负数或红字反映。本账户应及时清理结算，年终未能结清的余额，结转下年。有基金预算往来的地区，可按资金性质分设明细账。

【例 19－1】 县财政局收到市财政局借给的临时周转金 25 万元。

借:国库存款　　250 000
　　贷:与上级往来　　250 000

【例 19-2】 按市财政局通知上述借款中的10万元转作对本县的补助。

借:与上级往来　　100 000
　　贷:补助收入　　100 000

【例 19-3】 县财政偿还市财政借给的款项15万元。

借:与上级往来　　150 000
　　贷:国库存款　　150 000

(二)其他应付款的核算

1. 本科目核算政府财政临时发生的暂收、应付和收到的不明性质款项。税务机关代征入库的社会保险费、项目单位使用并承担还款责任的外国政府和国际金融组织贷款,也通过本科目核算。

2. 本科目应当按照债权单位或资金来源等进行明细核算,其他应付款的主要账务处理如下:

(1)收到暂存款项时,借记"国库存款""其他财政存款"等科目,贷记本科目。

(2)将暂存款项清理退还或转作收入时,借记本科目,贷记"国库存款""其他财政存款"或有关收入科目。

(3)社会保险费代征入库时,借记"国库存款"科目,贷记本科目。社会保险费国库缴存社保基金财政专户时,借记本科目,贷记"国库存款"科目。

(4)收到项目单位承担还款责任的外国政府和国际金融组织贷款资金时,借记"其他财政存款"科目,贷记本科目;付给项目单位时,借记本科目,贷记"其他财政存款"科目。收到项目单位偿还的贷款资金时,借记"其他财政存款"科目,贷记本科目;付给外国政府和国际金融组织项目单位还款资金时,借记本科目,贷记"其他财政存款"科目。

(三)应付地方政府债券转贷款的核算

1.本科目核算地方政府财政从上级政府财政借入的地方政府债券转贷款的本金和利息。此科目下应当设置"应付地方政府一般债券转贷款"和"应付地方政府专项债券转贷款"一级明细科目,在一级明细科目下再设置"应付本金"和"应付利息"两个明细科目,分别对应付本金和利息进行明细核算。

2.应付地方政府债券转贷款的主要账务处理如下:

(1)收到上级政府财政转贷的地方政府债券资金时,借记"国库存款"科目,贷记"债务转贷收入"科目;根据债务管理部门转来的相关资料,按照到期应偿还的转贷款本金金额,借记"待偿债净资产——应付地方政府债券转贷款"科目,贷记本科目。

(2)期末确认地方政府债券转贷款的应付利息时,根据债务管理部门计算出的本期应付未付利息金额,借记"待偿债净资产——应付地方政府债券转贷款"科目,贷记本科目。

(3)偿还本级政府财政承担的地方政府债券转贷款本金时,借记"债务还本支出"科目,贷记"国库存款"等科目;根据债务管理部门转来的相关资料,按照实际偿还的本金金额,借记本科目,贷记"待偿债净资产——应付地方政府债券转贷款"科目。

(4)偿还本级政府财政承担的地方政府债券转贷款的利息时,借记"一般公共预算本级支出"或"政府性基金预算本级支出"科目,贷记"国库存款"等科目;实际支付利息金额中属于已确认的应付利息部分,还应根据债务管理部门转来的相关资料,借记本科目,贷记"待偿债净资产—应付地方政府债券转贷款”科目。

(5)偿还下级政府财政承担的地方政府债券转贷款的本息时，借记“其他应付款”或“其他应收款”科目，贷记“国库存款”等科目；根据债务管理部门转来的相关资料，按照实际偿还的本金及已确认的应付利息金额，借记本科目，贷记“待偿债净资产——应付地方政府债券转贷款”科目。

(6)被上级政府财政扣缴地方政府债券转贷款本息时，借记“其他应收款”科目，贷记“与上级往来”科目；根据债务管理部门转来的相关资料，按照实际扣缴的本金及已确认的应付利息金额，借记本科目，贷记“待偿债净资产——应付地方政府债券转贷款”科目。列报支出时，对本级政府财政承担的还本支出，借记“债务还本支出”科目，贷记“其他应收款”科目；对本级政府财政承担的利息支出，借记“一般公共预算本级支出”或“政府性基金预算本级支出”科目，贷记“其他应收款”科目。

(7)采用定向承销方式发行地方政府债券置换存量债务时，省级以下(不含省级)财政部门根据上级财政部门提供的债权债务确认相关资料，按照置换本级政府存量债务的额度，借记“债务还本支出”科目，按照置换下级政府存量债务的额度，借记“债务转贷支出”科目，按照置换存量债务的总额度，贷记“债务转贷收入”科目；根据债务管理部门转来的相关资料，按照置换存量债务的总额度，借记“待偿债净资产——应付地方政府债券转贷款”科目，贷记本科目。同时，按照置换下级政府存量债务额度，借记“应收地方政府债券转贷款”科目，贷记“资产基金——应收地方政府债券转贷款”科目。

3. 本科目期末贷方余额反映本级政府财政尚未偿还的地方政府债券转贷款的本金和利息。

(四)应付主权外债转贷款的核算

1. 本科目核算本级政府财政从上级政府财政借入的主权外债转贷款的本金和利息。此科目应当设置“应付本金”和“应付利息”两个明细科目，分别对应付本金和利息进行明细核算。

2. 应付主权外债转贷款的主要账务处理如下：

(1)收到上级政府财政转贷的主权外债资金时，借记“其他财政存款”科目，贷记“债务转贷收入”科目；根据债务管理部门转来的相关资料，按照实际承担的债务金额，借记“待偿债净资产——应付主权外债转贷款”科目，贷记本科目。

(2)从上级政府财政借入主权外债转贷款，且由外方将贷款资金直接支付给用款单位或供应商时，应根据以下情况分别处理：

①本级政府财政承担还款责任，贷款资金由本级政府财政同级部门(单位)使用的，本级政府财政根据贷款资金支付相关资料，借记“一般公共预算本级支出”等科目，贷记“债务转贷收入”科目；根据债务管理部门转来的相关资料，按照实际承担的债务金额，借记“待偿债净资产——应付主权外债转贷款”科目，贷记本科目。

②本级政府财政承担还款责任，贷款资金由下级政府财政同级部门(单位)使用的，本级政府财政部门根据贷款资金支付相关资料及预算指标文件，借记“补助支出”科目，贷记“债务转贷收入”科目；根据债务管理部门转来的相关资料，按照实际承担的债务金额，借记“待偿债净资产——应付主权外债转贷款”科目，贷记本科目。

③下级政府财政承担还款责任，贷款资金由下级政府财政同级部门(单位)使用的，本级政府财政部门根据贷款资金支付相关资料，借记“债务转贷支出”科目，贷记“债务转贷收入”科目；根据债务管理部门转来的相关资料，按照实际承担的债务金额，借记“待偿债净资产——应

付主权外债转贷款”科目，贷记本科目；同时，借记“应收主权外债转贷款”科目，贷记“资产基金——应收主权外债转贷款”科目。

(3)期末确认主权外债转贷款的应付利息时，按照债务管理部门计算出的本期应付未付利息金额，借记“待偿债净资产——应付主权外债转贷款”科目，贷记本科目。

(4)偿还本级政府财政承担的借入主权外债转贷款的本金时，借记“债务还本支出”科目，贷记“其他财政存款”等科目；根据债务管理部门转来的相关资料，按照实际偿还的本金金额借记本科目，贷记“待偿债净资产——应付主权外债转贷款”科目。

(5)偿还本级政府财政承担的借入主权外债转贷款的利息时，借记“一般公共预算本级支出”等科目，贷记“其他财政存款”等科目；实际偿还利息金额中属于已确认的应付利息部分，还应根据债务管理部门转来的相关资料借记本科目，贷记“待偿债净资产——应付主权外债转贷款”科目。

(6)偿还下级政府财政承担的借入主权外债转贷款的本息时，借记“其他应付款”或“其他应收款”科目，贷记“其他财政存款”等科目；根据债务管理部门转来的相关资料，按照实际偿还的本金及已确认的应付利息金额，借记本科目贷记“待偿债净资产——应付主权外债转贷款”科目。

(7)被上级政府财政扣缴借入主权外债转贷款的本息时，借记“其他应收款”科目，贷记“与上级往来”科目；根据债务管理部门转来的相关资料，按照被扣缴的本金及已确认的应付利息金额借记本科目，贷记“待偿债净资产——应付主权外债转贷款”科目。列报支出时，对本级政府财政承担的还本支出，借记“债务还本支出”科目，贷记“其他应收款”科目；对本级政府财政承担的利息支出，借记“一般公共预算本级支出”等科目，贷记“其他应收款”科目。

(8)上级政府财政豁免主权外债转贷款本息时，根据以下情况分别处理：

①豁免本级政府财政承担偿还责任的主权外债转贷款本息时，根据债务管理部门转来的相关资料，按照豁免转贷款的本金及已确认的应付利息金额借记本科目，贷记“待偿债净资产——应付主权外债转贷款”科目。

②豁免下级政府财政承担偿还责任的主权外债转贷款本息时，根据债务管理部门转来的相关资料，按照豁免转贷款的本金及已确认的应付利息金额借记本科目，贷记“待偿债净资产——应付主权外债转贷款”科目；同时，借记“资产基金——应收主权外债转贷款”科目，贷记“应收主权外债转贷款”科目。

3. 本科目期末贷方余额反映本级政府财政尚未偿还的主权外债转贷款本金和利息。

(五)已结报支出的核算

“已结报支出”是核算政府财政国库支付执行机构已清算的国库集中支付支出数额。财政国库支付执行机构未单设的地区，不使用该科目。

“已结报支出”科目用于核算财政国库资金已结清的支出数额，当天业务结束后，本科目余额应等于一般预算支出与基金预算支出之和。年终结账时，作相反分录，借记“已结报支出”科目，贷记“一般公共预算本级支出”“政府性基金预算本级支出”“国有资本经营预算本级支出”。

1. 财政国库支付执行机构每日将按部门分“类”“款”“项”汇总的“预算支出结算清单”与中国人民银行国库划款凭证核对无误后，送与总预算会计用来结算资金，会计分录为：

借:财政零余额账户存款

　　贷:已结报支出——财政直接支付

2. 财政国库支付执行机构对于授权支付的款项，根据代理银行报来的“财政支出日(旬、月)报表”，与中国人民银行国库划款凭证核对无误后，列报支出，并登记预算单位支出明细账，会计分录为：

借：一般公共预算本级支出、政府性基金预算本级支出、国有资本经营预算本级支出

贷：已结报支出——财政授权支出

3. 年终，财政国库支付执行机构将预算支出与有关方面核对一致后转账时，会计分录为：

借：已结报支出

贷：公共一般预算本级支出、政府性基金预算本级支出、国有资本经营预算本级支出

第二节　借入款的核算

一、借入款的概念

借入款是指中央及地方财政按照法定程序及核定的预算举借的债务，包括中央预算按全国人民代表大会批准的数额举借的国内和国外债务，以及地方预算根据国家法律或国务院特别规定举借的债务，主要是政府借款收入、向国际组织借款收入、其他国外借款收入等。原通过本科目核算的发行国库券收入已单设账户，不再通过本科目核算。上、下级财政之间临时性借垫款项及财政部门暂存其他单位的款项等，不属于借入款范畴，单设账户另行核算。

二、借入款的核算

借入款的核算包括款项的借入与偿还两个方面。

为了核算中央及地方财政按照法定程序及核定的预算举借的债务，应设置“借入款项”账户。其贷方登记举借债务收到的款项，借方登记偿还债务的本金数，期末余额在贷方，反映尚未偿还债务的本金。本账户应当设置“应付本金”“应付利息”明细科目，分别对借入款项的应付本金和利息进行明细核算，还应当按照债权人进行明细核算。债务管理部门应当设置相应的辅助账，详细记录每笔借入款项的期限、借入日期、偿还及付息情况等。本科目期末贷方余额反映本级政府财政尚未偿还的借入款项本金和利息。

(一)借入主权外债的账务处理

1. 本级政府财政收到借入的主权外债资金时，借记“其他财政存款”科目，贷记“债务收入”科目；根据债务管理部门转来的相关资料，按照实际承担的债务金额，借记“待偿债净资产——借入款项”科日，贷记本科目。

2. 本级政府财政借入主权外债，且由外方将贷款资金直接支付给用款单位或供应商时，应根据以下情况分别处理：

(1)本级政府财政承担还款责任，贷款资金由本级政府财政同级部门(单位)使用的，本级政府财政部门根据贷款资金支付相关资料，借记“一般公共预算本级支出”等科目，贷记“债务收入”科目；根据债务管理部门转来的相关资料，按照实际承担的债务金额，借记“待偿债净资产——借入款项”科目，贷记本科目。

(2)本级政府财政承担还款责任，贷款资金由下级政府财政同级部门(单位)使用的，本级政府财政部门根据贷款资金支付相关资料及预算指标文件，借记“补助支出”科目，贷记“债务

收入”科目；根据债务管理部门转来的相关资料，按照实际承担的债务金额，借记“待偿债净资产——借入款项”科目，贷记本科目。

(3)下级政府财政承担还款责任，贷款资金由下级政府财政同级部门(单位)使用的，本级政府财政部门根据贷款资金支付相关资料，借记“债务转贷支出”科目，贷记“债务收入”科目；根据债务管理部门转来的相关资料，按照实际承担的债务金额，借记“待偿债净资产——借入款项”科目，贷记本科目；同时，借记“应收主权外债转贷款”科目，贷记“资产基金——应收主权外债转贷款”科目。

3. 期末确认借入主权外债的应付利息时，根据债务管理部门计算出的本期应付未付利息金额，借记“待偿债净资产——借入款项”科目，贷记本科目。

4. 偿还本级政府财政承担的借入主权外债本金时，借记“债务还本支出”科目，贷记“国库存款”“其他财政存款”等科目；根据债务管理部门转来的相关资料，按照实际偿还的本金金额，借记本科目，贷记“待偿债净资产——借入款项”科目。

5. 偿还本级政府财政承担的借入主权外债利息时，借记“一般公共预算本级支出”等科目，贷记“国库存款”、“其他财政存款”等科目；实际偿还利息金额中属于已确认的应付利息部分，还应根据债务管理部门转来的相关资料，借记本科目，贷记“待偿债净资产——借入款项”科目。

6. 偿还下级政府财政承担的借入主权外债的本息时，借记“其他应付款”或“其他应收款”科目，贷记“国库存款”“其他财政存款”等科目；根据债务管理部门转来的相关资料，按照实际偿还的本金及已确认的应付利息金额，借记本科目，贷记“待偿债净资产——借入款项”科目。

7. 被上级政府财政扣缴借入主权外债的本息时，借记“其他应收款”科目，贷记“与上级往来”科目；根据债务管理部门转来的相关资料，按照实际扣缴的本金及已确认的应付利息金额，借记本科目，贷记“待偿债净资产——借入款项”科目。列报支出时，对应由本级政府财政承担的还本支出，借记“债务还本支出”科目，贷记“其他应收款”科目；对应由本级政府财政承担的利息支出，借记“一般公共预算本级支出”等科目，贷记“其他应收款”科目。

8. 债权人豁免本级政府财政承担偿还责任的借入主权外债本息时，根据债务管理部门转来的相关资料，按照被豁免的本金及已确认的应付利息金额，借记本科目，贷记“待偿债净资产—借入款项”科目。

债权人豁免下级政府财政承担偿还责任的借入主权外债本息时，根据债务管理部门转来的相关资料，按照被豁免的本金及已确认的应付利息金额，借记本科目，贷记“待偿债净资产——借入款项”科目；同时，借记“资产基金——应收主权外债转贷款”科目，贷记“应收主权外债转贷款”科目。

(二)其他借入款项的账务处理

其他借入款项账务处理参照借入主权外债业务的账务处理。

第三节　应付政府债券的核算

一、应付短期政府债券

本科目核算政府财政部门以政府名义发行的期限不超过1年(含1年)的国债和地方政府

债券的应付本金和利息。本科目下应当设置“应付国债”“应付地方政府一般债券”“应付地方政府专项债券”等一级明细科目，在一级明细科目下再设置“应付本金”“应付利息”明细科目，分别核算政府债券的应付本金和利息。债务管理部门应当设置相应的辅助账，详细记录每期政府债券金额、种类、期限、发行日、到期日、票面利率、偿还及付息情况等。本科目期末贷方余额，反映政府财政尚未偿还的短期政府债券本金和利息。应付短期政府债券的主要账务处理如下：

1. 实际收到短期政府债券发行收入时，按照实际收到的金额借记“国库存款”科目，按照短期政府债券实际发行额贷记“债务收入”科目，按照发行收入和发行额的差额借记或贷记有关支出科目；根据债券发行确认文件等相关债券管理资料，按照到期应付的短期政府债券本金金额，借记“待偿债净资产——应付短期政府债券”科目，贷记本科目。

2. 期末确认短期政府债券的应付利息时，根据债务管理部门计算出的本期应付未付利息金额，借记“待偿债净资产——应付短期政府债券”科目，贷记本科目。

3. 实际支付本级政府财政承担的短期政府债券利息时，借记“一般公共预算本级支出”或“政府性基金预算本级支出”科目，贷记“国库存款”等科目；实际支付利息金额中属于已确认的应付利息部分，还应根据债券兑付确认文件等相关债券管理资料，借记本科目，贷记“待偿债净资产——应付短期政府债券”科目。

4. 实际偿还本级政府财政承担的短期政府债券本金时，借记“债务还本支出”科目，贷记“国库存款”等科目；根据债券兑付确认文件等相关债券管理资料，借记本科目，贷记“待偿债净资产——应付短期政府债券”科目。

5. 省级财政部门采用定向承销方式发行短期地方政府债券置换存量债务时，根据债权债务确认相关资料，按照置换本级政府存量债务的额度，借记“债务还本支出”科目，贷记“债务收入”科目；根据债务管理部门转来的相关资料，按照置换本级政府存量债务的额度，借记“待偿债净资产——应付短期政府债券”科目，贷记本科目。

二、应付长期政府债券的核算

本科目核算政府财政部门以政府名义发行的期限超过1年的国债和地方政府债券的应付本金和利息。本科目下应当设置“应付国债”“应付地方政府一般债券”“应付地方政府专项债券”等一级明细科目，在一级明细科目下再分别设置“应付本金”“应付利息”明细科目，分别核算政府债券的应付本金和利息。债务管理部门应当设置相应的辅助账，详细记录每期政府债券金额、种类、期限、发行日、到期日、票面利率、偿还及付息情况等。本科目期末贷方余额反映政府财政尚未偿还的长期政府债券本金和利息。应付长期政府债券的主要账务处理如下：

1. 实际收到长期政府债券发行收入时，按照实际收到的金额借记“国库存款”科目，按照长期政府债券实际发行额，贷记“债务收入”科目，按照发行收入和发行额的差额借记或贷记有关支出科目；根据债券发行确认文件等相关债券管理资料，按照到期应付的长期政府债券本金金额，借记“待偿债净资产——应付长期政府债券”科目，贷记本科目。

2. 期末确认长期政府债券的应付利息时，根据债务管理部门计算出的本期应付未付利息金额，借记“待偿债净资产——应付长期政府债券”科目，贷记本科目。

3. 实际支付本级政府财政承担的长期政府债券利息时，借记“一般公共预算本级支出”或“政府性基金预算本级支出”科目，贷记“国库存款”等科目；实际支付利息金额中属于已确认的应付利息部分，还应根据债券兑付确认文件等相关债券管理资料，借记本科目，贷记“待偿债净资产——应付长期政府债券”科目。

4. 实际偿还本级政府财政承担的长期政府债券本金时，借记“债务还本支出”科目，贷记“国库存款”等科目；根据债券兑付确认文件等相关债券管理资料，借记本科目，贷记“待偿债净资产——应付长期政府债券”科目。

5. 本级政府财政偿还下级政府财政承担的地方政府债券本息时，借记“其他应付款”或“其他应收款”科目，贷记“国库存款”科目；根据债券兑付确认文件等相关债券管理资料，按照实际偿还的长期政府债券本金及已确认的应付利息金额，借记本科目，贷记“待偿债净资产——应付长期政府债券”科目。

6. 省级财政部门采用定向承销方式发行长期地方政府债券置换存量债务时，根据债权债务确认相关资料，按照置换本级政府存量债务的额度借记“债务还本支出”科目，按照置换下级政府存量债务的额度借记“债务转贷支出”科目，按照置换存量债务的总额度贷记“债务收入”科目；根据债务管理部门转来的相关资料，按照置换存量债务的总额度，借记“待偿债净资产——应付长期政府债券”科目，贷记本科目。同时，按照置换下级政府存量债务额度，借记“应收地方政府债券转贷款”科目，贷记“资产基金——应收地方政府债券转贷款”科目。

复习思考题

1. 财政总预算会计中的负债包括哪些内容？

2. 与上级往来是怎么形成的？应如何核算？

3. 什么是其他应付款？应如何核算？

4. 什么是借入款？应如何核算？

5. 什么是应付政府债券？应如何核算？

业务题

(一)目的：练习财政总预算会计负债的核算。

(二)资料：某市财政 2015 年度发生的部分经济业务如下：

1. 收到性质不清的预算缴款 65 000 元，列作暂存。

2. 收到市税务局送来的“更正通知书”，列明上述性质不清的收入为工商局的罚没收入，其中有 10 000 元为多收的罚没款，予以退回。

3. 总预算会计向上级财政机关借入急需用款 50 万元，款项已存入国库存款户。

4. 总预算会计收到上级财政机关文件，批准将上述借款中的 30 万元转作对本级的预算补助款，余款于当日电汇归还。

5. 经批准，向某国际组织借款 400 万元。

(三)要求：根据以上资料编制会计分录。

第二十章 财政收入的核算

财政总预算会计核算的收入是指财政收入，即国家为实现其职能，根据法令和法规所取得的非偿还性资金，是一级财政的资金来源。具体来说，财政收入包括四个部分：一是根据国家法令、法规参与国民收入分配和再分配过程所集中的预算收入；二是根据财政体制规定，在各级财政之间进行资金调拨，或在本级财政各项资金之间进行调剂所形成的资金调拨收入；三是按规定设置和取得的专用基金收入；四是在办理财政有偿资金的借出或放款业务中，取得的财政周转金收入。

第一节 预算收入的核算

一、预算收入的分类及其内容

(一)预算收入的分类

预算收入主要分为一般公共预算本级收入、政府性基金预算本级收入、国有资本经营预算本级收入、财政专户管理资金收入、专用基金收入、转移性收入、债务收入、债务转贷收入等。

(二)预算收入的内容

1. 一般公共预算本级收入

一般公共预算本级收入是通过一定的形式程序，有计划组织的由政府支配、纳入预算管理的资金。

2015 年政府预算收支科目将一般预算收入的具体内容归类如下：

(1)税收收入，指由我国各级税务机关负责征收管理的主要收入，内容比较广泛，包括增值税、消费税、营业税、企业所得税、企业所得税退税、个人所得税、资源税、城市维护建设税、房产税、印花税、城镇土地使用税、土地增值税、车船税、船舶吨税、车辆购置税、关税、耕地占用税、契税、烟叶税、其他税收收入等。

(2)非税收入，反映各级政府及其所属部门和单位依法利用行政权力、政府信誉、国家资源、国有资产或提供特定公共服务征收、收取、提取、募集的除税收和政府债务收入以外的财政收入，包括专项收入、行政事业性收费收入、罚没收入、国有资本经营收入、国有资源(资产)有偿使用收入、其他收入。

2. 政府性基金预算本级收入

政府性基金预算本级收入是指政府财政筹集的纳入本级政府性基金预算管理的非税收

入。

2015年政府预算收支科目中将政府性基金预算收入分为以下几类：

(1)工业交通部门基金收入，包括农网还贷资金收入、转让政府还贷道路收费权收入、散装水泥专项资金收入、新型墙体材料专项基金收入、铁路建设基金收入、民航发展基金收入、港口建设费收入、车辆通行费、船舶港务费、长江口航道维护收入等。

(2)商贸部门基金收入类，包括烟草企业上缴专项收入、国家的丝绸发展风险基金收入。

(3)文教部门基金收入，如文化事业建设费收入、地方教育附加收入、国家电影事业发展专项资金收入等。

(4)农林水部门基金收入，如新菜地开发建设基金收入、育林基金收入、森林植被恢复费、中央水利建设基金收入、地方水利建设基金收入、南水北调工程基金收入等。

(5)土地有偿使用收入，如国有土地收益基金收入、新增建设用地土地有偿使用费收入、农业土地开发资金收入、国有土地使用权出让收入等。

(6)政府住房基金收入，如上缴管理费用、住房金融利润、其他收入等。

(7)其他部门基金收入，如旅游发展基金收入、援外合资合作基金收入、对外工程保函基金收入等。

(8)地方财政税费附加收入，如农牧业税附加收入、城镇公用事业附加收入，渔业建设附加收入、其他附加收入等。

2015年政府预算收支科目中将社会保险基金预算收入分为以下几类：基本养老保险基金收入、失业保险基金收入、基本医疗保险基金收入、工伤保险基金收入、生育保险基金收入、新型农村合作医疗基金收入、城镇居民基本医疗保险基金收入、城乡居民基本养老保险基金收入、其他社会保险基金收入。

3. 国有资本经营预算收入

国有资本经营预算收入是指各级人民政府及其部门、机构履行出资人职责的企业(即一级企业，下同)上缴的国有资本收益。为适应国有资本经营预算管理的需要，规范国有资本经营预算收支的会计核算，《财政部关于国有资本经营预算收支会计核算的通知》(财库〔2007〕123号)对《财政总预算会计制度》进行调整，在收入类增设了“国有资本经营预算收入”科目。

2015年《政府预算收支科目》中将国有资本经营预算收入分为以下几类：

(1)国有独资企业按规定上缴国家的利润；

(2)国有控股、参股企业国有股权(股份)获得的股利、股息；

(3)企业国有产权(含国有股份)转让收入；

(4)国有独资企业清算收入(扣除清算费用)，以及国有控股、参股企业国有股权(股份)分享的公司清算收入(扣除清算费用)；

(5)其他收入。

二、预算收入的组织机构

在我国，负责组织预算收入的组织机构主要有征收机关和国家金库。

(一)征收机关

征收机关是指负责预算收入的征收管理机构，包括财政机关、税务部门和海关。它们按照国家有关政策、法令，把各项预算收入及时足额地征收入库。它们在征管过程中的具体分工是：

(1)财政机关主要负责征收和筹集国有企业上缴利润、农牧业税、债务收入、其他收入以及对计划内亏损补贴等。

(2)税务部门主要负责征收各项工商税收、企业所得税和由税务部门征收的其他预算收入等。

(3)海关主要负责征收关税以及国家指定其负责征收的其他预算收入,如代征的进出口产品增值税、消费税等。

不属于以上范围的预算收入,以国家规定负责管理征收的单位为征收机关;未经国家批准,不得自行增设征收机关。

(二)国家金库

预算收入的出纳机构是国家金库(简称国库)。它是国家预算资金唯一的收纳、划分、报解的专门机构。一切预算收支都要通过国库进行入库和拨付。

1. 国库的机构设置

我国的国家金库,按照国家统一领导、分级管理的财政体制设立,由中国人民银行代理。国库分为总库、分库、中心支库、支库四级。总库设在中国人民银行总行,分库设在省、自治区、直辖市分行,中心支库设在地(市)中心支行,支库设在县(市)支行。在支行以下的办事处、分理处、营业所设金库征收处。较大的省辖市分(支)行所属办事处,根据需要可以设立支库。各省(自治区、直辖市)分行及其所属的各级国库,既是中央国库的分支机构,又是各级地方财政的国库。

国库的业务工作实行垂直领导,分库以下各级国库的工作皆对上级国库负责。下级国库应定期向上级国库报告工作情况,上级国库可以对下级国库直接布置检查工作。

2. 国库的职责

国库工作是国家预算管理工作的重要组成部分,是办理国家预算收支的重要基础工作。根据有关规定,国库的基本职责有:

(1)准确、及时地收纳各项预算收入。根据国家财政管理体制规定的预算收入级次和上级财政机关确定的分成留解比例,正确、及时地办理各级财政库款的划分和留解,以保证各级财政预算资金的运用。

(2)按照财政制度的有关规定和银行的开户管理办法,为各级财政机关开立账户。根据同级财政机关填发的拨款凭证,办理同级财政库款的支拨。

(3)对各级财政库款和预算收入进行会计账务核算。按期向上级国库和同级财政部门、征收机关送报日报、旬报、月报和年度决算报表,定期与财政、税务机关对账,以保证数字准确一致。

(4)分析预算执行情况,协助财政、税务机关组织预算收入并及时入库;根据征收机关填发的凭证核收滞纳金;依照国家税法规定协助财税机关扣收个别单位屡催不缴的应缴预算收入;按照国家财政制度的规定,监督库款的退付。

(5)办理国家交办的同国库有关的其他工作。

三、预算收入在中央和地方之间的划分

为了适应各级政府行使职权的需要,根据事权与财权相结合的原则,须将预算收入在各级政府之间进行划分。

(一)一般公共预算本级收入的划分

一般公共预本级算收入是通过分税制财政管理体制进行划分的，分为固定收入和共享收入两部分。固定收入是指按确定的收入归属划分为某级财政独享、不参与分成的收入。它又可以分中央固定收入和地方固定收入。共享收入又称分成收入，是指上、下级财政之间共同参与分享的预算收入。共享收入按各级财政的财力情况按一定的比例或其他方法进行分配，首先在中央和地方之间进行划分，然后在地方各级财政之间进行划分。具体的收入内容和分配方式通过财政管理体制加以规定。在现行分税制的财政管理体制下，按照事权和财权相结合的原则，一般预算收入的划分如下：

1. 中央预算收入与地方预算收入的划分

(1)中央固定收入，主要有关税、海关代征消费税和增值税、消费税、中央所得税、地方银行和外资银行及非银行金融企业(包括信用社)所得税，铁道部门、各银行总行、保险总公司等集中缴纳的收入(包括营业税、所得税、利润和城市维护建设税)、中央企业上缴利润等。

(2)地方固定收入，主要有营业税(不含铁道部门、各银行总行、各保险总公司集中缴纳的营业税)、地方企业所得税(不含上述地方银行和外贸银行及非银行金融企业所得税)、地方企业上缴利润、个人所得税、城镇土地使用税、固定资产投资方向调节税、城市维护建设税(不含铁道部门、各银行总行、各保险总公司集中缴纳的部分)、房产税、车船使用税、其他印花税、屠宰税、农牧业税、农林特产税、耕地占用税、契税、土地增值税、国有土地有偿使用收入等。

(3)中央与地方共享收入，主要有增值税、资源税、证券交易印花税等。

2. 地方各级预算收入的划分

地方各级预算收入的划分由省(自治区、直辖市)以下逐级制定"财政管理体制"加以确定。省在该省预算收入范围内确定省与其所属各市(区)的划分，市在该市预算收入范围内确定市与其所属县(区)的划分，县在该县预算收入范围内确定所属乡(镇)的划分。由于各地情况不同，其划分范围和分配方式也不相同。

(二)政府性基金预算本级收入的划分

政府性基金预算本级收入也要按预算级次划分为中央基金预算收入、地方基金预算收入，以及中央、地方共享基金预算收入。具体划分如下：

1. 中央基金预算收入

中央基金预算收入主要有中央电力建设基金、三峡工程建设基金、车辆购置附加费、铁路建设基金、民航基础设施建设基金、港口建设费、市话初装费、烟草商业专营利润、碘盐基金、油品价格调节基金、商贸部门基金、中央所属企事业单位文化事业建设费、林价(育林基金)专项收入、中央水利建设基金、旅游发展基金等。

2. 地方基金预算收入

地方基金预算收入主要有地方电力建设基金、养路费、公路建设基金，下放港口以港养港收入、农村教育附加费收入、地方所属企事业单位文化事业建设费、职工医疗保险基金、新菜地开发基金、地方水利建设基金、地方财政税费附加收入等。

3. 中央、地方共享基金预算收入

中央、地方共享基金预算收入主要有邮电附加费收入、民航机场管理建设费收入、散装水泥专项资金收入、中央和地方所属企事业单位文化事业建设费收入、灌溉水源灌排工程补偿费收入等。

四、预算收入的入库管理

(一)预算收入的缴库方式

一般公共预算本级收入的缴库方式有就地缴库、集中缴库,以及税务机关、海关自收汇缴三种。

(1)就地缴库,即由基层缴款单位或缴款人按征收机关规定的缴库期限直接向当地国库或国库经收处缴纳。

(2)集中缴库,即由基层缴款单位将应缴的预算收入通过银行汇到上级主管部门,由主管部门按征收机关规定的缴款期限,汇总向国库或国库经收处缴纳。采用集中缴纳方式的,要经同级财政部门同意。

(3)税务机关、海关自收汇缴,即缴款人直接向基层税务机关、海关缴纳税款。由税务机关、海关将所收款项汇总缴入国库或国库经收处。

基金预算收入的缴库方式和管理要求与一般预算收入基本相同,只是基金预算收入征收机构的分工有所不同。其大体分工是农村教育附加费由当地税务或财政部门负责征收管理,其余各项基金由财政部驻各地专员办事机构同财政部门,或经同级财政部门委托的部门负责征收管理。原则上由财政部驻各地专员办事机构就地监缴的中央基金预算收入,由专员办事机构监缴入库;由中央主管部门集中收缴的基金,由中央主管部门征收并解缴入库;由地方部门收缴的基金,由地方部门收缴并按基金所属的预算级次分别解缴入库。

(二)预算收入列报基础

国库收到预算收入后,根据财政管理体制的规定和预算级次将固定收入分别列入各级财政的预算收入报表,将共享收入按规定的划分比例分别列入各级财政的预算收入报表。国库的预算收入报表,有日报、月报和年报。预算收入一般以本年度缴入基层国库(支金库)的数额为准。总预算会计凭国库报送的属于本级财政的预算收入日报表及其所附凭证入账。其具体内容如下:

第一,县(含县本级)以上各级财政的各项预算收入(含固定收入与共享收入)均以缴入基层国库数额为准。

第二,已建立乡(镇)国库的地区、乡(镇)财政的本级收入,以乡(镇)国库收到数为准。

第三,未建立乡(镇)国库的地区,乡(镇)财政的本级收入,以收到县级财政返还数为准。

第四,基层国库在年度库款报解整理期(新年度1月1日开始的10天)内收到国库经收处报来的上年度收入,记入上年度账;整理期结束后,再收到上年度收入一律记入新年度账。

(三)预算收入的管理

总预算会计在预算收入管理上应注意以下几点:

第一,密切注意收入进度,分析执行情况,及时提供预算执行信息。

第二,加强与征收机关及国库联系,保证收入的级次正确、科目正确、数字正确。发现差错,应在发现的当月,按国家金库条例及其他有关规定,及时通知有关单位共同予以更正。

第三,把好收入退库关,非国家明文规定的项目不得退库,属于国家规定的退库项目,要按财政部规定的手续办理审批后才能退库,国库经收处不得办理退库。各级预算收入的退库,原则上通过转账办理,不支付现金。

五、预算收入的核算

(一)一般公共预算本级收入的核算

本科目核算政府财政筹集的纳入本级一般公共预算管理的税收收入和非税收入,应当根据《政府收支分类科目》中“一般公共预算收入科目”的规定进行明细核算。本科目平时贷方余额反映一般公共预算本级收入的累计数。

一般公共预算本级收入的主要账务处理如下:

1. 收到款项时,根据当日预算收入日报表所列一般公共预算本级收入数,借记“国库存款”等科目,贷记本科目。

2. 年终转账时,本科目贷方余额全数转入“一般公共预算结转结余”科目,借记本科目,贷记“一般公共预算结转结余”科目。结转后,本科目无余额。

【例 20—1】 某日甲县财政收到国库报来的预算收入日报表如表 20—1 所示。

表 20—1　　甲县预算收入日报表

2015 年 12 月 10 日　　单位:元

科目编码	科目名称	本日收入
(略)	增值税	6 950
	企业所得税	3 620
	个人所得税	2 490
	营业税	1 330
	车船使用税	1 850
	本日合计	13 580
	本年累计	206 600

借:国库存款　　13 580

　贷:一般公共预算本级收入——增值税　　6 950

　　　　　　　　　　　　——企业所得税　　3 620

　　　　　　　　　　　　——个人所得税　　2 490

　　　　　　　　　　　　——营业税　　1 330

　　　　　　　　　　　　——车船使用税　　1 850

本日预算收入日报表中,各种补贴退库数大于实际收缴入库数,收退相抵,当日预算收入为负数,总账应用红字登记,明细账应根据预算收入日报表所列具体收退项目,分别用红字或蓝字记账。

(二)政府性基金预算本级收入的核算

本科目核算政府财政筹集的纳入本级政府性基金预算管理的非税收入,应当根据《政府收支分类科目》中“政府性基金预算本级收入”科目的规定进行明细核算。本科目平时贷方余额反映政府性基金预算本级收入的累计数。

政府性基金预算本级收入的主要账务处理如下:

1. 收到款项时,根据当日预算收入日报表所列政府性基金预算本级收入数,借记“国库存款”等科目,贷记本科目。

2. 年终转账时，本科目贷方余额全数转入“政府性基金预算结转结余”科目，借记本科目，贷记“政府性基金预算结转结余”科目。结转后，本科目无余额。

【例 20—2】 某日 A 市财政收到国库报来市级预算收入日报表，如表 20—2 所示。

表 20—2　　A 市预算收入日报表

2015 年 12 月 10 日　　单位：元

科目编码	科目名称	本日收入
（略）	新菜地开发基金收入	87 000
	农牧业税附加收入	228 000
	城镇公用事业附加收入	49 000
	本日合计	364 000
	本年累计	4 281 575

借：国库存款　　364 000

　　贷：政府性基金预算本级收入——新菜地开发基金收入　　87 000

　　　　——农牧业税附加收入　　228 000

　　　　——城镇公用事业附加收入　　49 000

（三）未建立国库的乡（镇）预算收入

未建立国库的乡（镇）财政，其预算收入都是由县（市）国库收纳并向县（市）财政报送预算收入日报表，成为县（市）财政的预算收入，但乡（镇）财政又须作预算收入入账，这就会使预算收入重复，所以对未设国库的乡（镇）财政预算收入，应作如下处理：

首先，县（市）财政根据本县（市）的乡（镇）财政管理体制，与征收机关共同制定“乡（镇）财政预算收入报表”，由征收机关分乡（镇）填报，县（市）财政和有关乡（镇）财政各一份。

其次，县（市）财政根据“乡（镇）财政预算收入报表”审查核对无误后，根据乡（镇）应得数拨款，乡（镇）财政总预算会计根据县（市）财政的拨款通知和审核后的“乡（镇）财政预算收入报表”，将转来的预算收入入账。

【例 20—3】 某日未设国库的乡镇财政收到县财政拨来按体制应得的一般预算收入 8 万元。

县财政拨付时：

借：一般公共预算本级收入　　80 000

　　贷：国库存款　　80 000

乡财政收到拨款时：

借：其他财政存款　　80 000

　　贷：一般公共预算本级收入　　80 000

（四）国有资本经营预算收入的核算

为了核算各级财政部门管理的国有资本经营预算收入，应设置“国有资本经营预算本级收入”科目，本科目应按《政府收支分类科目》中“国有资本经营收入”款级科目下的项、目级科目设置相应明细账。平时余额在贷方，反映当年国有资本经营预算收入累计数。

取得国有资本经营预算收入时，借记“国库存款”科目，贷记“国有资本经营预算本级收入”科目。

年终转账时,将本科目贷方余额全数转入"国有资本经营预算结余"科目,借记"国有资本经营预算收入"科目,贷记"国有资本经营预算结余"科目。

【例 20-4】 某市财政收到中国人民银行上缴利润 50 000 000 元。

借:国库存款　　50 000 000

　　贷:国有资本经营预算本级收入　　50 000 000

六、预算收入的错误更正

各级财政部门、税务机关、海关、国库和缴款单位在办理预算收入的收纳、退还和报解时,应当认真负责、防止差错。如果发生错误,则不论本月或以前月份发生的错误,都应在发现错误的月份办理更正手续。对不同类型的错误,应采用不同的方法予以更正。

(一)少缴或多缴预算收入的更正

第一,少缴预算收入应按少缴数额补办入库,由征收机关加开缴款凭证,通知缴款单位补缴预算收入,国库和财政总预算会计均将其作为正常预算收入处理。

第二,多缴预算收入,可由征收机关签发收入退还书,经批准后将多缴库的预算收入退还原缴款单位,也可抵补缴款单位以后的缴款。

【例 20-5】 某公司缴纳营业税,缴款书误将税额 5 600 元填为 6 500 元。税务局同意将多缴税额作退库处理,签发"收入退还书",通知国库退付该公司 900 元。

借:国库存款　　[900]

　　贷:一般预算收入　　[900]

(二)其他错误更正

除了发生多缴、少缴预算收入外,还可能发生预算科目填写错误和预算级次划分的错误。当发生这两种错误时,应由发现错误的部门填制"更正通知书",通知有关单位予以更正。更正的处理方法如下:

1. 更正预算科目

若预算科目填写错误,无论是国库会计还是总预算会计,应先用红字填制和原错误记录相同的记账凭单,登记入账,冲销原错误记录,再用蓝字编制一张正确的记账凭单,并据以入账。

【例 20-6】 某公司在缴纳所得税 70 000 元时,误将国有石油化学工业所得税错填为国有石油工业所得税。经发现后,由征收机关填写更正通知书,通知国库和财政机关更正。国库会计更正时,应将待报解地方预算收入明细账中国有石油工业所得税用红字记入 70 000 元,国有石油化学工业所得税用蓝字记入 70 000 元。

财政总预算会计根据更正通知书进行明细账调整。

借:一般预算收入——国有石油工业所得税　　70 000

　　贷:一般预算收入——国有石油化学工业所得税　　70 000

2. 更正预算级次

若预算级次错误,应根据征收机关通知调账,少记的补记,多记的用红字冲销。

【例 20-7】 某地方电子公司缴纳所得税 5 000 元,填写缴款书时,误作为中央企业所得税,缴入中央国库,发现后由征收机关填写更正通知书通知国库、财政部门予以更正。

国库会计更正时:

借:中央预算收入　　[5 000]

贷：待报解地方预算收入 5 000

财政总预算会计因本级预算少计，用补充登记法登记：

借：国库存款 5 000

贷：一般预算收入——国有电子工业所得税 5 000

第二节 资金调拨收入的核算

资金调拨是中央财政与地方财政，地方各级财政之间为落实财政管理体制，平衡各级预算收支而产生的资金调拨事项。它包括两类情况：一是上下级财政之间，由于共享收入的分配、转移支付、体制结算而产生的预算资金的调拨，这种调拨是通过上级补助和下级上解来实现的；二是同级财政因预算收支平衡问题而产生的一般预算与基金预算之间的资金调拨，这种调拨是通过调入资金和调出资金来实现的。

需要说明的是，资金调拨是财政内部对资金的调节，它虽然会引起某一级财政或某一类预算资金的财力增加，但必然要引起另一级财政或另一类预算资金的财力减少。所以，从全国来说，年终汇总时，资金调拨收入和资金调拨支出相抵以后，除调入资金和调出资金不相互对冲外，其余全部冲销，因此，决算中就不反映这些调拨收支了。

一、资金调拨收入的内容

资金调拨收入是根据财政管理体制规定在中央与地方、地方各级财政之间进行预算资金调拨所形成的收入，以及在本级财政不同预算资金之间调拨所形成的收入，主要包括补助收入、上解收入、地区间援助收入、调入资金、动用预算稳定调节基金。

（一）补助收入

补助收入是上级财政按财政管理体制或因专项需要补助给本级财政的款项，包括税收返还收入、体制补助收入、专项补助收入。

（二）上解收入

上解收入是下级财政按财政管理体制规定解缴给本级财政的款项，包括体制上解收入和专项上解收入。

（三）地区间援助收入

地区间援助收入是指受援方政府财政部门收到援助方政府财政部门转来的可统筹使用的各类援助、捐赠等资金收入。

（四）调入资金

调入资金是为平衡本级一般预算收支而从基金预算资金中“地方财政税费附加”调入的资金以及按规定从其他资金渠道调入的资金。

（五）动用预算稳定调节基金

调入稳定调节基金是指为弥补财政短收年份预算执行收支缺口而调用的预算稳定调节基金。

二、资金调拨收入的核算

(一)补助收入的核算

为了核算上级财政部门拨来的补助款,总预算会计应设"补助收入"账户进行核算。"补助收入"账户的借方登记退还上级补助数及年终转出数,贷方登记实际收到的上级补助款,余额平时在贷方,反映上级补助收入累计数。本账户应按补助资金性质设账,并进行相应的明细核算。

【例 20－8】 根据市财政通知将财政部门的借款 20 万元转作对其科技三项费用的补助。

借:与上级往来　　200 000

　　贷:补助收入——预算补助　　200 000

【例 20－9】 县财政收到市财政基金收支计划补助给该县的养路费 60 万元。

借:国库存款——基金预算存款　　600 000

　　贷:补助收入——基金补助　　600 000

【例 20－10】 年终进行结算,根据预算,市财政欠拨丁县财政预算补助款 45 万元,按市财政有关通知入账。

借:与上级往来　　450 000

　　贷:补助收入——预算补助　　450 000

(二)上解收入的核算

为了核算下级财政上缴的预算上解款,应设置"上解收入"账户。其贷方登记下级上解的款项,借方登记返还的上解款项,平时期末余额在贷方,反映当期下级上解收入累计数,年末借方登记结转预算结余数,结转后应无余额。本账户按上解地区设明细账。

【例 20－11】 某市财政收到甲县按体制规定上解的款项 60 万元。

借:国库存款　　600 000

　　贷:上解收入——甲县　　600 000

(三)地区间援助收入的核算

为适应地区间援助资金预算管理需要,规范地区间援助资金会计核算,自 2012 年 11 月起,在收入类增设"地区间援助收入"会计科目。

收到援助方政府财政部门转来的资金时,借记"国库存款"科目,贷记"地区间援助收入"科目。年终本科目贷方余额应转入"预算结余"科目,借记"地区间援助收入"科目,贷记"预算结余"科目。本科目平时贷方余额,反映当年收到的地区间援助收入累计数。本科目应按"政府收支分类科目"中收入分类科目、援助地区及管理需要设置相应明细账。

【例 20－12】 某市财政部门收到 B 市政府财政部门转来的援助资金 3 000 000 元。

借:国库存款　　3 000 000

　　贷:地区间援助收入　　3 000 000

(四)调入资金的核算

为核算各级财政部门为平衡一般预算收支而从基金预算的"地方财政税费附加"及其他渠道调入的预算内资金,应设置"调入资金"账户,其贷方登记从基金预算或其他渠道调入的资金,年末结账借方登记结转预算结余数,结转后本账户应无余额。

【例 20－13】 某县财政为平衡一般预算收支,从基金预算的地方财政税费附加收入中调入结余资金 35 万元。

借:调出资金　　350 000

　　贷:调入资金　　350 000

同时应调整国库存款明细账:

借:国库存款——一般预算存款　　350 000

　　贷:国库存款——基金预算存款　　350 000

【例 20－14】 某未设国库的乡财政为平衡预算从其预算外资金财政专户调入自筹资金 9 万元。

借:其他财政存款　　90 000

　　贷:调入资金　　90 000

(五)动用预算稳定调节基金的核算

为了核算为弥补财政短收年份预算执行收支缺口而调用的预算稳定调节基金,在收入类增设“动用预算预算稳定调节基金”科目。

年度终了,为弥补财政短收年份预算执行收支缺口,调用预算稳定调节基金时,借记“预算稳定调节基金”科目,贷记本科目。

年终转账时,将本科目余额全部转入“一般公共预算结转结余”科目,借记本科目,贷记“一般公共预算结转结余”科目。结转后,本科目无余额。

【例 20－15】 年度终了,某县政府财政部门因财政收入短收造成收支缺口 1 500 万元,报经批准调用预算稳定调节基金加以弥补。

借:预算稳定调节基金　　15 000 000

　　贷:动用预算稳定调节基金　　15 000 000

第三节　专用基金收入的核算

一、专用基金的概念

专用基金是指由地方财政部门按规定设置或取得的具有专门用途的资金。专用基金与基金预算在管理要求上有相同之处,即都要专款专用、先收后支,但两者在资金的形成和使用上还是不同的。

首先,从资金形成的渠道上,专用基金主要是列入一般预算支出形成的具有专门用途的资金;而基金预算是预算收入的一项内容,是财政按规定收取、纳入预算管理并具有指定用途的政府性基金。

其次,从资金存款的管理上,专用基金一般要求存入指定的专业银行,如粮食风险基金要求存放在农业发展银行,而基金预算的收入要求存入国库。

专用基金的收支有严格的专用性,不得随意改变。目前设置的专用基金主要有粮食风险基金、电力建设基金等。专用基金收入的取得主要有两个渠道:一是上级财政补助,二是本级预算自筹安排。其规模根据各地实际情况规定。

二、专用基金收入的核算

本科目核算政府财政按照法律法规和国务院、财政部规定设置或取得的粮食风险基金等专用基金收入，应当按照专用基金的种类进行明细核算。平时本科目贷方余额反映取得专用基金收入的累计数。

专用基金收入的主要账务处理如下：

1. 通过预算支出安排取得专用基金收入转入财政专户的，借记“其他财政存款”科目，贷记本科目；同时，借记“一般公共预算本级支出”等科目，贷记“国库存款”“补助收入”等科目。退回专用基金收入时，借记本科目，贷记“其他财政存款”科目。

2. 通过预算支出安排取得专用基金收入仍存在国库的，借记“一般公共预算本级支出”等科目，贷记“专用基金收入”科目。

3. 年终转账时，本科目贷方余额全数转入“专用基金结余”科目，借记本科目，贷记“专用基金结余”科目。结转后，本科目无余额。

【例 20－16】 某省财政收到财政部拨付给该省的粮食风险基金 600 万元，该项基金直接下达农业发展银行。

借：其他财政存款	6 000 000	
贷：专用基金收入——粮食风险基金		6 000 000

【例 20－17】 某省财政自筹安排粮食风险基金 800 万元，列入本级预算支出。

借：一般公共预算本级支出——政策性补贴支出	8 000 000	
贷：专用基金收入——粮食风险基金		8 000 000

同时，由于粮食风险基金按规定要求在农业发展银行开户。

借：其他财政存款	8 000 000	
贷：国库存款		8 000 000

第四节 财政专户管理资金收入的核算

一、财政专户管理资金收入的概念

财政专户管理资金收入是指政府财政纳入财政专户管理的教育收费等资金收入。

二、财政专户管理资金收入的核算

本科目核算政府财政纳入财政专户管理的教育收费等资金收入。本科目应当按照《政府收支分类科目》中收入分类科目的规定进行明细核算。同时，根据管理需要按部门（单位）等进行明细核算。本科目平时贷方余额反映财政专户管理资金收入的累计数。

财政专户管理资金收入的主要账务处理如下：

1. 收到财政专户管理资金时，借记“其他财政存款”科目，贷记本科目。

2. 年终转账时，本科目贷方余额全数转入“财政专户管理资金结余”科目，借记本科目，贷记“财政专户管理资金结余”科目。结转后，本科目无余额。

第五节 其他收入的核算

财政总预算收入中除了以上内容外，还有债务收入和债务转贷收入。

一、债务收入

（一）债务收入的概念

债务收入是指省级财政部门作为债务主体发行政府债券收到的发行收入等。本科目核算政府财政按照国家法律、国务院规定以发行债券等方式取得的，以及向外国政府、国际金融组织等机构借款取得的纳入预算管理的债务收入。本科目应当按照《政府收支分类科目》中"债务收入"科目的规定进行明细核算。本科目平时贷方余额反映债务收入的累计数。

债务收入的主要账务处理如下：

1. 省级以上政府财政收到政府债券发行收入时，按照实际收到的金额借记"国库存款"科目，按照政府债券实际发行额贷记本科目，按照发行收入和发行额的差额借记或贷记有关支出科目；根据债务管理部门转来的债券发行确认文件等相关资料，按照到期应付的政府债券本金金额，借记"待偿债净资产——应付短期政府债券/应付长期政府债券"科目，贷记"应付短期政府债券""应付长期政府债券"等科目。

2. 政府财政向外国政府、国际金融组织等机构借款时，按照借入的金额，借记"国库存款""其他财政存款"等科目，贷记本科目；根据债务管理部门转来的相关资料，按照实际承担的债务金额，借记"待偿债净资产——借入款项"科目，贷记"借入款项"科目。

3. 本级政府财政借入主权外债，且由外方将贷款资金直接支付给用款单位或供应商时，应根据以下情况分别处理：

（1）本级政府财政承担还款责任，贷款资金由本级政府财政同级部门（单位）使用的，本级政府财政根据贷款资金支付相关资料，借记"一般公共预算本级支出"科目，贷记本科目；根据债务管理部门转来的相关资料，按照实际承担的债务金额，借记"待偿债净资产——借入款项"科目，贷记"借入款项"科目。

（2）本级政府财政承担还款责任，贷款资金由下级政府财政同级部门（单位）使用的，本级政府财政根据贷款资金支付相关资料及预算指标文件，借记"补助支出"科目，贷记本科目；根据债务管理部门转来的相关资料，按照实际承担的债务金额，借记"待偿债净资产——借入款项"科目，贷记"借入款项"科目。

（3）下级政府财政承担还款责任，贷款资金由下级政府财政同级部门（单位）使用的，本级政府财政根据贷款资金支付相关资料，借记"债务转贷支出"科目，贷记本科目；根据债务管理部门转来的相关资料，按照实际承担的债务金额，借记"待偿债净资产——借入款项"科目，贷记"借入款项"科目；同时，借记"应收主权外债转贷款"科目，贷记"资产基金——应收主权外债转贷款"科目。

4. 年终转账时，本科目下"专项债务收入"明细科目的贷方余额应按照对应的政府性基金种类分别转入"政府性基金预算结转结余"相应明细科目，借记本科目（"专项债务收入"明细科目），贷记"政府性基金预算结转结余"科目；本科目下其他明细科目的贷方余额全数转入"一般公共预算结转结余”科目，借记本科目（其他明细科目），贷记“一般公共预算结转结余”科目。结转后，本科目无余额。

（二）债务收入的核算

本科目下应当设置“地方政府一般债务转贷收入”“地方政府专项债务转贷收入”明细科目。本科目平时贷方余额反映债务转贷收入的累计数。债务转贷收入的主要账务处理如下：

1. 省级以下（不含省级）政府财政收到地方政府债券转贷收入时，按照实际收到的金额，借记“国库存款”科目，贷记本科目；根据债务管理部门转来的相关资料，按照到期应偿还的转贷款本金金额，借记“待偿债净资产——应付地方政府债券转贷款”科目，贷记“应付地方政府债券转贷款”科目。

2. 省级以下（不含省级）政府财政收到主权外债转贷收入的具体账务处理如下：

（1）本级财政收到主权外债转贷资金时，借记“其他财政存款”科目，贷记本科目；根据债务管理部门转来的相关资料，按照实际承担的债务金额，借记“待偿债净资产——应付主权外债转贷款”科目，贷记“应付主权外债转贷款”科目。

（2）从上级政府财政借入主权外债转贷款，且由外方将贷款资金直接支付给用款单位或供应商时，应根据以下情况分别处理：

①本级政府财政承担还款责任，贷款资金由本级政府财政同级部门（单位）使用的，本级政府财政根据贷款资金支付相关资料，借记“一般公共预算本级支出”科目，贷记本科目；根据债务管理部门转来的相关资料，按照实际承担的债务金额，借记“待偿债净资产——应付主权外债转贷款”科目，贷记“应付主权外债转贷款”科目。

②本级政府财政承担还款责任，贷款资金由下级政府财政同级部门（单位）使用的，本级政府财政根据贷款资金支付相关资料及预算文件借记“补助支出”科目，贷记本科目；根据债务管理部门转来的相关资料，按照实际承担的债务金额，借记“待偿债净资产——应付主权外债转贷款”科目，贷记“应付主权外债转贷款”科目。

③下级政府财政承担还款责任，贷款资金由下级政府财政同级部门（单位）使用的，本级政府财政根据转贷资金支付相关资料，借记“债务转贷支出”科目，贷记本科目；根据债务管理部门转来的相关资料，按照实际承担的债务金额，借记“待偿债净资产——应付主权外债转贷款”科目，贷记“应付主权外债转贷款”科目；同时，借记“应收主权外债转贷款”科目，贷记“资产基金——应收主权外债转贷款”科目。下级政府财政根据贷款资金支付相关资料，借记“一般公共预算本级支出”科目，贷记本科目；根据债务管理部门转来的相关资料，按照实际承担的债务金额，借记“待偿债净资产——应付主权外债转贷款”科目，贷记“应付主权外债转贷款”科目。

3. 年终转账时，本科目下“地方政府一般债务转贷收入”明细科目的贷方余额全数转入“一般公共预算结转结余”科目，借记本科目，贷记“一般公共预算结转结余”科目。本科目下“地方政府专项债务转贷收入”明细科目的贷方余额按照对应的政府性基金种类分别转入“政府性基金预算结转结余”相应明细科目，借记本科目，贷记“政府性基金预算结转结余”科目。结转后，本科目无余额。

【例 20－18】 某省财政部门收到地方政府债券发行收入 12 亿元。

借：国库存款　　　　1 200 000 000

　　贷：债务收入　　　　1 200 000

二、债务转贷收入

(一)债务转贷收入的概念

债务转贷收入是指省级以下财政部门(不含省级,下同)收到的来自上级财政部门转贷的债务收入。

(二)债务转贷收入的核算

省级以下财政部门实际收到债务转贷收入时,借记"国库存款"科目,贷记"债务转贷收入"科目。年终转账时,将本科目贷方余额全部转入"预算结余"科目,借记"债务转贷收入"科目,贷记"预算结余"科目。本科目平时贷方余额,反映省级以下财政部门当年实际收到的来自上级财政部门转贷的债务收入累计数。

【例 20—19】 某县政府财政部门收到省财政厅拨来转贷的债务收入 5 千万元。

借:国库存款　　50 000 000

　　贷:债务转贷收入　　50 000 000

1. 财政总预算会计核算的收入包括哪些内容?
2. 什么是一般公共预算本级收入?它是怎样分类的?
3. 一般公共预算本级收入缴库方式有哪几种?其列报基础是怎样的?
4. 按现行财政管理体制,预算收入在中央和地方之间如何划分?
5. 什么是政府性基金预算公共收入?它是怎样分类的?
6. 预算收入如何核算?其错误如何更正?
7. 什么是资金调拨收入?包括哪些内容?
8. 什么是专用基金收入?它与基金预算收入有何不同?
9. 债务收入和债务转贷收入都有哪些区别和联系?
10. 什么是财政专户管理资金收入如何进行核算?

(一)目的:练习财政收入的核算。

(二)资料:某市财政 2015 年度发生的部分经济业务如下:

1. 收到同级国库报来的预算收入日报表列示:收到县所属国有企业所得税 68 万元;各项税收附加为 10 万元。

2. 收到同级国库报来的预算收入日报表显示:当日各种政府性基金为 50 万元,企业政策性亏损补贴为 10 万元。

3. 收到所属甲乡按体制规定的一般预算上解款 10 万元。

4. 将所属甲乡多解的收入款 5 000 元退回。

5. 收到国库报来的"基金预算日报表",列示当日收到医疗保险基金 50 万元。

6. 根据财政部规定,将上述医疗保险基金存入指定银行。

7. 财政专户收到各大院校上缴的学费收入 300 万元。

8. 预借给未建国库的乙乡预算款 120 万元。

9. 收到乙乡上划的乡级预算收入 17 万元。

10. 用本级一般预算资金安排建立粮食风险基金 35 万元，款项已划入国家指定银行。

11. 年终为平衡一般预算收支，经批准调入地方财政税费附加结余款 80 万元。

12. 收到省财政厅拨来的债务转贷资金 2 000 万元。

(三)要求：根据上述经济业务编制会计分录。

第二十一章　财政支出的核算

财政总预算会计核算的支出是指各级政府为实现其职能，满足经济建设、文化建设、行政管理和国防外交等方面的资金需要，对筹集的财政资金进行的再分配。

财政资金从财政拨款到用款单位将资金转化为成果，是财政资金活动的第二阶段，通称为支出阶段，包括一般公共预算本级支出、政府性基金预算本级支出、国有资本经营预算本级支出、财政专户管理资金支出、专用基金支出、转移性支出、债务还本支出、债务转贷支出等。

第一节　预算支出的核算

一、预算支出的分类及其内容

预算支出主要分为一般公共预算本级支出、政府性基金预算本级支出和国有资本经营预算支出。

(一)一般公共预算本级支出及其内容

一般公共预算本级支出，是国家对集中的预算收入有计划地分配和使用而安排的支出。预算支出项目的具体划分和内容，按国家预算收支科目的规定执行。

根据 2015 年政府预算收支科目的规定，我国一般预算支出共有以下 24 项：

(1)一般公共服务支出，反映政府提供一般公共服务的支出。

(2)外交支出，反映政府外交事务支出，不包括人大、政协、政府及所属各部门(除国家领导人、外资部门)的出国费、招待费。

(3)国防支出，指用于国防方面的支出，包括现役部队、国防科研事业、国防专项工程、国防动员及其他国防方面的开支。

(4)公共安全支出，指政府维护社会公共安全方面的支出，包括武装警察、公安、国家安全、检察、法院、司法、仲裁、监狱、强制隔离戒毒、国家保密、缉私警察以及其他公共安全方面的各项支出。

(5)教育支出，反映政府教育事务支出，包括教育管理事务、普通教育、职业教育、成人教育、广播电视教育、留学教育、特殊教育、进修及培训、教育附加安排的支出及其他教育方面的支出。

(6)科学技术支出，反映科学技术方面的支出，包括科学技术管理事务、基础研究、应用研究、技术研究与开发、科技条件与服务、社会科学、科学技术普及、科技交流与合作、科技重大专项以及其他科学技术方面的支出。

(7)文化体育与传媒支出,反映政府在文化、文物、体育、广播影视、新闻出版等方面的支出。

(8)社会保障和就业支出,反映政府在社会保障与就业方面的支出,包括人力资源和社会保障管理事务、民政管理事务、财政对社会保险基金的补助、补充全国社会保障基金、行政事业单位离退休、企业改革补助、就业补助、抚恤、退役士兵安置、社会福利、残疾人事业、自然灾害生活救助、红十字会事业、最低生活保障、临时救助、特困人员供养、补充道路交通事故社会救助基金以及其他生活救助等方面的支出。

(9)医疗卫生与计划生育支出,反映政府医疗与计划生育管理方面的支出,包括医疗卫生与计划生育管理事务、公立医院、基层医疗卫生机构、公共卫生、医疗保障、中医药、计划生育事务、食品和药品监督管理事务等方面的支出。

(10)节能环保支出,反映政府节能环保支出,包括环境保护管理事务、环境监测与监察、污染防治、自然生态保护、天然林保护、退耕还林、风沙荒漠治理、退牧还草、已垦草原退耕还草、能源节约利用、污染减排、可再生能源、循环经济、能源管理事务、江河湖库流域治理与保护等方面的支出。

(11)城乡社区支出,反映政府城乡社区事务支出,包括城乡社区管理事务、城乡社区规划与管理、城乡社区公共设施、城乡社区环境卫生、建设市场管理与监督等方面的支出。

(12)农林水支出,反映政府在农业、林业、水利、南水北调、扶贫、农业综合开发、农村综合改革、促进金融支农支出、目标价格补贴等方面的支出。

(13)交通运输支出,反映交通运输和邮政业方面的支出,包括公路水路运输、铁路运输、民用航空运输、石油价格改革对交通运输的补贴、邮政业支出车辆购置税支出等。

(14)资源勘探信息等支出,反映用于资源勘探、制造业、建筑业、工业信息等方面的支出。

(15)商业服务业等支出,反映商业服务业方面的支出,包括商业流通事务、旅游业管理与服务支出、涉外发展服务支出等。

(16)金融支出,反映金融方面的支出,包括金融部门行政支出、金融部门监管支出、金融发展支出、金融调控支出等。

(17)援助其他地区支出,反映援助方政府安排并管理的对其他地区各类援助、捐赠等资金支出。

(18)国土海洋气象等支出,反映政府用于国土资源、海洋、测绘、地震、气象等公益服务事业方面的支出。

(19)住房保障支出,集中反映政府用于住房方面的支出,包括保障性安居工程支出、住房改革支出、城乡社区住宅支出等。

(20)粮油物资储备支出,反映政府用于粮油储备方面的支出,包括粮油事务、物资事务、能源储备、粮油储备、重要商品储备等方面的支出。

(21)预备费支出,反映预算中安排的预备费。

(22)国债还本付息支出,反映国债还本、付息方面的支出,包括国内债务还本、向外国政府贷款还本、向国际组织借款还本、中央向其他国外借款还本、地方向国外借款还本、国内债务付息、国外债务付息、国内外债务发行、补充还贷准备金、地方政府债券还本、地方政府债券付息、中央境外发行主权债券还本等支出。

(23)转移性支出,反映政府的转移支付以及不同性质资金之间的调拨支出,包括返还性支出、一般性转移支付、专项转移支付、调出资金、年终结余、债券转贷支出、援助其他地区支出等。

(24)其他支出,反映不能划分到上述功能科目的其他政府支出。

(二)政府性基金预算本级支出及其内容

政府性基金预算本级支出是指各级财政部门用基金预算收入安排的支出。按2015年《政府预算收支科目》规定,除基金预算、调拨支出外,政府性基金预算本级支出包括12类:

(1)教育基金支出,指用地方教育附加安排的中小学校舍建设、教学设施支出和中等职业学校教学设施支出。

(2)科学技术基金支出,指核电站乏燃料处理基金的各项支出。

(3)文体体育与传媒基金支出,反映政府在文化、文物、体育、广播影视、新闻出版等方面的支出,包括用文化事业建设费安排的支出和用国家电影事业发展专项资金安排的支出。

(4)社会保障和就业基金支出,反映政府在社会保障与就业方面的支出,包括大中型水库移民后期扶持基金支出、小型水库移民扶助基金支出、残疾人就业保障金支出等。

(5)节能环保基金支出,反映政府节能环保支出,包括可再生能源电价附加收入安排的支出、废弃电器电子产品处理基金支出。

(6)城乡社区支出,反映政府城乡社区事务支出,包括政府住房基金支出、国有土地使用权出让收入安排的支出、城市公用事业附加安排的支出、国有土地收益基金支出、农业土地开发资金支出、新增建设用地有偿使用费安排的支出、城市基础设施配套费安排的支出。

(7)农林水支出,反映政府农林水事务支出,包括新菜地开发建设基金支出、育林基金支出、森林植被恢复费安排的支出、中央水利建设基金支出、地方水利建设基金支出、大中型水库库区基金支出、三峡水库库区基金支出、南水北调工程基金支出、国家重大水利工程建设基金支出、水土保持补偿费安排的支出。

(8)交通运输支出,反映交通运输和邮政业方面的支出。

(9)商业服务业等支出,主要包括旅游发展基金安排的支出。

(10)金融支出,包括使用中央特别国债经营基金所形成的支出和反映特别国债利息及有关费用的支出。

(11)其他支出,反映不能划分到上述功能科目的其他政府支出,例如用彩票发行机构和销售机构的业务费用安排的支出、用彩票公益金安排的支出等。

(12)转移性支出,反映政府的转移支付以及不同性质资金之间的调拨支出,包括政府性基金补助支出、政府性基金上解支出、政府性基金预算调出基金、政府性基金年终结余。

(三)国有资本经营预算本级支出及其内容

国有资本经营预算本级支出是国家用国有资本经营预算收入安排的支出。根据2015年政府预算收支科目的规定,我国国有资本经营预算本级支出共有以下12大类:教育支出、科学技术支出、文化体育与传媒支出、社会保障和就业支出、节能环保支出、城乡社区支出、农林水支出、交通运输支出、资源勘探信息等支出、商业服务业等支出、其他支出、转移性支出。除转移性支出外,在每一大类中又分别按项级科目细分为:国有经济结构调整支出、公益性设施投资补助支出、战略性产业发展支出、生态环境保护支出、支持科技进步支出、保障国家经济安全支出、对外投资合作支出、改革成本支出及其他方面支出等。

二、预算支出的管理

(一)一般公共预算本级支出的管理

1. 一般公共预算本级支出的列报口径

一般公共预算本级支出的列报口径又称预算支出的列报基础,它是以财政部门在支出阶段的基本任务——资金分配的完成为界限的。总的原则是:

实行限额管理的基本建设支出,按用款单位的银行支出数列报支出;不实行限额管理的基本建设支出,按拨付用款单位的拨款数列报支出。

对行政事业单位的非包干性支出和专项支出,平时按财政拨款数列报支出,清理结算如有拨款收回时,再冲销已列支出。对于收回以前年度已列支出的款项,除财政部门另有规定者外,应冲销当年支出。

除以上两种情况外的其他各项支出,如对行政事业单位包干性拨款等,均以财政拨款数列报支出。但预拨以后各期的经费,不得直接按预拨数列作本期支出,应作预拨款处理,待到期后,再按以上规定的列报口径转列支出。

2. 一般公共预算本级支出的管理要求

财政总预算会计按拨款数办理一般公共预算本级支出应遵循以下管理要求:

第一,严格执行《中华人民共和国预算法》,办理拨款支出必须以预算为准,预备费的动用必须经同级人民政府批准。

第二,对主管部门(主管会计单位)提出的“季度分月用款计划”及分“款”“项”填制的“预算经费请拨单”应认真审核。根据经审核批准的拨款申请,结合库款余存情况按时向用款单位拨款。

第三,总预算会计应根据预算管理要求和拨款的实际情况,分“款”“项”核算,列报当期预算支出。

第四,主管会计单位应按计划控制用款,不得随意改变资金用途。“款”“项”之间如确需调整,应填制“科目流用申请书”,报经同级财政部门核准后使用。总预算会计凭核定的流用数调整预算支出明细账。

第五,总预算会计不得列报超预算的支出,不得任意调整预算支出科目,未拨付的经费原则上不得列报当年支出。因特殊情况确需在当年预留的支出,应严格控制,并按规定的审核程序办理。为了保证列支的预算科目正确无误,总预算会计还应加强和财务管理部门的联系,及时对账,并协助财务管理部门监督单位认真执行预算。

(二)政府性基金预算本级支出的管理

政府性基金预算是专用性较强的财政资金,从前面对基金预算收支的分类上,我们可以看出,基金预算支出的分类基本上是与基金预算收入的分类相一致的。所以,政府性基金预算本级支出的管理除了参照一般公共预算本级支出的管理要求外,还有其自身特点。

政府性基金预算本级支出在管理上大致可分为两类:

一类是原就在预算中列收列支的社会保障基金和根据国务院《关于加强预算外资金管理的决定》纳入预算管理的政府性基金(收费),其管理实行收支两条线管理,基金(收费)要按现行体系及时上缴中央或地方金库,使用由主管部门提出计划,财政部门按规定支付;属于基本建设用途的,由财政部门按计划部门批准的项目安排支出。基金(收费)收支在预算上单独编列反映,按规定专款专用,不得挪作他用,也不得平衡预算。

另一类是原来地方财政按国家规定收取的各项税费附加收入，按国务院上述文件的规定也纳入地方财政预算统一管理。但这部分资金的支出基本上是由同级财政统筹安排的，其中一部分可用来平衡一般预算收支。

综上所述，政府性基金预算本级支出的管理，按其本身的特点，应注意以下两个方面：

(1)先收后支。由于政府性基金预算具有较强的专用性，总预算会计必须认真审查单位请拨的项目是否有足够的资金来源，即该项目的历年滚存结余加上本年已实现的收入减去本年已支拨数是否大于请拨数，否则不予拨款。

(2)分项核算。由于各项基金都有自行的专门用途，总预算会计必须按不同基金项目和财政部制定的基金预算收支科目记好明细账，以真实反映各项基金的实际支出，同时应定期与基金管理部门对账，避免不同基金预算支出相互发生混淆。

(三)国有资本经营预算支出的管理

国有资本经营预算应统筹兼顾企业自身积累、自身发展和国有经济结构调整及国民经济宏观调控的需要，适度集中国有资本收益，合理确定预算收支规模。既保持国有资本经营预算的完整性和相对独立性，又保持与政府公共预算(指一般预算)的相互衔接。

国有资本经营预算实行分级管理、分级编制，根据条件逐步实施。

国有资本经营预算资金支出由企业在经批准的预算范围内提出申请，报经财政部门审核后，按照财政国库管理制度的有关规定直接拨付使用单位。使用单位应当按照规定用途使用、管理预算资金，并依法接受监督。

国有资本经营预算执行中如需调整，须按规定程序报批。年度预算确定后，企业改变财务隶属关系引起预算级次和关系变化的，应当同时办理预算划转。

年度终了后，财政部门应当编制国有资本经营决算草案报本级人民政府批准。

三、预算支出的核算

(一)一般公共预算本级支出的核算

为了核算各级总预算会计办理的应由一般预算资金支付的各项支出，应设置“一般公共预算本级支出”账户。其借方登记按预算支出列报口径列报的支出数，包括直接拨付用款单位的拨款数、预拨经费转列支出数和建设银行报来的银行支出数，贷方登记预算支出的收回数，平时余额在借方，反映当期预算支出累计数。年终贷方登记结转预算结余数，结转后应无余额。本账户根据政府预算收支科目中的“一般公共预算本级支出”账户(不含一般预算调拨支出类和总预备费类)分“款”“项”设置明细账。

【例 21—1】 根据核定的预算，总预算会计开出拨款凭证，将科技三项费用 500 000 元拨入市机电局。

借：一般公共预算本级支出　　500 000
　贷：国库存款　　500 000

【例 21—2】 市教育局报来“预算经费请拨单”，经审查同意拨款 2 800 000 元。

借：一般公共预算本级支出　　2 800 000
　贷：国库存款　　2 800 000

【例 21—3】 某市拨入市林业局非包干的专项经费 150 000 元。

借：一般公共预算本级支出　　150 000
　贷：国库存款　　150 000

【例 21－4】 例 21－3 所述专项任务完成，市林业局报来专项经费 140 000 元结余 10 000 元缴回国库。

借：国库存款　　10 000

　　贷：一般公共预算本级支出　　10 000

【例 21－5】 上年已列其他支出的某单位经费 30 000 元，经审查发现不应由预算资金支付，通知收回，款项缴回国库。

借：国库存款　　30 000

　　贷：一般公共预算本级支出　　30 000

【例 21－6】 年终，汇总全年一般预算支出 45 265 000 元，全数转入"预算结余"账户。

借：预算结余　　45 265 000

　　贷：一般公共预算本级支出　　45 265 000

(二)政府性基金预算本级支出的核算

为了核算政府财政管理的由本级政府使用的列入政府性基金预算的支出，应设置"政府性基金预算本级支出"账户。政府性基金预算本级支出的主要账务处理如下：

1. 实际发生政府性基金预算本级支出时，借记"政府性基金预算本级支出"科目，贷记"国库存款"科目。

2. 年度终了，对纳入国库集中支付管理的、当年未支而需结转下一年度支付的款项(国库集中支付结余)，采用权责发生制确认支出时，借记"政府性基金预算本级支出"科目，贷记"应付国库集中支付结余"科目。

3. 年终转账时，"政府性基金预算本级支出"科目借方余额应全数转入"政府性基金预算结转结余"科目，借记"政府性基金预算结转结余"科目，贷记"政府性基金预算本级支出"科目。结转后，"政府性基金预算本级支出"科目无余额。

【例 21－7】 某市交通局请拨养路费 800 000 元，总预算会计根据核定的"基金预算请拨单"，经审查符合用款计划，开出"预算拨款凭证"拨付资金。

借：政府基金预算本级支出　　800 000

　　贷：国库存款　　800 000

【例 21－8】 发生职工养老保险支出 500 000 元。

借：政府基金预算本级支出　　500 000

　　贷：国库存款　　500 000

【例 21－9】 年终，汇总全年基金预算支出 8 000 000 元，全数转入"政府基金预算结转结余"账户。

借：政府基金预算本级结余　　8 000 000

　　贷：政府基金预算本级支出　　8 000 000

(三)国有资本经营预算支出的核算

为了核算各级财政部门用国有资本经营预算收入安排的支出，应设置"国有资本经营预算支出"科目。发生国有资本经营预算支出时，借记"国有资本经营预算支出"科目，贷记"国库存款"等有关科目；年度终了，对纳入国库集中支付管理的、当年未支而需结转下一年度支付的款项(国库集中支付结余)，采用权责发生制确认支出时，借记本科目，贷记"应付国库集中支付结余"科目；年终转账时，将本科目借方余额全数转入"国有资本经营预算结转结余"科目，借记"国有资本经营预算结转结余"科目，贷记"国有资本经营预算支出"科目。本科目平时借方余额反映当年国有资本经营预算支出累计数。本科目根据“政府收支分类科目”中有关国有资本经营预算支出的支出功能分类科目分行业设置明细账。

【例 21－10】 某市财政局用国有资本经营预算收入安排市体育馆建设资金 1 000 000 元。

借：国有资本经营预算支出　　1 000 000

　　贷：国库存款　　1 000 000

第二节　转移性支出的核算

一、转移性支出的内容

转移性支出是指在各级政府财政之间进行资金调拨以及在本级政府财政不同类型资金之间调剂所形成的支出，包括补助支出、上解支出、调出资金、地区间援助支出等。

1. 补助支出，是指本级政府财政按财政体制规定或因专项需要补助给下级政府财政的款项，包括对下级的税收返还、转移支付等。

2. 上解支出，是按财政体制规定由本级财政解缴给上级财政的款项，包括按体制由国库在本级预算收入中直接划解给上级财政的款项、按体制结算补解给上级财政的款项和各种专项上解款项。

3. 调出资金，是指政府财政为平衡预算收支，从某类资金向其他类型预算调出的资金。

4. 地区间援助支出，是指援助方政府安排用于受授方政府财政部门统筹使用的各类援助、捐赠等资金。

5. 安排预算稳定调节基金，是指政府财政按照有关规定安排的预算稳定调节基金。

二、转移性支出的核算

(一)补助支出的核算

“补助支出”科目应当按照不同资金性质，设置“一般公共预算补助支出”“政府性基金预算补助支出”等明细科目，同时还应当按照补助地区进行明细核算。

补助支出的主要账务处理如下：

1. 发生补助支出或从“与下级往来”科目转入时，借记本科目，贷记“国库存款”“其他财政存款”“与下级往来”等科目。

2. 专项转移支付资金实行特设专户管理的，本级政府财政应当根据本级政府财政下达的预算文件确认补助支出，借记本科目，贷记“国库存款”“与下级往来”等科目。

3. 有主权外债业务的财政部门，贷款资金由下级政府财政同级部门(单位)使用，且贷款最终还款责任由本级政府财政承担的，本级政府财政部门支付贷款资金时，借记本科目，贷记“其他财政存款”科目；外方将贷款资金直接支付给用款单位或供应商时，借记本科目，贷记“债务收入”“债务转贷收入”等科目；根据债务管理部门转来的相关外债转贷管理资料，按照实际支付的金额，借记“待偿债净资产”科目，贷记“借入款项”“应付主权外债转贷款”等科目。

4. 年终与下级政府财政结算时，按照尚未拨付的补助金额，借记本科目，贷记“与下级往来”科目。退还或核减补助支出时，借记“国库存款”“与下级往来”等科目，贷记本科目。

5. 年终转账时，本科目借方余额应根据不同资金性质分别转入对应的结转结余科目，借记“一般公共预算结转结余”“政府性基金预算结转结余”等科目，贷记本科目。结转后，本科目无余额。

【例 21－11】 某市财政总预算会计按支出预算拨给甲县财政专项补助 30 万元。

借：补助支出——预算补助——甲县　　300 000

贷：国库存款——一般预算存款　　300 000

【例 21－12】 某市总预算会计根据市批准文件将原借给乙县的预算调度款 20 万元转作对其科技三项费用的补助。

借：补助支出——预算补助——乙县　　200 000

贷：与下级往来——乙县　　200 000

【例 21－13】 根据计算出的中央对地方的税收返还数额，财政部返还给 A 市税收返还款 1 500 万元。

借：补助支出——税收返还支出——A 市　　15 000 000

贷：国库存款　　15 000 000

【例 21－14】 某市财政根据基金收支计划补助给丙县养路费 60 万元。

借：补助支出——基金补助——丙县　　600 000

贷：国库存款——基金预算存款　　600 000

【例 21－15】 市总预算会计年终进行结算，根据预算尚欠丁县财政补助款 45 万元，先补列支出，并通知丁县入账。

借：补助支出——预算补助——丁县　　450 000

贷：与下级往来——丁县　　450 000

(二)上解支出的核算

为了核算解缴给上级财政的款项，应设置“上解支出”账户，“上解支出”科目应当按照不同资金性质，设置“一般公共预算上解支出”“政府性基金预算上解支出”等明细科目。上解支出的主要账务处理如下：

1. 发生上解支出时，借记本科目，贷记“国库存款”“与上级往来”等科目。

2. 年终与上级政府财政结算时，按照尚未支付的上解金额，借记本科目，贷记“与上级往来”科目。退还或核减上解支出时，借记“国库存款”“与上级往来”等科目，贷记本科目。

3. 年终转账时，本科目借方余额应根据不同资金性质分别转入对应的结转结余科目，借记“一般公共预算结转结余”“政府性基金预算结转结余”等科目，贷记本科目。结转后，本科目无余额。

【例 21－16】 甲县按体制规定上解市财政 60 万元。

借：上解支出　　600 000

贷：国库存款　　600 000

(三)调出资金的核算

为核算各级财政部门从基金预算的地方财政税费附加收入结余中调出，用于平衡一般预算收支的资金，应设置“调出资金”账户。“调出资金”科目下应当设置“一般公共预算调出资金”“政府性基金预算调出资金”和“国有资本经营预算调出资金”等明细科目。其主要账务处理如下：

1. 从一般公共预算调出资金时，按照调出的金额借记本科目（一般公共预算调出资金），贷记“调入资金”相关明细科目。

2. 从政府性基金预算调出资金时,按照调出的金额,借记本科目(政府性基金预算调出资金),贷记“调入资金”相关明细科目。

3. 从国有资本经营预算调出资金时,按照调出的金额,借记本科目(国有资本经营预算调出资金),贷记“调入资金”相关明细科目。

4. 年终转账时,本科目借方余额分别转入相应的结转结余科目,借记“一般公共预算结转结余”“政府性基金预算结转结余”和“国有资本经营预算结转结余”等科目,贷记本科目。结转后,本科目无余额。

【例 21－17】 某县财政为平衡一般预算收支,从基金预算的地方财政税费附加收入中调出结余资金 35 万元。

借:调出资金　　350 000

　　贷:调入资金　　350 000

同时调整国库存款明细账:

借:国库存款——一般预算存款　　350 000

　　贷:国库存款——基金预算存款　　350 000

(四)地区间援助支出的核算

为核算援助方政府安排用于受授方政府财政部门统筹使用的各类援助、捐赠等资金,应设置“地区间援助支出”账户,其账户应当按照受援地区及管理需要进行相应明细核算。地区间援助支出的主要账务处理如下:

1. 发生地区间援助支出时,借记本科目,贷记“国库存款”科目。

2. 年终转账时,本科目借方余额全数转入“一般公共预算结转结余”科目,借记“一般公共预算结转结余”科目,贷记本科目。结转后,本科目无余额。

【例 21－18】 某市政府财政部门按省政府统一安排,向另一市政府拨出援助资金 4 000 000元。

借:地区间援助支出　　4 000 000

　　贷:国库存款　　4 000 000

年末结转“地区间援助支出”科目借方余额 6 000 000 元。

借:预算结余　　6 000 000

　　贷:地区间援助支出　　6 000 000

(五)安排预算稳定调节基金的核算

为核算从财政超收收入中安排的预算稳定调节基金,应设置“安排预算稳定调节基金”账户。安排预算稳定调节基金的主要账务处理如下:

1. 补充预算稳定调节基金时,借记本科目,贷记“预算稳定调节基金”科目。

2. 年终转账时,本科目借方余额全数转入“一般公共预算结转结余”科目,借记“一般公共预算结转结余”科目,贷记本科目。结转后,本科目无余额。

【例 21－19】 某县财政部门按规定从财政超收收入中安排预算稳定调节基金 8 000 000 元。

借:安排预算稳定调节基金　　8 000 000

　　贷:预算稳定调节基金　　8 000 000

第三节　专用基金支出的核算

一、专用基金支出的概念

专用基金支出是地方财政部门用专用基金收入安排的相应支出。

各项专用基金均有其支出的具体范围和列支办法，我国目前设置的专用基金主要是粮食风险基金，其具体使用范围为：

第一，平衡粮食市场，委托国有粮食企业吞吐调节粮食供求保持合理储备，需支付的代垫利息费用。

第二，平抑粮价，以低于成本售出粮食发生的价差损失。

第三，对于移民和边远地区农民吃粮困难给予的补贴。

财政总预算会计应按照规定的用途开支，并做到先收后支，量入为出。

二、专用基金支出的核算

为了核算各级财政部门用专用基金收入安排的支出，应设置"专用基金支出"账户。其借方登记用专用基金收入安排的支出数，贷方登记支出的收回数，期末余额在借方，反映当期专用基金支出的累计数。年末借方余额全数转入专用基金结余数，结转后无余额。本账户应按专用基金的种类设置明细账。

【例 21—20】 某省总预算会计根据有关文件拨付粮食部门粮食风险基金 900 万元。

借：专用基金支出——粮食风险基金　　9 000 000

　贷：其他财政存款　　9 000 000

第四节　财政专户管理资金支出的核算

一、财政专户管理资金支出的概念

财政专户管理资金支出是核算政府财政用纳入财政专户管理的教育收费等资金安排的支出。

二、财政专户管理资金支出的核算

为核算用未纳入预算并实行财政专户管理的资金安排的支出，应设置"财政专户管理资金支出"科目。"财政专户管理资金支出"科目应当按照《政府收支分类科目》中支出功能分类科目设置相应明细科目；同时根据管理需要，按照支出经济分类科目、部门（单位）等进行明细核算。发生财政专户管理的资金支出时，借记"财政专户管理资金支出"科目，贷记"其他财政存款"等有关科目。年终转账时，将本科目借方余额全数转入"财政专户管理资金结余"科目，借记“财政专户管理资金结余”科目，贷记“财政专户管理资金支出”科目。本科目平时借方余额，反映当年财政专户管理的资金支出累计数。本科目根据政府收支分类科目中支出功能分类科目设置相应明细账；同时，根据管理需要，按部门进行明细核算。

【例 21—21】 某县财政部门用未纳入预算并实行财政专户管理的教育收费上缴资金安排校舍维修资金 400 000 元。

借：财政专户管理资金支出　　400 000
　　贷：其他财政存款　　400 000

第五节　债务相关支出的核算

一、债务相关支出的概念

债务相关支出包括债务还本支出和债务转贷支出。债务还本支出是指政府财政偿还本级政府承担的债务本金支出。债务转贷支出是指本级政府财政向下级政府财政转贷的债务支出。

二、债务相关支出的核算

(一)债务还本支出的核算

为核算各级财政部门发生的债务还本支出，应设置“债务还本支出”科目，并根据《政府收支分类科目》中“债务还本支出”的有关规定设置明细科目。

债务还本支出的主要账务处理如下：

1. 偿还本级政府财政承担的政府债券、主权外债等纳入预算管理的债务本金时，借记本科目，贷记“国库存款”“其他财政存款”等科目；根据债务管理部门转来相关资料，按照实际偿还的本金金额，借记“应付短期政府债券”“应付长期政府债券”“借入款项”“应付地方政府债券转贷款”“应付主权外债转贷款”等科目，贷记“待偿债净资产”科目。

2. 偿还截至 2014 年 12 月 31 日本级政府财政承担的存量债务本金时，借记本科目，贷记“国库存款”“其他财政存款”等科目。

3. 年终转账时，本科目下“专项债务还本支出”明细科目的借方余额应按照对应的政府性基金种类分别转入“政府性基金预算结转结余”相应明细科目，借记“政府性基金预算结转结余”科目，贷记本科目(专项债务还本支出)。本科目平时借方余额反映本级政府财政债务还本支出的累计数。期末，本科目下其他明细科目的借方余额全数转入“一般公共预算结转结余”科目，借记“一般公共预算结转结余”科目，贷记本科目(其他明细科目)。结转后，本科目无余额。

(二)债务转贷支出的核算

为了核算地方各级财政部门对下级财政部门转贷的债务支出，应设置“债务转贷支出”科目。本科目下应当设置“地方政府一般债务转贷支出”“地方政府专项债务转贷支出”明细科目，同时还应当按照转贷地区进行明细核算。

债务转贷支出的主要账务处理如下：

1. 本级政府财政向下级政府财政转贷地方政府债券资金时，借记本科目，贷记“国库存款”科目；根据债务管理部门转来的相关资料，按照到期应收回的转贷款本金金额，借记“应收地方政府债券转贷款”科目，贷记“资产基金——应收地方政府债券转贷款”科目。

2. 本级政府财政向下级政府财政转贷主权外债资金，且主权外债最终还款责任由下级政府财政承担的，相关账务处理如下：

(1)本级政府财政支付转贷资金时，根据转贷资金支付相关资料，借记“债务转贷支出”科目，贷记“其他财政存款”科目；根据债务管理部门转来的相关资料，按照实际持有的债权金额，借记“应收主权外债转贷款”科目，贷记“资产基金——应收主权外债转贷款”科目。

(2)外方将贷款资金直接支付给用款单位或供应商时，本级政府财政根据转贷资金支付相关资料，借记本科目，贷记“债务收入”“债务转贷收入”科目；根据债务管理部门转来的相关资料，按照实际持有的债权金额，借记“应收主权外债转贷款”科目，贷记“资产基金——应收主权外债转贷款”科目；同时，借记“待偿债净资产”科目，贷记“借入款项”“应付主权外债转贷款”等科目。

3. 年终转账时，本科目下“地方政府一般债务转贷支出”明细科目的借方余额全数转入“一般公共预算结转结余”科目，借记“一般公共预算结转结余”科目，贷记“债务转贷支出——地方政府一般债务转贷支出”科目。本科目平时借方余额反映债务转贷支出的累计数。期末，本科目下“地方政府专项债务转贷支出”明细科目的借方余额全数转入“政府性基金预算结转结余”科目，借记“政府性基金预算结转结余”科目，贷记“债务转贷支出——地方政府专项债务转贷支出”科目。结转后，本科目无余额。

复习思考题

1. 财政总预算会计核算的支出包括哪些内容？
2. 什么是一般公共预算本级支出？它如何分类？
3. 一般公共预算本级支出的列报口径和管理要求是什么？
4. 什么是政府性基金预算本级支出？它如何分类？其核算管理的要求是什么？
5. 什么是资金调拨支出？它包括哪些内容？
6. 什么是专用基金支出？应如何核算？
7. 什么是财政专户管理资金支出？应如何核算？
8. 债务相关支出都包括哪些内容？应如何核算？

业务题

(一)目的：练习财政支出的核算。

(二)资料：某市财政 2015 年度发生的部分经济业务如下：

1. 按预算将不实行限额管理的基本建设款 200 万元直接拨给某建设单位。
2. 按预算拨给下属某市基金预算补助款 100 万元。
3. 按预算拨给市轻纺局科技三项费用 15 万元。
4. 拨付所属某县税收返还款 90 万元。
5. 收到市建行当月基本建设月报，列示当月基本建设拨款的银行支出数为 198 035 元，转作预算支出。

6. 将所属某县财政局借款 80 万元转作预算补助款。

7. 将上季预拨教育局的经费 640 万元转列支出。

8. 开出预算拨款凭证，通知国库，将养路费 98 万元拨给有关部门用于公路养护。

9. 经批准，从国有资本经营预算收入中调 90 万元，用于平衡一般预算收支。

10. 预算安排粮食风险基金 102 万元。

11. 按省财政厅安排，拨出资金 500 万元，用于援助某受地震灾害市政府。

(三)要求：根据以上资料编制会计分录。

第二十二章　财政净资产的核算

财政总预算会计核算的净资产是指资产减去负债的差额，是一级政府财政所掌管的资产净值，反映该级政府所拥有的财力，包括一般公共预算结转结余、政府性基金预算结转结余、国有资本经营预算结转结余、财政专户管理资金结余、专用基金结余、预算稳定调节基金、预算周转金、资产基金和待偿债净资产。

第一节　结余的核算

一、结余的概念

结余是财政收支的执行结果，是下年度可以结转使用或重新安排使用的资金。财政各项结余包括一般公共预算结转结余、政府性基金预算结转结余、国有资本经营预算结余、财政专户管理资金结余和专用基金结余。

一般公共预算结转结余是指一般公共预算收支的执行结果，政府性基金预算结转结余是指政府性基金预算收支的执行结果，国有资本经营预算结转结余是指国有资本经营预算收支的执行结果，财政专户管理资金结余是指纳入财政专户管理的教育收费等资金收支的执行结果，专用基金结余是总预算会计管理的专用基金收支的年终执行结果。各项结余必须分别核算，不得混淆。各项结余应每年结算一次，年终将各项收入与相应的支出冲销后，即成为该项资金的当年结余。当年结余加上年年末滚存结余为本年年末滚存结余。各级政府预算的上年结余，应当按照下列顺序使用：

(1)在下年度用于上一年度结转项目的支出；

(2)用于上年结转项目支出后的余额，可用于补充预算周转金；

(3)用于上年结转项目支出和补充预算周转金后的余额，可用于下一年度必需的预算支出。

二、结余的核算

(一)一般公共预算结转结余的核算

“一般公共预算结转结余”科目核算政府财政纳入一般公共预算管理的收支相抵形成的结转结余。

1. 年终转账时，将一般公共预算的有关收入科目贷方余额转入本科目的贷方，借记“一般公共预算本级收入”“补助收入——一般公共预算补助收入”“上解收入——一般公共预算上解收入”“地区间援助收入”“调入资金——一般公共预算调入资金”“债务收入(一般债务收入)”“债务转贷收入(地方政府一般债务转贷收入)”“动用预算稳定调节基金”等科目,贷记本科目;将一般公共预算的有关支出科目借方余额转入本科目的借方,借记本科目,贷记“一般公共预算本级支出”“上解支出——一般公共预算上解支出”“补助支出——一般公共预算补助支出”“地区间援助支出”“调出资金——一般公共预算调出资金”“安排预算稳定调节基金”“债务转贷支出(地方政府一般债务转贷支出)”“债务还本支出(一般债务还本支出)”等科目。

2. 设置和补充预算周转金时,借记本科目,贷记“预算周转金”科目。

【例 22－1】 某市财政局进行年终结算,发生以下有关一般公共预算结转结余的会计事项:

(1)将全年有关一般预算的各项收入结转“一般公共预算结转结余”账户。

借:一般预算收入	30 000 000	
补助收入—— 一般预算补助收入	2 000 000	
上解收入	7 000 000	
调入资金	1 000 000	
贷:一般公共预算结转结余		40 000 000

(2)将全年有关预算的各项支出结转“一般公共预算结转结余”账户。

借:一般公共预算结转结余	39 000 000	
贷:一般公共预算支出		29 800 000
补助支出—— 一般公共预算补助支出		1 800 000
上解支出		7 400 000

(3)市财政上年预算滚存结余为 800 000 元,则:

本年预算滚存结余＝800 000＋40 000 000－39 000 000＝1 800 000(元)

(4)市财政按本年一般公共预算结转结余的 10％增设预算周转金。

借:一般公共预算结转结余	180 000	
贷:预算周转金		180 000

(二)政府性基金预算结转结余的核算

“政府性基金预算结转结余”科目核算政府财政纳入政府性基金预算管理的收支相抵形成的结转结余。

政府性基金预算结转结余的主要账务处理如下:

年终转账时,应将政府性基金预算的有关收入科目的贷方余额按照政府性基金种类分别转入本科目下相应明细科目的贷方,借记“政府性基金预算本级收入”“补助收入——政府性基金预算补助收入”“上解收入——政府性基金预算上解收入”“调入资金——政府性基金预算调入资金”“债务收入——专项债务收入”“债务转贷收入——地方政府专项债务转贷收入”等科目,贷记本科目;将政府性基金预算的有关支出科目借方余额按照政府性基金种类分别转入本科目下相应明细科目的借方,借记本科目,贷记“政府性基金预算本级支出”“上解支出——政府性基金预算上解支出”“补助支出——政府性基金预算补助支出”“调出资金——政府性基金预算调出资金”“债务还本支出——专项债务还本支出”“债务转贷支出——地方政府专项债务转贷支出”等科目。

【例 22－2】 某市财政 2015 年 12 月 31 日年终结账发生以下有基金预算结余的会计事

项：

(1)将全年有关基金预算的各项收入结转“政府性基金预算结转结余”账户。

借：政府性基金预算本级收入　10 000 000

补助收入——基金预算补助　2 500 000

贷：政府性基金预算结转结余　12 500 000

(2)将全年有关基金预算的各项支出结转“政府性基金预算结转结余”账户。

借：政府性基金预算结转结余　12 400 000

贷：政府性基金预算本级支出　9 000 000

补助支出——政府性基金预算补助支出　2 400 000

调出资金　1 000 000

(3)市财政上年政府性基金预算滚存结余为580 000元，则：

本年政府性基金预算滚存结余＝580 000＋12 500 000－12 400 000＝680 000(元)

(三)国有资本经营预算结余的核算

为了核算各级财政部门管理的国有资本经营预算收支的年终执行结果，应设置“国有资本经营预算结余”科目。年终转账时，应将“国有资本经营预算收入”科目余额转入本科目贷方；将“国有资本经营预算支出”“国有资本经营预算调出资金”科目余额转入本科目借方。本科目年终贷方余额，反映本年国有资本经营预算滚存结余，转入下年度。

【例22－3】 某县财政年末“国有资本经营预算收入”科目贷方余额为30 000 000元，“国有资本经营预算支出”科目借方余额为28 000 000元，年终结转分录为：

借：国有资本经营预算收入　30 000 000

贷：国有资本经营预算结余　30 000 000

借：国有资本经营预算结余　28 000 000

贷：国有资本经营预算支出　28 000 000

上年国有资本经营预算滚存结余为500 000元，则：

本年国有资本经营预算滚存结余＝500 000＋30 000 000－28 000 000＝2 500 000(元)

(四)专用基金结余的核算

专用基金结余是各级总预算会计管理的专用基金的年终执行结果。

为了核算总预算会计管理的专用基金收支的年终执行结果，应设置“专用基金结余”账户。其贷方登记“专用基金收入”账户贷方余额转入数，借方登记“专用基金支出”账户借方余额转入数。年末余额在贷方，反映本年专用基金的滚存结余，转入下年度。“专用基金结余”应按基金项目的不同设置明细账，分别结出每一种基金的结余额。

【例22－4】 某市财政局进行年终结算，发生以下有关预算结余的会计事项：

(1)将全年专用基金收入5 000 000元结转“专用基金结余”账户。

借：专用基金收入　5 000 000

贷：专用基金结余　5 000 000

(2)将全年专用基金支出4 650 000元结转“专用基金结余”账户。

借：专用基金结余　4 650 000

贷：专用基金支出　4 650 000

(3)市财政上年专用基金结余为450 000元，则：

专用基金结余本年度累计数＝450 000＋5 000 000－4 650 000＝800 000(元)

(五)财政专户管理资金结余的核算

"财政专户管理资金结余"科目核算政府财政纳入财政专户管理的教育收费等资金收支相抵后形成的结余。

年终转账时,将财政专户管理资金的有关收入科目贷方余额转入本科目贷方,借记"财政专户管理资金收入"等科目,贷记本科目;将财政专户管理资金的有关支出科目借方余额转入本科目借方,借记本科目,贷记"财政专户管理资金支出"等科目。年终贷方余额反映政府财政纳入财政专户管理的资金收支相抵后的滚存结余。

【例22—5】 某县财政年末"财政专户管理资金收入"科目余额为6 000 000元,"财政专户管理资金支出"科目余额为5 800 000元,年末结转分录为:

借:财政专户管理资金收入　　6 000 000

　　贷:财政专户管理资金结余　　6 000 000

借:财政专户管理资金结余　　5 800 000

　　贷:财政专户管理资金支出　　5 800 000

第二节　预算周转金的核算

一、预算周转金的概念

预算周转金是为了调剂预算年度内季节性收支差额、保证及时用款而设置的周转金。

设置预算周转金是因为预算收支往往是不一致的。虽然全年预算收支平衡甚至收大于支,但月份之间、季度之间则可能不平衡,不是收大于支,就是支大于收。此外,预算收入是逐日取得的,但预算支出却要在每月月初就必须拨付,再加上预算资金的征收、报解、转拨等在途运行都需要一定的时间,如果不设置一定数量的预算周转金,预算收支任务将很难完成。

二、预算周转金设置和动用的原则

(1)预算周转金一般从年度预算结余中提取设置、补充或由上级财政部门拨入。

(2)预算周转金由本级政府财政部门管理,只供平衡预算收支的临时周转使用,不能用于财政开支。

(3)已设置或补充的预算周转金,未经上级财政部门批准,不能随意减少。年终,必须保持原核定数额,逐年结转。

(4)预算周转金的数额,应与预算支出规模相适应。随着预算支出的逐年增长,预算周转金也相应地补充。

三、预算周转金的账务处理

为了核算预算周转金,财政总预算会计应设置"预算周转金"账户。

"预算周转金"账户用来核算各级财政机关为加强预算后备力量,按照规定设置的预算周转金。贷方记设置或补充数,借方记核减数或上级抽回数(一般很少发生),贷方余额反映预算周转金实有数。预算周转金不需进行明细核算。

为了减少会计核算工作量，财政总预算会计一般不需要单独设置“预算周转金存款”账户，预算周转金存款合并在“国库存款”账户内统一核算。当“国库存款”账户的余额小于预算周转金的数额时，说明该级财政已动用了预算周转金，但预算周转金的账面数字不能变动。

【例22—6】 某县财政用上年结余的预算资金10万元补充预算周转金。

借：一般公共预算结转结余 100 000

贷：预算周转金 100 000

第三节 预算稳定调节基金的核算

一、预算稳定调节基金的概念

预算稳定调节基金体现的是预算稳定调节基金的增减变动。

为了调节预算平稳运行，从财政超收收入中安排预算稳定调节基金，在财政短收年份，为弥补预算执行收支缺口再从中调用预算稳定调节基金。

二、预算稳定调节基金的核算

年度终了，从财政超收收入中安排预算稳定调节基金时，借记“安排预算稳定调节基金”科目，贷记“预算稳定调节基金”科目；为弥补财政短收年份预算执行收支缺口，调用预算稳定调节基金时，借记“预算稳定调节基金”科目，贷记“动用预算稳定调节基金”科目。

【例22—7】 某省财政2014年用财政超收收入安排预算稳定调节基金100 000 000元。

借：安排预算稳定调节基金 100 000 000

贷：预算稳定调节基金 100 000 000

2014年财政收入短收，调用资金20 000 000元弥补收支缺口。

借：预算稳定调节基金 20 000 000

贷：动用预算稳定调节基金 20 000 000

第四节 资产基金的核算

一、资产基金的概念

资产基金是指政府财政持有的债权和股权投资等资产（与其相关的资金收支纳入预算管理）在净资产中占用的金额。

二、资产基金的账务处理

在“资产基金”科目下应当设置“应收地方政府债券转贷款”“应收主权外债转贷款”“股权投资”“应收股利”等明细科目，进行明细核算。

资产基金的具体账务处理参见第十八章“财政资产的核算”中“应收地方政府债券转贷款”“应收主权外债转贷款”“股权投资”和“应收股利”的核算。

资产基金科目期末贷方余额反映政府财政持有应收地方政府债券转贷款、应收主权外债转贷款、股权投资和应收股利等资产(与其相关的资金收支纳入预算管理)在净资产中占用的金额。

第五节　待偿债净资产的核算

一、待偿债净资产的概念

待偿债净资产是指政府财政承担应付短期政府债券、应付长期政府债券、借入款项、应付地方政府债券转贷款、应付主权外债转贷款、其他负债等负债(与其相关的资金收支纳入预算管理)而相应需在净资产中冲减的金额。

二、待偿债净资产的账务处理

“待偿债净资产”科目下应当设置“应付短期政府债券”“应付长期政府债券”“借入款项”“应付地方政府债券转贷款”“应付主权外债转贷款”“其他负债”等明细科目,进行明细核算。

待偿债净资产的账务处理参见第十九章“财政负债的核算”中“应付短期政府债券”“应付长期政府债券”“借入款项”“应付地方政府债券转贷款”“应付主权外债转贷款”和“其他负债”的核算。

本科目期末借方余额反映政府财政承担应付政府债券、借入款项、应付地方政府债券转贷款、应付主权外债转贷款和其他负债等负债(与其相关的资金收支纳入预算管理)而相应需冲减净资产的金额。

1. 财政总预算会计核算的净资产包括哪些内容?
2. 什么是结余?包括哪些具体内容?年末滚存结余应如何计算?
3. 什么是预算周转金?各级财政为什么要设置预算周转金?其来源渠道是什么?
4. 什么是预算稳定调节基金?应如何核算?
5. 什么是资产基金?资产基金如何进行账务处理?
6. 什么是财政专户管理资金结余?具体包括哪些内容?

☞ **业务一**

(一)目的:练习预算周转金的核算。

(二)资料:某县财政总预算会计 2015 年发生预算周转金的业务如下:

1. 经上级财政机关批准，从本县上年结余中补充预算周转金 100 万元。

2. 收到上级财政机关拨来的预算周转金 60 万元。

3. 上级财政机关抽回前拨付的预算周转金 16 万元。

（三）要求：根据上述经济业务编制会计分录。

☞ **业务二**

（一）目的：练习财政总预算会计各项结余的核算。

（二）资料：某市财政 2015 年年终各有关账户余额如下（单位：元）：

账户名称	年终余额
一般公共预算本级收入	577 000 000
政府性基金预算本级收入	87 000 000
补助收入—— 一般公共预算补助收入	10 000 000
——政府性基金预算补助收入	5 000 000
上解收入	97 500 000
专用基金收入	4 660 000
专用基金支出	3 840 000
一般公共预算本级支出	1 273 400 000
政府性基金预算本级支出	40 000 000
补助支出—— 一般公共预算补助支出	7 600 000
——政府性基金预算补助支出	4 800 000
上解支出	2 100 000
调入资金	36 000 000
调出资金	37 000 000
国有资本经营预算收入	1 500 000
国有资本经营预算支出	1 300 000
财政专户管理资金收入	4 000 000
财政专户管理资金支出	4 000 000
债务转贷收入	30 000 000
地区间援助收入	6 800 000

（三）要求：

1. 根据上述资料做出年终转账的会计分录。

2. 计算出本年度各项结余数额。

第二十三章　财政总预算会计年终清理结算和会计报表的编制

按照会计分期，财政总预算会计要定期清理结算账务，编制会计报表，尤其要做好年终清理结算和结账工作。

第一节　年终清理结算和结账

一、年终清理

为了如实反映全年预算的执行结果，保证决算收支数字的准确，在年终前，各级财政部门要对全年的预算收支和往来款项等进行全面的清查核对，即年终清理。年终清理的内容如下：

(一)核对年度预算

预算数字是考核决算和办理收支结算的依据，也是进行会计结算的依据。年终前，各级单位应配合预算管理部门，把本级财政总预算与上、下级财务预算和本级各单位预算之间的全年预算数核对清楚。追加追减、上划下划数字，必须在年度终了前核对完毕。为了便于年终清理，本年预算的追加追减和企事业单位的上划下划，一般截至 11 月底。各项预算拨款，一般截至 12 月 25 日。

(二)清理本年预算收支

凡属本年的一般预算收入，都要认真清理，年终前必须如数缴入国库。督促国库在年终库款报解整理期内，迅速报齐当年的预算收入。应在本年预算支领列报的款项，若无特殊原因，应在年终前办理完毕。

清理基金预算收支和专用基金收支。凡属应列入本年的收入，应及时催收，并缴入国库或指定的银行账户。

(三)组织征收机关和国库进行年度对账

年度终了后，按照国库制度的规定，支库应设置 10 天的库款报解整理期(设置决算清理期的年度，库款报解整理期相应顺延)。各经收处 12 月 31 日前所收款项均应在“库款报解整理期”内报达支库，列入当年决算。同时，各级国库要按年度决算对账办法编制收入对账单，分送同级财政部门、征收机关核对签章，保证财政收入数字的一致。

(四)清理核对当年拨款支出

各级总预算会计对本级各单位的拨款支出应与单位的拨款收入核对清楚。对于当年安排的非包干使用的拨款,其结余部分应根据具体情况处理。属于单位正常周转占用的资金,可仍作为预算支出处理;属于应收回的拨款,应及时收回,并按收回数相应冲减预算支出;属于预拨下年度的经费,不得列入当年预算支出。

(五)清理往来款项

各级财政的暂收、暂付等各种往来款项,要在年度终了前认真清理结算,做到人欠收回、欠人归还。应转作各项收入或各项支出的款项,要及时转入本年有关收支账。

(六)清理财政周转金收支

各级财政预算部门或周转金管理机构应对财政周转金收支款项、上下级财政之间的财政周转金借入借出款项进行清理。同时,对于各项财政周转金贷放款进行清理。财政周转金明细账由财政业务部门核算的,各预算部门或周转金管理机构应与业务部门的明细账进行核对,做到账账相符。

(七)进行年终财政结算

各级财政要在年终清理的基础上,结清上下级财政总预算之间的预算调拨收支和往来款项。要按照财政管理体制的规定,计算出全年应补助、应上解和应返还数额,与年度预算执行过程中已补助、已上解和已返还数额进行比较,结合借垫款项,计算出全年最后应补或应退数额,填制"年终财政决算结算单",经核对无误后,作为年终财政结算凭证,据以入账。

各级财政总会计,对年终结算清理期内发生的会计事项,应当划清会计年度。属于清理上年度的会计事项,记入上年度账内;属于新年度的会计事项,记入新账。年终结账要防止错记漏记。

二、年终结算

年终结算是在决算编审工作中,在本级财政与上级财政之间,本级财政与所属各个下级财政之间进行的资金结算工作。目前主要的结算工作是税收返还收入结算。

在结算工作中,上级财政部门应根据年终财政体制结算项目编制"年终财政决算结算单",作为下级财政结算的依据。各级财政总预算会计应根据上级财政部门审批的"年终财政决算结算单"中核定的税收返还收入、原体制补助或上解、专项拨款补助、专项结算补助或上解等数额,通过"与上级往来"和"与下级往来"科目办理会计转账业务,以结清上下级财政全年的预算资金账。

三、年终结账

经过年终清理和结算,把各项结算收支记入旧账后,即可办理年终结账。

(一)年终结账的三个环节

1. 年终转账

计算出各账户 12 月份合计数和全年累计数,结出 12 月末余额,编制结账的"资产负债表",再将应对冲转账的各个收入、支出账户余额填制 12 月份的记账凭证(凭证按 12 月份连续编号,填制实际处理日期),分别转入"预算结余""基金预算结余""国有资本经营预算结余""财政专户管理资金结余"和"专用基金结余"科目冲销。将当年"财政周转金支出"转入"财政周转金收入"科目冲销,并将财政周转金收支相抵后的余额转入"财政周转基金"科目。将当年"动用预算稳定调节基金"或"安排预算稳定调节基金"科目余额转入"预算稳定调节基金"科目。

年终转账的具体要求是:

(1)预算结余。首先,年终将“一般公共预算本级收入”“补助收入—一般公共预算补助收入”“上解收入”“调入资金”“债务收入”“债务转贷收入”“地区间援助收入”等科目的贷方余额结转到“预算结余”科目的贷方。其次,年终将“一般公共预算本级支出”“补助支出——一般公共预算补助支出”“上解支出”“债务支出”“债务转贷支出”“地区间援助支出”等科目的借方余额结转到“预算结余”科目的借方。最后,将用当年预算结余资金增设的周转金记入“预算结余”科目的借方。

(2)政府性基金预算结余。首先,年终将“政府性基金预算本级收入”“补助收入——政府性基金预算补助收入”科目的贷方余额转入“基金预算结余”科目的贷方。其次,年终将“政府性基金预算本级支出”“补助支出——政府性基金预算补助支出”“调出资金”等科目的借方余额转入“基金预算结余”科目的借方。

(3)专用基金结余。年终将“专用基金收入”“专用基金支出”科目的余额分别转入“专用基金结余”科目的贷方和借方。

(4)国有资本经营预算结余。年终将“国有资本经营预算收入”“国有资本经营预算支出”科目的余额分别转入“国有资本经营预算结余”科目的贷方或借方。

(5)预算稳定调节基金。将当年“动用预算稳定调节基金”或“安排预算稳定调节基金”科目的余额分别转入“预算稳定调节基金”科目的贷方和借方。

(6)财政专户管理资金结余。将当年“财政专户管理资金收入”和“财政专户管理资金支出”科目余额分别转入“财政专户管理资金结余”科目的贷方或借方。

2. 结清旧账

将各个收入和支出账户的借方、贷方结出全年总计数,然后在下面画双红线,表示本账户全部结清。对年终有余额的账户,在“摘要”栏内注明“结转下年”字样,表示转入新账。

3. 记入新账

根据本年度各个总账账户和明细账户年终转账后的余额编制年终决算“资产负债表”和有关明细表(不编记账凭证),将表列各账户的余额直接记入新年度有关总账和明细账各账户预留空行的余额栏内,并在“摘要”栏注明“上年结转”字样,以区别新年度发生数。

决算经本级人民代表大会常务委员会审查批准后,如需要更正原报表决算草案收入、支出数字时,则要相应调整旧账,重新办理结账和记入新账。

(二)年终转账的主要内容

下面通过实例说明财政总预算会计年终转账的具体过程和主要内容。

【例 23—1】 某市财政总预算会计根据 12 月末的有关账户余额,编制年终结账前的资产负债表。根据年终结账前的资产负债表,按年终结账办法的规定,市财政总会计填制 12 月 31 日的记账凭证,办理年终转账业务。

(1)将“一般公共预算本级收入”科目贷方余额 379 812 000 元,“补助收入—— 一般公共预算补助收入”科目贷方余额 32 612 000 元,“上解收入—— 一般公共预算上解收入”科目贷方余额 25 840 000 元,“调入资金——从基金预算调入资金”科目贷方余额 89 000 000 元,转入“预算结余”科目。

借:一般公共预算本级收入	379 812 000
补助收入—— 一般公共预算补助收入	32 612 000
上解收入—— 一般公共预算上解收入	25 840 000
调入资金——从基金预算调入资金	89 000 000

贷:预算结余　　527 264 000

(2)将“一般公共预算本级支出”借方余额395 500 000元,“补助支出——一般公共预算补助支出”借方余额73 442 000元,“上解支出——一般公共预算上解支出”科目借方余额60 000 000元,转入“预算结余”科目。

借:预算结余　　528 942 000

贷:一般公共预算本级支出　　395 500 000

补助支出——一般公共预算补助支出　　73 442 000

上解支出——一般公共预算上解支出　　60 000 000

(3)将“政府性基金预算本级收入”科目贷方余额185 235 000元,转入“政府性基金预算结转结余”科目。

借:政府性基金预算本级收入　　18 235 000

贷:政府性基金预算本级结余　　18 235 000

(4)将“政府性基金预算支出”科目借方余额58 025 000元,转入“政府性基金预算结转结余”科目。

借:政府性基金预算本级结余　　58 025 000

贷:政府性基金预算本级支出　　58 025 000

(5)将“补助支出——政府性基金预算补助支出”科目借方余额31 000 000元,转入“政府性基金预算结转结余”科目。

借:政府性基金预算结转结余　　31 000 000

贷:补助支出——政府性基金预算补助支出　　31 000 000

(6)将“调出资金——从基金预算调出资金”科目借方余额89 000 000元,转入“政府性基金预算结转结余”科目。

借:政府性基金预算结转结余　　89 000 000

贷:调出资金——从基金预算调出资金　　89 000 000

(7)将“专用基金收入”科目贷方余额21 510 000元,转入“专用基金结余”科目。

借:专用基金收入　　21 510 000

贷:专用基金结余　　21 510 000

(8)将“专用基金支出”科目借方余额20 000 000元,转入“专用基金结余”科目。

借:专用基金结余　　20 000 000

贷:专用基金支出　　20 000 000

(9)将“财政周转金支出”科目借方余额16 000元,转入“财政周转金收入”科目。

借:财政周转金收入　　16 000

贷:财政周转金支出　　16 000

(10)将全年财政周转金结余758 000元,转入“财政周转基金”科目。

借:财政周转金收入　　758 000

贷:财政周转基金　　758 000

根据本年度各个总账账户和明细账户年终转账后的余额,编制年终决算“资产负债表”。

第二节　会计报表的编制

财政会计报表，是各级财政预算收支执行情况及其结果的定期书面报告，是各级领导机关和上级财政部门了解情况、掌握政策、指导预算执行工作的重要资料，也是编制下年度预算的数字基础。

一、财政总预算会计报表的分类

财政总会计报表有资产负债表、收入支出表、一般公共预算执行情况表、政府性基金预算执行情况表、国有资本经营预算执行情况表、财政专户管理资金收支情况表、专用基金收支情况表等会计报表和附注。

资产负债表是反映政府财政在某一特定日期财务状况的报表，应当按照资产、负债和净资产分类、分项列示（见表 23－1）。

收入支出表是反映政府财政在某一会计期间各类财政资金收支余情况的报表。收入支出表根据资金性质按照收入、支出、结转结余的构成分类、分项列示（见表 23－2）。

一般公共预算执行情况表是反映政府财政在某一会计期间一般公共预算收支执行结果的报表，按照《政府收支分类科目》中一般公共预算收支科目列示（见表 23－3）。

政府性基金预算执行情况表是反映政府财政在某一会计期间政府性基金预算收支执行结果的报表，按照《政府收支分类科目》中政府性基金预算收支科目列示（见表 23－4）。

国有资本经营预算执行情况表是反映政府财政在某一会计期间国有资本经营预算收支执行结果的报表，按照《政府收支分类科目》中国有资本经营预算收支科目列示（见表 23－5）。

财政专户管理资金收支情况表是反映政府财政在某一会计期间纳入财政专户管理的财政专户管理资金全部收支情况的报表，按照相关政府收支分类科目列示（见表 23－6）。

专用基金收支情况表是反映政府财政在某一会计期间专用基金全部收支情况的报表，按照不同类型的专用基金分别列示（见表 23－7）。

附注是指对在会计报表中列示项目的文字描述或明细资料，以及对未能在会计报表中列示项目的说明。

二、财政会计报表的编制要求

（一）总预算会计报表的编制要求

总预算会计报表是同级人民政府和上级财政机关了解掌握本级预算收支执行情况的主要途径，因此，就要求各级总预算会计报表要做到数字正确、报送及时、内容完整。具体要求做到以下几个方面：

（1）核算工作，督促有关单位及时记账、结账。所有预算会计单位都应在规定的期限内报出报表，以便主管部门和财政部门及时汇总。

（2）计报表的数字必须根据核对无误的账户记录和所属单位报表汇总。切实做到账表相符，有根有据。不能估列代编，更不能弄虚作假。

（3）计报表要严格按照统一规定的种类、格式、内容、计算方法和编制口径填制，以保证全国统一汇总和分析。汇总报表的单位要把所属单位的报表汇集齐全,防止漏报。

(二)总预算会计报表的编报程序

财政总预算会计报表是中央政府预算和地方政府预算收支执行情况及其结果的定期报表,是财政机关了解情况、掌握政策、分析预算执行情况的主要依据,同时也是设计和制定下年度预算的重要参考资料。各级财政总预算会计必须定期汇编总预算会计报表,地方各级财政机关要定期向同级人民政府和上级财政机关报告本地区的预算收支执行情况。

汇总编成的总预算会计报表,地方各级财政机关要及时地报送同级人民政府和上级财政机关,财政部要及时地向国务院汇报中央预算和地方预算收支执行情况。

三、财政总预算会计年报的编审

总预算会计的年报即各级政府决算,又称国家预算,是年度政府预算执行的总结,反映年度预算收支的最终结果。各级财政机关是具体负责组织政府预算执行的机关,也是政府决算的汇总编制单位,各级财政机关按照政府预算管理体制规定的预算级次,自下而上地逐级汇编财政总预算。其编制要求与上述的总预算会计报表的编制要求是一致的,这里不再重复。

(一)各级总预算会计在年报编审工作中的任务

各级总预算会计在财政部门领导下,参与或具体负责组织下列决算草案的编审工作。

(1)参与组织制定决算草案编审办法。各级总预算会计在财政部门首长的领导下,根据上级财政部门的统一要求,结合本行政区域预算管理需要,提出年终收支清理、数字编列口径、决算审查和组织领导等具体要求,并对财政结算,结余处理等具体问题规定处理办法。

决算草案编审办法是对决算编审工作的基本要求。每年第四季度,财政部根据当年的财政方针政策、财政财务制度和编制决算的原则,以及需要结算的事项,拟订政府决算编审方法。各省、自治区、直辖市财政机关和中央主管部门根据财政部下达的决算编审方法,结合本地区、本部门的具体情况,逐级下达有关编制决算的具体方法,使全国的决算编制形成统一的整体。

(2)参与制发根据上级财政部门的要求,结合本行政区域转(制)发本行政区域财政总决算统一表格和本级单位决算统一表格。协同财务部门设计基本数字表及其他附表。

制定好统一的决算表格是做好财政总决算工作的重要保证,为了全国统一汇总的需要,财政部要根据政府预算管理的要求和总预算会计制度的基本精神,就报表的种类、格式、内容和填报口径等问题做出统一的规定,以保证会计表格的统一性和适应性。

(3)办理全年各项收支、预拨款项、往来款项的会计对账结账工作。要核对上下级财政总预算会计之间、财政总会计与各事业行政单位之间有关上解、补助、暂收、暂付、往来和预拨款项数字是否一致,如本级报表的"上解收入"与下级报表的"补助收入"合计是否一致等。对于往来款项要督促各有关单位部门尽快结清。

(4)对下级财政部门和同级单位预算主管部门布置决算草案编审工作,并督促检查其及时汇总报送决算。各级财政总会计,要根据要求对下级财政部门和同级单位预算主管部门的决算草案编审工作作出布置,并要对其督促检查,促使其及时正确地汇总报送决算。

(5)审查、汇总所属财政决算草案收支各表,并负责全部决算草案的审查汇总工作。各级财政部门总会计在收到所属财政的决算草案收支各表后,首先要对各表进行审核,经确认无误后,需要将上下级财政总决算之间往来款项和资金调拨款项进行对冲,以免重复汇总。然后,才可以把所属财政决算与本级财政决算加以汇总。为了保证决算报表的质量特别是资产负债表的质量,并对预算执行情况加以全面地反映,要分别编制结转前对冲的资产负债表和结转后对冲的资产负债表。财政总会计将决算报表正确汇总后，就进入了向上级财政机关和同级人民政府汇报决算工作的阶段了。

(6)编写决算说明书，是向上级财政部门汇报决算编审工作，进行上下级财政之间的财政体制结算以及财政总决算的文件归档工作。

财政总会计在总决算各表编成后，还要根据财政决算收支数字，结合税收年报、各种财务决算、国民经济和社会发展计划完成情况以及平时积累的调查研究资料和其他有关材料，认真编写财政决算说明书。决算说明书书写的一般步骤是：整理资料、掌握数据；抓住重点、剖析原因；提出措施、改进工作。根据要分析的目的，对掌握的资料进行归类整理，抓住重点收支、重点地区、重点单位进行深入分析，找出原因，以便提出改进工作的具体办法措施。决算说明书的内容一般包括收入、支出和结余几个方面，在收入方面，要结合年度预算安排和国民经济计划完成情况，分析收入超收或短收的原因，分析重点行业、重点企业的经济效益状况和成本费用情况等对收入的影响；在支出方面结合各项事业计划和基本建设计划完成情况及各项定员定额执行情况等，分析支出的结余或超支的原因；在结余方面，分析各类预算收支结余情况和当年结余占滚存结余的比重，分析下级财政结余和本级财政收支的增减变化情况以及决算收支平衡中存在的主要问题等等。

(二)总预算会计报表格式

表 23－1 **资产负债表** 会财政 01 表

编制单位： ____年____月____日 单位：元

资　产	年初余额	期末余额	负债和净资产	年初余额	期末余额
流动资产：			**流动负债：**		
国库存款			应付短期政府债券		
国库现金管理存款			应付利息		
其他财政存款			应付国库集中支付结余		
有价证券			与上级往来		
在途款			其他应付款		
预拨经费			应付代管资金		
借出款项			一年内到期的非流动负债		
应收股利			流动负债合计		
应收利息			**非流动负债：**		
与下级往来			应付长期政府债券		
其他应收款			借入款项		
流动资产合计			应付地方政府债券转贷款		
非流动资产：			应付主权外债转贷款		
应收地方政府债券转贷款			其他负债		
应收主权外债转贷款			非流动负债合计		
股权投资			负债合计		

续表

资　产	年初余额	期末余额	负债和净资产	年初余额	期末余额
待发国债			一般公共预算结转结余		
非流动资产合计			政府性基金预算结转结余		
			国有资本经营预算结转结余		
			财政专户管理资金结余		
			专用基金结余		
			预算稳定调节基金		
			预算周转金		
			资产基金		
			减:待偿债净资产		
			净资产合计		
资产总计			**负债和净资产总计**		

表 23－2　　收入支出表　　会财政 02 表

编制单位:　　____年____月　　单位:元

项　目	一般公共预算		政府性基金预算		国有资本经营预算		财政专户管理资金		专用基金	
	本月数	本年累计数	本月数	本年累计数	本月数	本年累计数	本月数	本年累计数	本月数	本年累计数
年初结转结余										
收入合计										
本级收入										
其中:来自预算安排的收入	—	—	—	—	—	—	—	—		
补助收入					—	—	—	—	—	—
上解收入					—	—	—	—	—	—
地区间援助收入			—	—	—	—	—	—	—	—
债务收入					—	—	—	—	—	—
债务转贷收入					—	—	—	—	—	—
动用预算稳定调节基金			—	—	—	—	—	—	—	—
调入资金					—	—	—	—	—	—
支出合计										
本级支出										
其中:权责发生制列支							—	—	—	—

续表

项目	一般公共预算		政府性基金预算		国有资本经营预算		财政专户管理资金		专用基金	
	本月数	本年累计数	本月数	本年累计数	本月数	本年累计数	本月数	本年累计数	本月数	本年累计数
预算安排专用基金的支出			—	—	—	—	—	—	—	—
补助支出					—	—	—	—	—	—
上解支出					—	—	—	—	—	—
地区间援助支出			—	—	—	—	—	—	—	—
债务还本支出					—	—	—	—	—	—
债务转贷支出					—	—	—	—	—	—
安排预算稳定调节基金			—	—	—	—	—	—	—	—
调出资金							—	—	—	—
结余转出			—	—	—	—	—	—	—	—
其中:增设预算周转金			—	—	—	—	—	—	—	—
年末结转结余										

注:表中有"—"的部分不必填列。

表 23—3 **一般公共预算执行情况表** 会财政 03—1 表

编制单位: ____年____月____旬 单位:元

项目	本月(旬)数	本年(月)累计数
一般公共预算本级收入		
101 税收收入		
10101 增值税		
1010101 国内增值税		
……		
一般公共预算本级支出		
201 一般公共服务支出		
20101 人大事务		
2010101 行政运行		
……		

表 23－4　　**政府性基金预算执行情况表**　　会财政 03－2 表

编制单位：　　____年____月____旬　　单位:元

项　目	本月(旬)数	本年(月)累计数
政府性基金预算本级收入		
10301 政府性基金收入		
1030102 农网还贷资金收入		
103010201 中央农网还贷资金收入		
……		
政府性基金预算本级支出		
206 科学技术支出		
20610 核电站乏燃料处理处置基金支出		
2061001 乏燃料运输		
……		

表 23－5　　**国有资本经营预算执行情况表**　　会财政 03－3 表

编制单位：　　____年____月____旬　　单位:元

项　目	本月(旬)数	本年(月)累计数
国有资本经营预算本级收入		
10306 国有资本经营收入		
1030601 利润收入		
103060103 烟草企业利润收入		
……		
国有资本经营预算本级支出		
208 社会保障和就业支出		
20804 补充全国社会保障基金		
2080451 国有资本经营预算补充社保基金支出		
……		

表 23－6　　**财政专户管理资金收支情况表**　　会财政 04 表

编制单位：　　____年____月　　单位:元

项　目	本月数	本年累计数
财政专户管理资金收入		

续表

项　目	本月数	本年累计数
财政专户管理资金支出		

表 23—7　　**专用基金收支情况表**　　会财政 05 表

编制单位：　　____年____月　　单位：元

项　目	本月数	本年累计数
专用基金收入		
粮食风险基金		
……		
专用基金支出		
粮食风险基金		
……		

四、财政总预算会计报表编制说明

(一)资产负债表的编制说明

本表"年初余额"栏内各项数字应当根据上年末资产负债表"期末余额"栏内数字填列。如果本年度资产负债表规定的各个项目的名称和内容同上年度不相一致，应对上年年末资产负债表各项目的名称和数字按照本年度的规定进行调整，填入本表"年初余额"栏内。本表"期末余额"栏各项目的内容和填列方法如下：

1. 资产类项目

(1)"国库存款"项目，反映政府财政期末存放在国库单一账户的款项金额。本项目应当根据"国库存款"科目的期末余额填列。

(2)"国库现金管理存款"项目，反映政府财政期末实行国库现金管理业务持有的存款金额。本项目应当根据"国库现金管理存款"科目的期末余额填列。

(3)"其他财政存款"项目，反映政府财政期末持有的其他财政存款金额。本项目应当根据"其他财政存款"科目的期末余额填列。

(4)"有价证券"项目，反映政府财政期末持有的有价证券金额。本项目应当根据"有价证券”科目的期末余额填列。

(5)“在途款”项目，反映政府财政期末持有的在途款金额。本项目应当根据“在途款”科目的期末余额填列。

(6)“预拨经费”项目，反映政府财政期末尚未转列支出或尚待收回的预拨经费金额。本项目应当根据“预拨经费”科目的期末余额填列。

(7)“借出款项”项目，反映政府财政期末借给预算单位尚未收回的款项金额。本项目应当根据“借出款项”科目的期末余额填列。

(8)“应收股利”项目，反映政府期末尚未收回的现金股利或利润金额。本项目应当根据“应收股利”科目的期末余额填列。

(9)“应收利息”项目，反映政府财政期末尚未收回应收利息金额。本项目应当根据“应收地方政府债券转贷款”科目和“应收主权外债转贷款”科目下“应收利息”明细科目的期末余额合计数填列。

(10)“与下级往来”项目，正数反映下级政府财政欠本级政府财政的款项金额；负数反映本级政府财政欠下级政府财政的款项金额。本项目应当根据“与下级往来”科目的期末余额填列，期末余额如为借方则以正数填列，如为贷方则以“－”号填列。

(11)“其他应收款”项目，反映政府财政期末尚未收回的其他应收款的金额。本项目应当根据“其他应收款”科目的期末余额填列。

(12)“应收地方政府债券转贷款”项目，反映政府财政期末尚未收回的地方政府债券转贷款的本金金额。本项目应当根据“应收地方政府债券转贷款”科目下“应收本金”明细科目的期末余额填列。

(13)“应收主权外债转贷款”项目，反映政府财政期末尚未收回的主权外债转贷款的本金金额。本项目应当根据“应收主权外债转贷款”科目下“应收本金”明细科目的期末余额填列。

(14)“股权投资”项目，反映政府期末持有的股权投资的金额。本项目应当根据“股权投资”科目的期末余额填列。

(15)“待发国债”项目，反映中央政府财政期末尚未使用的国债发行额度。本项目应当根据“待发国债”科目的期末余额填列。

2. 负债类项目

(16)“应付短期政府债券”项目，反映政府财政期末尚未偿还的发行期限不超过 1 年(含 1 年)的政府债券的本金金额。本项目应当根据“应付短期政府债券”科目下的“应付本金”明细科目的期末余额填列。

(17)“应付利息”项目，反映政府财政期末尚未支付的应付利息金额。本项目应当根据“应付短期政府债券”“借入款项”“应付地方政府债券转贷款”“应付主权外债转贷款”科目下的“应付利息”明细科目期末余额，以及属于分期付息到期还本的“应付长期政府债券”的“应付利息”明细科目期末余额计算填列。

(18)“应付国库集中支付结余”项目，反映政府财政期末尚未支付的国库集中支付结余金额。本项目应当根据“应付国库集中支付结余”科目的期末余额填列。

(19)“与上级往来”项目，正数反映本级政府财政期末欠上级政府财政的款项金额，负数反映上级政府财政欠本级政府财政的款项金额。本项目应当根据“与上级往来”科目的期末余额填列，如为借方余额则以“－”号填列。

(20)“其他应付款”项目，反映政府财政期末尚未支付的其他应付款的金额。本项目应当根据“其他应付款”科目的期末余额填列。

(21)“应付代管资金”项目,反映政府财政期末尚未支付的代管资金金额。本项目应当根据“应付代管资金”科目的期末余额填列。

(22)“一年内到期的非流动负债”项目,反映政府财政期末承担的1年以内(含1年)到偿还期的非流动负债。本项目应当根据“应付长期政府债券”“借入款项”“应付地方政府债券转贷款”“应付主权外债转贷款”“其他负债”等科目的期末余额及债务管理部门提供的资料分析填列。

(23)“应付长期政府债券”项目,反映政府财政期末承担的偿还期限超过1年的长期政府债券的本金金额及到期一次还本付息的长期政府债券的应付利息金额。本项目应当根据“应付长期政府债券”科目的期末余额分析填列。

(24)“借入款项”项目,反映政府财政期末承担的偿还期限超过1年的借入款项的本金金额。本项目应当根据“借入款项”科目下“应付本金”明细科目的期末余额分析填列。

(25)“应付地方政府债券转贷款”项目,反映政府财政期末承担的偿还期限超过1年的地方政府债券转贷款的本金金额。本项目应当根据“应付地方政府债券转贷款”科目下“应付本金”明细科目的期末余额分析填列。

(26)“应付主权外债转贷款”项目,反映政府财政期末承担的偿还期限超过1年的主权外债转贷款的本金金额。本项目应当根据“应付主权外债转贷款”科目下“应付本金”明细科目的期末余额分析填列。

(27)“其他负债”项目,反映政府财政期末承担的偿还期限超过1年的其他负债金额。本项目应当根据“其他负债”科目的期末余额分析填列。

3. 净资产类项目

(28)“一般公共预算结转结余”项目,反映政府财政期末滚存的一般公共预算结转金额。本项目应当根据“一般公共预算结转结余”科目的期末余额填列。

(29)“政府性基金预算结转结余”项目,反映政府财政期末滚存的政府性基金预算结转结余金额。本项目应当根据“政府性基金预算结转结余”科目的期末余额填列。

(30)“国有资本经营预算结转结余”项目,反映政府财政期末滚存的国有资本经营预算结转结余金额。本项目应当根据“国有资本经营预算结转结余”科目的期末余额填列。

(31)“财政专户管理资金结余”项目,反映政府财政期末滚存的财政专户管理资金结余金额。本项目应当根据“财政专户管理资金结余”科目的期末余额填列。

(32)“专用基金结余”项目,反映政府财政期末滚存的专用基金结余金额。本项目应当根据“专用基金结余”科目的期末余额填列。

(33)“预算稳定调节基金”项目,反映政府财政期末预算稳定调节基金的余额。本项目应当根据“预算稳定调节基金”科目的期末余额填列。

(34)“预算周转金”项目,反映政府财政期末预算周转金的余额。本项目应当根据“预算周转金”科目的期末余额填列。

(35)“资产基金”项目,反映政府财政期末持有的应收地方政府债券转贷款、应收主权外债转贷款、股权投资和应收股利等资产在净资产中占用的金额。本项目应当根据“资产基金”科目的期末余额填列。

(36)“待偿债净资产”项目,反映政府财政期末因承担应付短期政府债券、应付长期政府债券、借入款项、应付地方政府债券转贷款、应付主权外债转贷款、其他负债等负债相应需在净资产中冲减的金额。本项目应当根据“待偿债净资产”科目的期末借方余额以“－”号填列。

（二）收入支出表的编制说明

本表“本月数”栏反映各项目的本月实际发生数。在编制年度收入支出表时，应将本栏改为“上年数”栏，反映上年度各项目的实际发生数；如果本年度收入支出表规定的各个项目的名称和内容同上年度不一致，应对上年度收入支出表各项目的名称和数字按照本年度的规定进行调整，填入本年度收入支出表的“上年数”栏。本表“本年累计数”栏反映各项目自年初起至报告期末止的累计实际发生数。编制年度收入支出表时，应当将本栏改为“本年数”。本表“本月数”栏各项目的内容和填列方法：

（1）“年初结转结余”项目，反映政府财政本年初各类资金结转结余金额。其中，一般公共预算的“年初结转结余”应当根据“一般公共预算结转结余”科目的年初余额填列，政府性基金预算的“年初结转结余”应当根据“政府性基金预算结转结余”科目的年初余额填列，国有资本经营预算的“年初结转结余”应当根据“国有资本经营预算结转结余”科目的年初余额填列，财政专户管理资金的“年初结转结余”应当根据“财政专户管理资金结余”科目的年初余额填列，专用基金的“年初结转结余”应当根据“专用基金结余”科目的年初余额填列。

（2）“收入合计”项目，反映政府财政本期取得的各类资金的收入合计金额。其中，一般公共预算的“收入合计”应当根据属于一般公共预算的“本级收入”“补助收入”“上解收入”“地区间援助收入”“债务收入”“债务转贷收入”“动用预算稳定调节基金”和“调入资金”各行项目金额的合计填列；政府性基金预算的“收入合计”应当根据属于政府性基金预算的“本级收入”“补助收入”“上解收入”“债务收入”“债务转贷收入”和“调入资金”各行项目金额的合计填列，国有资本经营预算的“收入合计”应当根据属于国有资本经营预算的“本级收入”项目的金额填列，财政专户管理资金的“收入合计”应当根据属于财政专户管理资金的“本级收入”项目的金额填列，专用基金的“收入合计”应当根据属于专用基金的“本级收入”项目的金额填列。

（3）“本级收入”项目，反映政府财政本期取得的各类资金的本级收入金额。其中，一般公共预算的“本级收入”应当根据“一般公共预算本级收入”科目的本期发生额填列，政府性基金预算的“本级收入”应当根据“政府性基金预算本级收入”科目的本期发生额填列，国有资本经营预算的“本级收入”应当根据“国有资本经营预算本级收入”科目的本期发生额填列，财政专户管理资金的“本级收入”应当根据“财政专户管理资金收入”科目的本期发生额填列，专用基金的“本级收入”应当根据“专用基金收入”科目的本期发生额填列。

（4）“补助收入”项目，反映政府财政本期取得的各类资金的补助收入金额。其中，一般公共预算的“补助收入”应当根据“补助收入”科目下的“一般公共预算补助收入”明细科目的本期发生额填列，政府性基金预算的“补助收入”应当根据“补助收入”科目下的“政府性基金预算补助收入”明细科目的本期发生额填列。

（5）“上解收入”项目，反映政府财政本期取得的各类资金的上解收入金额。其中，一般公共预算的“上解收入”应当根据“上解收入”科目下的“一般公共预算上解收入”明细科目的本期发生额填列，政府性基金预算的“上解收入”应当根据“上解收入”科目下的“政府性基金预算上解收入”明细科目的本期发生额填列。

（6）“地区间援助收入”项目，反映政府财政本期取得的地区间援助收入金额。本项目应当根据“地区间援助收入”科目的本期发生额填列。

（7）“债务收入”项目，反映政府财政本期取得的债务收入金额。其中，一般公共预算的“债务收入”应当根据“债务收入”科目下除“专项债务收入”以外的其他明细科目的本期发生额填列，政府性基金预算的“债务收入”应当根据“债务收入”科目下的“专项债务收入”明细科目的本期发生额填列。

(8)“债务转贷收入”项目，反映政府财政本期取得的债务转贷收入金额。其中，一般公共预算的“债务转贷收入”应当根据“债务转贷收入”科目下“地方政府一般债务转贷收入”明细科目的本期发生额填列，政府性基金预算的“债务转贷收入”应当根据“债务转贷收入”科目下的“地方政府专项债务转贷收入”明细科目的本期发生额填列。

(9)“动用预算稳定调节基金”项目，反映政府财政本期调用的预算稳定调节基金金额。本项目应当根据“动用预算稳定调节基金”科目的本期发生额填列。

(10)“调入资金”项目，反映政府财政本期取得的调入资金金额。其中，一般公共预算的“调入资金”应当根据“调入资金”科目下“一般公共预算调入资金”明细科目的本期发生额填列，政府性基金预算的“调入资金”应当根据“调入资金”科目下“政府性基金预算调入资金”明细科目的本期发生额填列。

(11)“支出合计”项目，反映政府财政本期发生的各类资金的支出合计金额。其中，一般公共预算的“支出合计”应当根据属于一般公共预算的“本级支出”“补助支出”“上解支出”“地区间援助支出”“债务还本支出”“债务转贷支出”“安排预算稳定调节基金”和“调出资金”各行项目金额的合计填列；政府性基金预算的“支出合计”应当根据属于政府性基金预算的“本级支出”“补助支出”“上解支出”“债务还本支出”“债务转贷支出”和“调出资金”各行项目金额的合计填列，国有资本经营预算的“支出合计”应当根据属于国有资本经营预算的“本级支出”和“调出资金”项目金额的合计填列，财政专户管理资金的“支出合计”应当根据属于财政专户管理资金的“本级支出”项目的金额填列，专用基金的“支出合计”应当根据属于专用基金的“本级支出”项目的金额填列。

(12)“补助支出”项目，反映政府财政本期发生的各类资金的补助支出金额。其中，一般公共预算的“补助支出”应当根据“补助支出”科目下的“一般公共预算补助支出”明细科目的本期发生额填列，政府性基金预算的“补助支出”应当根据“补助支出”科目下的“政府性基金预算补助支出”明细科目的本期发生额填列。

(13)“上解支出”项目，反映政府财政本期发生的各类资金的上解支出金额。其中，一般公共预算的“上解支出”应当根据“上解支出”科目下的“一般公共预算上解支出”明细科目的本期发生额填列，政府性基金预算的“上解支出”应当根据“上解支出”科目下的“政府性基金预算上解支出”明细科目的本期发生额填列。

(14)“地区间援助支出”项目，反映政府财政本期发生的地区间援助支出金额。本项目应当根据“地区间援助支出”科目的本期发生额填列。

(15)“债务还本支出”项目，反映政府财政本期发生的债务还本支出金额。其中，一般公共预算的“债务还本支出”应当根据“债务还本支出”科目下除“专项债务还本支出”以外的其他明细科目的本期发生额填列，政府性基金预算的“债务还本支出”应当根据“债务还本支出”科目下的“专项债务还本支出”明细科目的本期发生额填列。

(16)“债务转贷支出”项目，反映政府财政本期发生的债务转贷支出金额。其中，一般公共预算的“债务转贷支出”应当根据“债务转贷支出”科目下“地方政府一般债务转贷支出”明细科目的本期发生额填列，政府性基金预算的“债务转贷支出”应当根据“债务转贷支出”科目下的“地方政府专项债务转贷支出”明细科目的本期发生额填列。

(17)“安排预算稳定调节基金”项目，反映政府财政本期安排的预算稳定调节基金金额。

本项目根据“安排预算稳定调节基金”科目的本期发生额填列。

(18)“调出资金”项目,反映政府财政本期发生的各类资金的调出资金金额。其中,一般公共预算的“调出资金”应当根据“调出资金”科目下“一般公共预算调出资金”明细科目的本期发生额填列,政府性基金预算的“调出资金”应当根据“调出资金”科目下“政府性基金预算调出资金”明细科目的本期发生额填列,国有资本经营预算的“调出资金”应当根据“调出资金”科目下“国有资本经营预算调出资金”明细科目的本期发生额填列。

(19)“增设预算周转金”项目,反映政府财政本期设置和补充预算周转金的金额。本项目应当根据“预算周转金”科目的本期贷方发生额填列。

(20)“年末结转结余”项目,反映政府财政本年末的各类资金的结转结余金额。其中,一般公共预算的“年末结转结余”应当根据“一般公共预算结转结余”科目的年末余额填列,政府性基金预算的“年末结转结余”应当根据“政府性基金预算结转结余”科目的年末余额填列,国有资本经营预算的“年末结转结余”应当根据“国有资本经营预算结转结余”科目的年末余额填列,财政专户管理资金的“年末结转结余”应当根据“财政专户管理资金结余”科目的年末余额填列,专用基金的“年末结转结余”应当根据“专用基金结余”科目的年末余额填列。

(三)一般公共预算执行情况表的编制说明

“一般公共预算本级收入”项目及所属各明细项目,应当根据“一般公共预算本级收入”科目及所属各明细科目的本期发生额填列。

“一般公共预算本级支出”项目及所属各明细项目,应当根据“一般公共预算本级支出”科目及所属各明细科目的本期发生额填列。

(四)政府性基金预算执行情况表的编制说明

“政府性基金预算本级收入”项目及所属各明细项目,应当根据“政府性基金预算本级收入”科目及所属各明细科目的本期发生额填列。

“政府性基金预算本级支出”项目及所属各明细项目,应当根据“政府性基金预算本级支出”科目及所属各明细科目的本期发生额填列。

(五)国有资本经营预算执行情况表的编制说明

“国有资本经营预算本级收入”项目及所属各明细项目,应当根据“国有资本经营预算本级收入”科目及所属各明细科目的本期发生额填列。

“国有资本经营预算本级支出”项目及所属各明细项目,应当根据“国有资本经营预算本级支出”科目及所属各明细科目的本期发生额填列。

(六)财政专户管理资金收支情况表的编制说明

“财政专户管理资金收入”项目及所属各明细项目,应当根据“财政专户管理资金收入”科目及所属各明细科目的本期发生额填列。

“财政专户管理资金支出”项目及所属各明细项目,应当根据“财政专户管理资金支出”科目及所属各明细科目的本期发生额填列。

(七)专用基金收支情况表的编制说明

“专用基金收入”项目及所属各明细项目,应当根据“专用基金收入”科目及所属各明细科目的本期发生额填列。

“专用基金支出”项目及所属各明细项目,应当根据“专用基金支出”科目及所属各明细科目的本期发生额填列。

(八)附注

财政总预算会计报表附注应当至少披露下列内容：

1. 遵循《财政总预算会计制度》的声明；
2. 本级政府财政预算执行情况和财务状况的说明；
3. 会计报表中列示的重要项目的进一步说明，包括其主要构成、增减变动情况等；
4. 或有负债情况的说明；
5. 有助于理解和分析会计报表的其他需要说明的事项。

1. 在会计年度结束前，各级财政总预算会计进行年终清理的主要内容有哪些？
2. 年中结账工作的主要环节包括哪些？
3. 财政总预算会计报表的主要内容是什么？
4. 财政总预算会计报表的审核主要包括哪些方面？注意事项是什么？
5. 财政总预算会计报表的审核步骤一般有哪些？采取的方法又有哪些？

参考文献

1. 财政部:《企业会计准则》,经济科学出版社 2006 年版。
2. 财政部预算司:《政府收支分类改革问题解答》,中国财政经济出版社 2006 年版。
3. 罗绍德:《预算会计》,西南财经大学出版社 2002 年版。
4. 刘学华:《预算会计》,立信会计出版社 2006 年版。
5. 徐署娜:《政府与非营利组织会计》,上海财经大学出版社 2006 年版。
6. 李海波、刘学华:《新编预算会计》,立信会计出版社 2000 年版。
7. 盛文俊:《行政事业单位会计》,高等教育出版社 2004 年版。
8.《事业单位会计制度》,中华人民共和国财政部 2013 年。
9.《行政单位会计制度》,中华人民共和国财政部 2014 年。
10.《中华人民共和国预算法》,2014 年中华人民共和国主席令第 12 号。
11. 财政部:《2015 年政府收支分类科目》,中国财政经济出版社 2015 年版。
12.《财政总预算会计制度》1997 年版。
13.《财政国库管理制度改革试点会计核算暂行办法》2001 年。
14.《财政国库管理制度改革试点会计核算暂行办法》补充规定,2002 年。
15.《农村义务教育经费保障机制改革中央专项资金会计核算暂行办法》2006 年。
16.《财政部关于应发未发国债和预算稳定调节基金会计核算的通知》财库[2007]117 号。
17.《财政部关于国有资本经营预算收支会计核算的通知》财库[2007]123 号。
18.《财政部关于新型农村合作医疗补助资金国库集中支付会计核算有关事项的通知》,财库[2008]59 号。
19.《财政部代理发行地方政府债券财政总预算会计核算办法》2009 年。
20.《财政部关于预算外资金纳入预算管理后涉及有关财政专户管理资金会计核算问题的通知》财库[2010]141 号。
21.《财政部关于地区间援助资金会计核算的通知》财库[2012]157 号。
22.《财政总预算会计制度》2016 年。